美国现代诗人与作品研究

洪振国 著

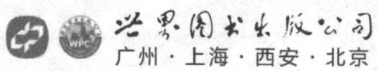

广州·上海·西安·北京

图书在版编目（CIP）数据

美国现代诗人与作品研究 / 洪振国著. -- 广州：世界图书出版广东有限公司，2021.3（2025.1重印）
ISBN 978-7-5192-8419-0

Ⅰ.①美… Ⅱ.①洪… Ⅲ.①诗人—人物研究—美国—现代②诗歌研究—美国—现代 Ⅳ.① K837.125.6 ② I712.072

中国版本图书馆 CIP 数据核字（2021）第 040597 号

书　　名：	美国现代诗人与作品研究
	MEIGUO XIANDAI SHIREN YU ZUOPIN YANJIU
著　　者：	洪振国
责任编辑：	冯彦庄
装帧设计：	米非米
责任技编：	刘上锦
出版发行：	世界图书出版有限公司　世界图书出版广东有限公司
地　　址：	广州市海珠区新港西路大江冲 25 号
邮　　编：	510300
电　　话：	（020）34201967
网　　址：	http://www.gdst.com.cn
邮　　箱：	wpc_gdst@163.com
经　　销：	新华书店
印　　刷：	悦读天下（山东）印务有限公司
开　　本：	710 mm × 1 000 mm　1/16
印　　张：	14.5
字　　数：	239 千字
版　　次：	2021 年 3 月第 1 版　　2025 年 1 月第 3 次印刷
国际书号：	ISBN 978-7-5192-8419-0
定　　价：	78.00 元

版权所有　翻印必究
（如有印装错误，请与出版社联系）

前 言

本书对美国最具现代性、最有影响力的19世纪大诗人沃尔特·惠特曼、艾米莉·狄金森，以及20世纪上半叶至六七十年代美国最重要的十位现代、后现代诗人——罗伯特·弗罗斯特、华莱士·史蒂文斯、威廉·卡洛斯·威廉斯、埃兹拉·庞德、T. S. 艾略特、哈特·克莱恩、伊丽莎白·毕肖普、罗伯特·洛威尔、兰斯顿·休斯、西尔维娅·普拉斯及其作品进行了专题介绍和评论。文章多曾发表在全国核心刊物上，或为人民大学资料复印中心的《外国文学研究》全文复印转载。

笔者开始学习和研究美国诗歌是20世纪80年代末于耶鲁大学英文系当访问学者之时。1987年，美国公共广播有限公司（PBS）每周定时在全美播放介绍上述每位诗人，还有玛丽安娜·摩尔的电视系列片，使他们广为人知、家喻户晓。

耶鲁大学除本科、研究生开设包括有上述诗人的诗歌课程外，还经常举办诗歌讲座，供市民和学生旁听或选修，大礼堂总是座无虚席。校内外常有规模大小不同的诗歌朗诵会、讨论会，学习诗歌的气氛十分浓厚。时至今日，仍能见到耶鲁大学英文系教授兰登·哈默（笔者当年曾多次听过他的课）在电视和互联网上主讲英美现代诗歌的内容。

为配合电视广播，纽约兰多姆书屋（Random House）出版了由十二位杰出的文学评论家撰写的《声音和图像》（*Voices and Visions*）一书。该书图文并茂，附有175张图片和手稿的复制品。该书的扉页上写着："或许，他们是我们最珍贵的国宝。"（Perhaps they are our most precious national treasure.）

美国是一个历史很短的国家,从1776年脱离英国统治宣布独立至今才240多年。文学是文化的重要组成部分,是一个民族历史发展形成的宝贵精神财富。由于历史短暂,长期以来美国大学的文学系的主要课程是英国文学,而美国文学屈居次要地位。在19世纪中叶惠特曼、狄金森之前,美国文学处于摸索、模仿阶段。惠特曼大声呼喊"要建立美国的民族文学"。他说:"要建设一个社会民主和文化发达的新世界,如果合众国没有完成后者来做它唯一的、持久的纽带和支撑点,那么即使名列前茅也是枉然。"这说明惠特曼早就认识到文化是软实力,没有这种实力,无论一个国家如何强大也不能国运长久、行之久远,甚至有衰败亡国的可能。至于诗歌,他则说:"一个民族的最高检验竟是自己所产生的诗歌。"他把诗歌作为对一个民族的精神、文化和其他方面的最高检验,把民族诗歌提高到了极高、极重要的地位。

虽然美国诗歌的发展比小说迟缓,但在20世纪20年代,第一次世界大战使美国与欧洲开始有了接触,架起了两者文化交流的桥梁,缩小了文化差距,为对美国文学起了关键作用的国际性现代诗歌运动准备了条件。另外,由于战争带来的灾乱、社会矛盾及其对人们心灵的伤害,也为诗歌的题材、形式、内容的改变提出了新的要求与可能。

自庞德1912年提出意象主义,开展英美现代主义诗歌运动以来,美国出现了本书所论述的一批大师级诗人,迎来了自19世纪上半叶以新英格兰地区的文学昌盛为第一次文艺复兴后的第二次文艺复兴。一批批诗人和小说家接连出现,诗歌、小说的出版数量猛增,文坛呈现一片繁荣景象,产生了包括艾略特、刘易斯在内的近十名诺贝尔文学奖得主。美国文学迅速崛起,走向世界,丰富了世界文学并引领潮流。

本书对下列诗人进行专题论述,但不局限于一般性介绍,而是聚焦于对诗人的代表作、诗人的创作特点及诗歌理论进行分析讨论。

(1)沃尔特·惠特曼(Walt Whitman,1819—1892)。他的《草叶集》是一部划时代的杰作,是惠特曼一生创作的总汇,也是美国诗歌史上一座灿烂的里程碑,开创了美国民族诗歌的新时代。该书自1855年问世以来,论者甚多,并对中国五四运动时期产生的新诗造成了重大影响。

（2）艾米莉·狄金森（Emily Dickinson，1830—1886）。狄金森率先运用现代主义的创作方法，影响了庞德、洛威尔、克莱恩、桑德堡等一大批美国诗人和作家。她主张诗歌要充满思想，认为"诗无思想也就不成其诗"，"诗要传播真理"。她在诗中侧重写人的意识与真实的心理活动。她强调直觉，强调强烈、瞬间的感官反应，也就是强调意象，认为诗歌是通过具有意象的字词引起的内心图景。她的诗表现"自我"，开美国诗歌心理描写之先河。她使用通感、梦幻表达直觉及心理感受，而这些都是现代派使用的手法。她超前了几十年、相隔了两代人，被誉为美国现代主义诗歌的先驱。

（3）罗伯特·弗罗斯特（Robert Frost，1874—1963）。他四次获得普利策诗歌奖，四十四所大学授予他荣誉学位，被称为非官方的桂冠诗人。他以美国东北部的新英格兰地区的农村为背景，用新鲜、朴实的口语写自然景色、劳动和普通农民的日常生活。他的诗充满浓厚的乡土气息和田园色彩，充满现实性、人民性、哲理性。他用传统的音韵、格律写诗，不属于现代派，但作品与社会生活紧密相连，具有现代性。他提出"诗歌就是用比喻教育人""诗歌始于快乐，止于智慧"的诗歌理论。

（4）华莱士·史蒂文斯（Wallace Stevens，1879—1955）。批评家哈罗德·布鲁姆认为史蒂文斯是继沃尔特·惠特曼和艾米莉·狄金森之后美国最重要的诗人，被称为"哲学家诗人"，又因为他在诗中论诗，被称为"诗人的诗人"。他寻求"自我"，写"自我的神话"，但与艾略特、庞德主要关注历史和文化方面的自我不同，他关注的是人的内心的真实。他在三首长诗里阐述他的诗歌理论，得出"诗是最高的虚构"的结论。他所谓的最高虚构就是一个以现实为基础、"不再有上帝的世界"，"一个现实与想象的复合体"。他重视想象，把想象说成是"把不真实输入真实的能力"。他提出"最初的观念"一说，并指出最高虚构的创作原则是必须抽象，必须变化，必须给人快乐。由于相信史蒂文斯的虚构理论，布鲁姆把他归入爱默生、惠特曼传统浪漫主义诗人之列，称他为20世纪重要的浪漫主义诗人。

（5）威廉·卡洛斯·威廉斯（William Carlos Williams，1883—1963）。威廉斯是一位大胆探索、敢于开拓创新的诗人。他继承和发扬惠特曼的传统，歌颂美国，写普通的美国人，使用普通人的日常语言，是一位具有民族风格和地方色彩的诗人。评论家认为他与惠特曼是美国文学史上的两座高峰。他向以艾略特为首的学院派势力挑战，影响了黑山派、垮掉派和其他许多诗人。他认为诗是一个客体，提出了"客体主义"。他同时又重视诗的思想性，提出"思想进入画面""思想只存在于事物中""地方性具有宇宙性"等诗学理论。他认为写诗要"从特殊开始/使之普遍"，体现了特殊性寓于普遍性之中的哲学原理。他的长诗《帕特森》是反映美国历史与现状的史诗，与《诗章》《荒原》《桥》并列为美国的"四大史诗"。

（6）埃兹拉·庞德（Ezra Pound，1885—1972）。庞德是英美现代主义运动的发起者，影响了美国一代诗人和诗风。他的代表作《诗章》是美国现代派的丰碑、世界文学的巨著之一。《诗章》内容复杂，展现了作者渊博的知识，是一部浓缩的人类文明史。他受日本俳句和中国古诗的影响，提出意象主义、漩涡主义，又受到中国汉字的表意功能的启发，进而创造表意法。他在《诗章》里大量使用了表意法。他说："这是真的，我们在不知不觉地寻求中国表意文字的力量。"

（7）托马斯·斯特恩·艾略特（Thomas Stearns Eliot，1888—1965）。艾略特是诗人，又是哲学家、评论家，1948年获诺贝尔文学奖。他提出的"客观对应物""非个性化"理论影响深远。他指出"批评不应着眼于诗人而应该着眼于诗歌"，给新批评重视文本提供了理论依据。从他的代表作《荒原》发表后不久直至20世纪50年代，他居于美国诗坛盟主地位。他的诗歌理论的哲学基础是客观主义和实用主义。

（8）哈特·克莱恩（Harold Hart Crane，1899—1932）。耶鲁大学教授R. W. B. 刘易斯说："哈特·克莱恩是使用英语语言最优秀的现代诗人之一，美国历史上众多重要诗人之一。"他的《桥》与《荒原》针锋相对：《荒原》表现西方文明腐朽衰败，充满消极悲观思想，克莱恩从逆反方向写美国的历史、赞美机器文明社会，像惠特曼那样歌颂工人、农民、妇女儿童、印第安人，歌颂人的创造力；《桥》被认为是"美国的颂歌""美国的神话"，表现了诗人对美国的热爱之情，对它充满信心与希望。他在长诗里赞美科学技术，同时也赞美道德和精神文明。他提出诗歌创作的"隐喻逻辑"和"观念的实体化"理论。他诗中的象征多元化，常使用暗示、变形和矛盾修饰法。他的《桥》是一部包含了美国历史、文化、宗教神话，反映现实生活的长篇抒情史诗，是现实主义与浪漫主义相结合的现代主义杰作。

（9）兰斯顿·休斯（Langston Hughes，1902—1967）。兰斯顿·休斯被誉为美国哈莱姆文艺复兴运动（1919—1940）的桂冠诗人和"黑人民族的代言人"。由于他长期居住在纽约的哈莱姆黑人区，因此，他的诗中常描写中下层人民，为他们受到的种族歧视和不平等、不公正的待遇提出申诉与抗议，被称为现实主义和社会诗人。20世纪30年代后，他写思想激进的革命诗，又有"革命诗人"和"无产阶级作家"的美称。他发扬黑人民间口头文学的长处，在诗中引进布鲁斯、爵士乐等黑人民族音乐的要素，独树一帜，创建了独特的英语诗歌形式，把黑人的口头创作提高到了文学艺术的水平，使人读起来有"两种美国诗歌，两个美国"的感觉，不但大大丰富了美国文学，也丰富了世界英语语言文学。他在诗中追求真与美，他的"黑即是美""诗歌就是去发现美"的美学思想使他的诗具有美和深层的含义。

（10）伊丽莎白·毕肖普（Elizabeth Bishop，1911—1979）。毕肖普是美国杰出的现代女诗人，一生发表的诗作不足百首，她坚持"少即是多"，以质量取胜，获得过包括普利策奖在内的多个奖项，被誉为"诗人的诗人"。她认为"模拟生活的艺术和生活本身是一致的"。她坚持艺术来源于生活、反映生活的观点并运用于实践，认为艺术"不仅是对事物的反映，更重要的是对精神和心理的反映"。她提出写作要尽可能接近事实，用浅白的语言表达深邃的思想。她说："诗歌简单地说也就是运动。"她提出了"动态诗学"的理论：写诗要写运动、变化着的思想，或作一连串的思想记录。她受弗洛伊德潜意识理论和法国超现实主义的影响，写梦幻诗，并认为意识和潜意识在艺术作品中的作用并不是割裂的。她把梦幻、非理性作为诗歌创作的素材和主题，用以反映思想，反映社会意识。她对普通人充满关爱与同情，追求艺术的价值与完美，不受功利驱使。

（11）罗伯特·洛威尔（Robert Lowell，1917—1977）。洛威尔的诗歌创作与时俱进、不断创新，是一位创新型的诗人。早年他接受新批评理论，按照新批评的原则写诗,取得巨大成功,成为新批评的后起之秀。当新批评理论走向式微,他迅速改弦易辙,用自传和回忆录的惯用风格,在长诗《生活研究》中写家庭和自己的经历,剖析自我,暴露自己的隐私,表达对社会的不满。诗中自由诗和格律诗混杂,并附有大篇幅的散文,语言较通顺、流畅,成为自白派形成的标志之作;宣告了新批评理论的过时和艾略特提出的"非个性化",以及使用神话、典故、象征等手法的结束,标志着美国诗歌进入了一个新的时期——后现代时期。自白派的影响从20世纪60年代一直延续到七八十年代,洛威尔也成了后现代主义文学的先驱之一,引领美国战后诗歌进一步向本土化、民族化的方向发展。

(12)西尔维娅·普拉斯(Sylvia Plath,1932—1963)。普拉斯是美国杰出的女诗人,女权主义的先驱。沉重的社会、家庭压力使她精神崩溃、痛不欲生而自杀身亡,死时年仅31岁。她的作品反映了妇女受压抑、压迫的极大痛苦与怨恨。她在《帷幔》一诗中号召妇女起来复仇:"我将挣脱/从小小的、珠光宝气的,/他作为至宝而监护的玩物中——/女狮,/一声尖叫,在他沐浴时,/帷幔下,隐蔽处。/"表现了妇女的反抗精神。普拉斯是一位复杂和多相的作家,主张诗歌传达经验,表现主观意识,描写瞬间的强烈感受。她认为诗歌在于简约和点上的冲击力量。他运用表现法、荒诞离奇的比喻与联想,强调反映主观世界与感知的客观世界,表现内心、心理的真实。她以"我"作为诗的主人公,强调自白,是自白派重要和有影响的现代、后现代诗人。

综上所述,可以窥见美国现代诗人与诗歌大致有以下几个特点:

1. 海纳百川,锐意创新。

以上诗人是被视为美国国宝的大诗人,除个别人自学成才外,大都是教授或阅历很深的饱学之士,是研究型、开创型的诗人。虽然美国历史不长,民族文化形成的时间短暂,但由于它与英国有着很深的历史文化渊源,加之诗人们大多旅居过英国或其他欧洲国家,因此,诗人们懂得它们的语言,对其文化传统及经典作家比较了解。另外,他们又善于汲取包括中国、印度、日本在内的东方文学及其他国家文化的长处,为我所用,见识宽广、视野开阔,为诗歌的改革创新打下了良好的基础。

庞德在关于意象主义的几"不"中提出不赞成抽象、不用修饰、不用多余的词，又提出用普通的语言、鼓励用自由诗的体裁等就是要对维多利亚诗歌感情夸张、追求华丽的辞藻、华而不实的诗风进行批判与摈弃。他主张诗歌要创新，盛赞中国《大学》中"日日新"的思想。艾略特提出"非个性化""客观对应物"理论，强调客观、具体，使用象征手法，也是对19世纪末英国浪漫主义传统的批判与决裂。惠特曼的《草叶集》歌唱美国、歌唱自我，与传统的英诗内容完全不同，用自由体，不受韵律的限制，自由洒脱、豪迈奔放，对诗歌进行了大胆创新。威廉斯的《帕特森》、克莱恩的《桥》针对艾略特的《荒原》，反其道而行之，也是对以艾略特为首的学院派的批判。洛威尔的《生活研究》表现了他从新批评向自白派的转变与创新。他同毕肖普、普拉斯一样，写个人的痛苦与隐私，表现美国诗歌从现代主义向后现代主义的转变。

创新，首先是理念、理论的创新，特别值得一提的是史蒂文斯提出的"第一观念"和"诗是最高的虚构"的理论具有很深的哲学思想，这在本书中有所论及。其次是内容及形式的创新，如庞德的《诗章》包含了世界文学、历史、艺术、神话、建筑、政治、经济等方面的内容，也包括了古英语、法语、德语、汉语等近十种语言的运用。艾略特的《荒原》内容也十分庞杂，包含有哲学、宗教、神话、政治等多种学科，使用了五种语言，引用了五十多部东西方古今名著中的典故。在形式和方法上，现代诗歌也是花样翻新，采用如看似互不相关的碎片式的拼贴、视觉转换、内心独白、自由联想、意识流、梦幻、时空跳跃转换等方法。凡此种种，表明美国诗人不满足现状、不墨守成规，海纳百川，锐意创新。

2. 回答了什么是诗、诗人的作用以及诗与现实、现实与想象的关系等重大问题。

惠特曼认为："一个民族的最高检验竟是自己所产生的诗歌。"狄金森说："如果我读一本书，而这本书能使我浑身发冷，什么火也无法使我暖和，我知道那是诗。如果我切实感觉到我的天灵盖被揭开了，我知道那是诗。"她说诗"是我写给世界的信"，"自然告诉我的简单消息，/我把她的信息交给了／看不见的手里"。庞德说："文学是充满思想的语言。""伟大的文学简直就是最大限度充满意义的语言。"毕肖普说："诗是许多经验的集中，集中后所发生的新的东西。"威廉斯认为诗是一个客体，"使诗歌真实（像生活一样真实）"，写诗是"将思想、美的思想打在纸上——"。这都表明诗歌要表达思想、经验、传播信息，表达感情。庞德、艾略特强调客观性、科学性。庞德说："客观——毫不滑来滑去。""艺术、文学、诗歌就像化学一样是科学。"艾略特说："要做到消灭个性这一点，艺术才可以说达到了科学的地步。"19世纪末，尼采宣布"上帝死了"，对宗教、文学，甚至对整个欧洲社会的震动巨大。人无信仰等于失去灵魂，会感到茫然；一个国家没有信仰，犹如航船失去方向。史蒂文斯说："信仰的缺失是最大的悲哀。""我们生活在一个失去信仰的时代，生活在一个伟大、对等的神话死亡和另一个新的神话诞生的空隙之间，诗人的工作是记录我们的生活，提供对信仰的满足，以便使生活可以忍受。""诗的任务是极端严肃的……是一种责任。""当人们放弃信仰上帝后，诗实质上取代上帝成为生活的超度。"用诗歌取代上帝，取代对上帝的信仰，把诗歌提高到了精神信仰的高度。

对于诗人的作用，狄金森在《这是诗人》一诗中说："这是诗人，就是他／从平凡的词语中／提炼神奇的思想。"史蒂文斯则说："诗人是不可见事物的传道士。""诗人从蛆虫织出丝绸的华服。"这表明诗人是人类灵魂的工程师，要传道解惑，在混乱无序中找到秩序，在肮脏的事物中发现美。

至于诗与现实的关系，史蒂文斯说："现实是唯一的基础，但它只是基础……诗歌的理论就是生活的理论。"他强调想象的作用，认为想象和意义是能飞翔的翅膀——"一定要有某种让我们飞翔的翅膀"，"没有翅膀能像意义那样飞翔"。提到诗人的作用时，他说："他的作用，我认为就是使他的想象变成他们的想象，只有看到自己的想象在别人的头脑中发亮，他便尽到了责任。"他还说："诗歌的目的是为人的幸福做贡献。"

从上面对诗人们的引言可以看出：诗人们对诗歌和诗人的作用、诗与现实的关系认识是很清楚、很有深意的，言简意赅，表明在特定的历史时期和历史条件下大部分诗人尽力做到反映现实生活，着重反映人的心理意识和社会意识，尽量做到现实主义与浪漫主义相结合。

3. 把"人"放在突出的地位。

人是社会生活的主体，也是文学创作的主体和主题，离开了对人的描写，也就无所谓现代诗歌了。莎士比亚和爱默生对人高度礼赞，把人提高到了神的地位；史蒂文斯用诗歌取代上帝、取代宗教信仰，以人、人的想象代之。这说明现代主义诗歌继承了人文主义的传统并有所发展。兰塞姆认为："诗是世界的主体，它接纳整个人类。"洛威尔说："任何人——整个人类都要在诗中得到呈现。"惠特曼"歌唱一个人的自身"、写"自我之歌"。被认为是自然诗人的弗罗斯特说："必须在自然背景上加入人这个前景……我们应该把人放在突出的地位上。"他又说："我所追寻的不是自然，而是人的思想。"现代诗人用客观事物作为象征、意象，就是为了表达人的思想、人的自我意识，但他们着重表现的是人的异化感，人的痛苦、焦虑和绝望。他们所写的多是痛苦、悲观、缺少灵魂的人。艾略特的《阿尔弗瑞德·普鲁弗洛克的情歌》的主人公去与情人约会却"像手术台上一个麻醉过去的病人"；《荒原》里的荒原人也是有情无欲、麻木不仁，如同死人："去年你种在花园里的尸首，/它发芽了吗？今年会开花吗？"多么荒凉可怕！艾略特的《空心人》把人写成用稻草填塞起来的稻草人。洛威尔在《黄鼠狼的时辰》写道："我听到我染病的灵魂在每个血细胞里啜泣。"现代主义诗歌写城市生活和城市人，毕肖普在诗中说，"我就是地狱。""这座城市像一个大口瓶中的'化学花园'。"又说："你会吃得很好的，/吃他的心，他的，还有他的。"工业化使得城市被污染，人们生活艰难，人际关系复杂，尔虞我诈，使美国变成"人吃人"的社会。现代人精神空虚、悲观失望成了现代主义诗歌的主旋律。

美国现代主义诗歌锐意创新、内容丰富、形式多样，把人作为诗歌创作的主体，写普通的市井小人，表现了他们的痛苦、悲惨处境与心理活动，对他们充满了同情，继承了人文主义和现实主义的传统又有所发展变化。叙述手法和形式花样翻新，与传统诗歌大相径庭，虽有创新，但也有许多弊病，如碎片化，显得杂乱无章、深奥难懂、朦胧晦涩，过多使用象征、神话、典故，时空跳跃，甚至语句颠倒不合常规等，致使许多上乘之作让人却步、不敢问津。美国现代主义诗歌对世界诗歌的发展做出了巨大贡献，我们应该一分为二，取其所长，去其所短，为我所用，进一步丰富、发展我国的诗歌创作。鉴于此，本书在"附录"中收录了一些笔者研究美国现代诗歌、小说的翻译和评论的文章，并介绍了我国杰出的翻译诗人的译诗理论，谈了笔者在外国文学课堂教学中的心得体会，这些都是笔者在研究美国现代诗人及其作品的过程中所得到的启发。

（1）笔者曾受罗念生、彭燕郊两位知名教授之托，搜集、整理我国现代诗人、作家朱湘的译诗，编辑加注成《朱湘译诗集》（湖南人民出版社1986年出版），并对诗集中每一位外国诗人及其作品作了简要介绍。朱湘的好友罗念生、柳无忌及高健、陈耀球等教授都著文对此有好评。罗念生先生为该书写了序言。他在序言中引用了唐弢先生的话："朱湘在新文学史上有他的地位。"还说："这本诗选是我国新文学运动初期第一部外国诗歌大观。"因此，笔者写了《论朱湘译诗的观点与特色》这篇文章，希望能对研究朱湘及其译诗的学者有所帮助。

（2）莎士比亚戏剧《亨利四世（下）》（英汉对照，朱生豪译、洪振国校注）由湖北教育出版社于2002年出版。笔者对书中的英语难点作了详尽的注释，对译文中的漏译及误译作了校正，所写的导读是对该剧的评述文章，希望能为学习、研究莎士比亚戏剧的人提供一定的参考价值。

（3）《森尼布鲁克农场的丽贝卡》（长江文艺出版社2008年出版）是美国著名作家、教育家凯特·道格拉斯·威金所著，是一部励志小说，美国20世纪最畅销的图书之一，被翻译成多种文字并被搬上舞台和银幕，深受国内外读者喜欢。笔者译后所写的导读希望能对我国读者有所助益。

（4）周流溪先生暨南大学毕业，是北京师范大学教授。他著述甚多，并用中、英文及其他语言写诗。笔者阅读后认为很有特色，写了《谈周流溪的译诗理论与实践》一文以馈读者。

（5）笔者长期从事英美文学的研究和教学工作，《外国文学教学及其改革的重要性》一文是其多年来总结的心得体会，可供同行参考，以改善我国大学的外国文学研究的教学效果。

（6）《译诗二首》简要介绍了两位美国杰出女诗人的名作。伊丽莎白·毕肖普是继艾米莉·狄金森，玛丽安娜·摩尔之后最重要的美国现代女诗人；安妮·布雷兹特里特是美国殖民时期第一位诗人，被称为"美洲出现的诗神"。笔者尝试对她们的《一门艺术》和《给我亲爱的丈夫》进行翻译，目的是帮助读者更深入地体会诗的意境。

（7）海明威说："所有的美国现代文学来源于一本书，即马克·吐温所写的《哈克贝里·芬》。"因此，笔者将这篇研究《哈克贝里·芬》伟大之处的文章《<哈克贝里·芬>的伟大何在》翻译出来，给读者展示。

本书能以系列论文的形式与读者见面，我要感谢世界图书出版广东有限公司的帮助与精心设计。

我要感谢我所在的五邑大学的前校长、已故的叶家康教授及其他校领导对我科研工作的支持与鼓励。

我要感谢广东省外国文学学会多年来按期举行年会，让我的多篇论文得以在会上宣讲，并同与会专家、学者切磋商讨。感谢学会 2018 年授予我"广东省外国文学事业终生成就奖"这一荣誉，这是对我的鞭策与鼓励。

我要特别感谢广东省外国文学学会理事长、中山大学博士生导师区鉷教授对我的论文提出中肯的意见，并连续五年邀请我参加他八位博士生毕业论文的审稿与答辩工作，使我受益良多。

本书是我多年来在教学及其他工作之余写成的。限于个人水平和文献资料，书中倘有缺点和错误，还望读者批评指正。

洪振国

2020 年 10 月 9 日于五邑大学

目 录

惠特曼《草叶集》诗歌选译及解说 / 洪振国 …………… 1

艾米莉·狄金森——现代主义的先驱 / 洪振国 …………… 20

罗伯特·弗罗斯特的自然诗 / 洪振国 …………………… 30

"诗是最高的虚构"——史蒂文斯的诗歌理论 / 洪振国 曾 超 …… 39

论威廉·卡洛斯·威廉斯的诗歌创作 / 洪振国 ………… 54

浅谈庞德的"表意法" / 洪振国 ………………………… 76

艾略特诗歌的客观性、实用性和宗教思想 / 洪振国 …… 88

论哈特·克莱恩的长诗《桥》/ 洪振国 ………………… 97

美国黑人民族的首要代言人——诗人兰斯顿·休斯 / 洪振国 …… 108

伊丽莎白·毕肖普的创作观及梦幻诗 / 洪振国 曾 超 …… 123

从罗伯特·洛威尔的诗歌创作和理念看他的创新精神

　　——纪念诗人诞生一百周年 / 洪振国 曾 超 ……… 141

论西尔维娅·普拉斯的抗争精神及其诗歌艺术 / 洪振国 …… 153

附 录

试论朱湘译诗的观点与特色 / 洪振国	164
《亨利四世（下）》导读 / 朱生豪译　洪振国校注	177
《森尼布鲁克农场的丽贝卡》导读 / 洪振国译	184
谈周流溪的译诗理论与实践 / 洪振国	188
外国文学教学及其改革的重要性 / 洪振国	194
译诗二首 / 洪振国	200
《哈克贝里·芬》的伟大何在 ［美］莱昂内尔·特里林（Lionel Trilling）著　洪振国译	205

惠特曼《草叶集》诗歌选译及解说

洪振国

沃尔特·惠特曼以他精心创作的《草叶集》享誉世界。该诗集1855年初版时虽然只有短短的12首诗,但在美国引起了轩然大波。在很长一段时间里,受到攻击、诋毁和谩骂,但也有赞扬之声,并为越来越多的人所理解和支持。该诗集多次再版,内容不断充实,直至1892年作者逝世前共再版了九次,诗歌增加到四百多首。《草叶集》出版后不几天,爱默生就写信表示赞扬与祝贺。他说:"我发现这是迄今美国出版的最具非凡才识和智慧的作品。我极为惊喜,我发现无以伦比的事物写得无以伦比地好,就像它们本来应该的那样……我在你伟大事业开始之际祝贺你。"[1]在威廉·罗塞蒂的帮助下,《惠特曼诗选》1868年在英国伦敦出版,受到桂冠诗人丁尼生的赞赏。惠特曼的朋友威廉·奥康纳1886年告诉惠特曼,说他"被评论者认为是当今最伟大的美国本土诗人"。[2]海伊·肯纳在论及威廉斯时也说惠特曼的《草叶集》是美国诗歌的一座高峰。

一百六十多年过去了,评论界从不同的角度、不同方面对惠特曼展开评论,认为他是民主诗人、革命诗人、民族诗人、未来诗人、美国现代文学的先驱等,也有从诗歌形式、自由诗体、语言风格、象征手法等方面进行分析评论的。常耀信先生在他2008年撰写的《美国文学简史》(英文版)中说的"美国现代诗人如T. S.艾略特和庞德,若无惠特曼也就不能成其为现在的他们"[3]是有道理的。庞德曾说:"当我写东西时,我发现自己在使用惠特曼的韵律、节奏。"[4] 他还说："读一个人的作品（指惠特曼的作品），明知他的技巧不像我的，却很容易就把它们做成是我的，这是件极妙的事（a great thing）。"[5] 惠特曼影响了庞德，还影响了威廉斯、克莱恩、桑德堡、金斯堡等一大批美国现代诗人，使美国诗歌迅速崛起并引领潮流。1922年，鲁迅在他主编的《奔流》杂志上刊登了金溟若先生翻译的《草之叶》，并称赞他"勇敢地完成了这工作是很不易得之事"[6]。惠特曼的诗从五四运动时期进入中国，他是"迄今为止对中国新诗影响最大的一位美国诗人"[7]。《草叶集》影响了中国众多的现代作家，如郭沫若、田汉、闻一多、何其芳、艾青、徐迟等，其中郭沫若的《女神》就是以惠特曼为榜样而写的。

笔者选译了《草叶集》中10首认为有代表性的短诗同读者一起欣赏，以期能窥见该诗集的一些特点。

1. One's-Self I Sing

One's-self I sing, a simple separate person,
Yet utter the word Democratic, the word En-Masse.

Of physiology from top to toe I sing,
Not physiognomy alone nor brain alone is worthy for the Muse, I say
The Form complete is worthier far,
The Female equally with the Male I sing.

Of Life immense in passion, pulse, and the power,
Cheerful, for freest action form'd under the laws divine,
The Modern Man I sing.

1. 我歌唱一个人的自身

我歌唱一个人的自身，歌唱单个的人，
然而要说出"民主"这个词，"全体"这个词。

我歌唱从头到脚的生理学,
不单纯是外貌和头脑配得上缪斯,
我说整个形体更值得歌咏,
我歌唱女性与男性平等。

我歌唱现代人,
对生活无限热情,充满激情和力量,
合乎神圣的法则,因最大的自由行动而快乐。

《铭言集》共有二十四首诗,是写在卷首的题词,是全诗集的总纲,从中可以窥见全诗集的主要思想内容及艺术特点。《我歌唱一个人的自身》是《铭言集》中的第一首诗,告诉我们诗人主要是写人、写现代人、写女人和男人、写男女平等,是用民主思想和站在全人类的立场来歌唱人的伟大和力量,歌唱自由、平等和博爱的。除了赞美人的思想和智慧,他要从生理学即科学的角度来赞美人的形体,认为人体是更加值得赞美的。惠特曼是第一个赞美物质和人的形体的诗人。

2. I hear America Singing

I hear America singing, the varied carols I hear,
Those of mechanics, each one singing his as it should be blithe and strong,
The carpenter singing his as he measures his plank or beam,
The mason singing his as he makes ready for work, or leaves off work,
The boatman singing what belongs to him in his boat, the deck-hand
    singing on the steamboat deck,
The shoemaker singing as he sits in his bench, the hatter singing as he stands,
The wood-cutter's song, the ploughboy's on his way in the morning,
    or at noon intermission or at sundown,
The delicious singing of the mother, or of the young wife at work, or
    of the girl sewing or washing,

Each singing what belongs to him or her and to non else,
The day what belongs to the day—at night the party of young fellows,
　　　robust, friendly,
Singing with open mouths their strong melodious songs.

2. 我听见美国在歌唱

我听见美国在歌唱，唱着各种赞美欢乐的歌，
我听见机械工人在歌唱，每个人唱自己认为是快乐、铿锵有力的歌，
木工在丈量木板或横梁时唱他自己的歌，
泥瓦工在准备上班下班时唱自己的歌，
船工在船上唱属于他自己的歌，水手在汽船甲板上唱自己的歌，
鞋匠坐在凳子上唱，制帽人站着唱，
伐木工、犁田小伙晨早开始工作时一路唱，午间休息时唱，日落收工时唱，
母亲或年轻的妻子工作时，女孩在缝补浆洗时唱着甜美的歌，
每个人都在唱属于他或她自己而不属于别人的歌，
白天唱白天的歌——夜晚一群年轻人，强壮、友善，唱属于夜晚的歌，
放声高唱他们铿锵有力又悦耳的歌。

这是《铭言集》中的另一首诗，是一首对劳动和劳动人民的赞歌。惠特曼出生在一个农民家庭，只受过五年正规教育。他当过学徒、排字印刷工人、木匠、乡村教师、办公室工作人员、记者、编辑。他酷爱学习，博览群书，自学成才。他对劳动人民有着深厚的感情，看到他们无限的创造力和对国家的贡献，因此讴歌他们，表现了他对祖国和人民的热爱。19世纪30—60年代，美国工农业迅速发展，基本上实现了工业化，资本主义处于上升阶段，诗人对国家和未来充满信心，表现了他的乐观主义精神。

3. Song of Myself (1)

I celebrate myself,and sing myself,

And what I assume you assume,

For every atom belonging to me as good belongs to you.

I loafe and invite my soul,

I lean and loafe at my ease observing a spear of summer grass.

My tongue,every atom of my blood ,form'd from this soil ,this air,

Born here of parents born here from parents the same ,and their parents the same,

I, now thirty-seven years old in perfect health begin,

Hoping to cease not till death.

Creeds and schools in abeyance,

Retiring back a while sufficed at what they are, but never forgotten,

I harbor for good or bad,I permit to speak at every hazard,

Nature without check with original energy.

3. 自己之歌（1）

我赞美我自己，歌唱我自己，

我担载的，你也担载，

因为属于我的每个原子，也同样属于你。

我闲游并邀灵魂同游，

我安闲游荡，俯身看一片夏草。

我的舌头，每滴血的原子都由这泥土、空气形成，

父母生我在这里，同样父母为其父母生，其他人为他们的父母生，

我现在三十七岁，身强力壮，开始歌唱，

希望永不止步，直至生命结束。

搁置宗教教义和学派争议，

暂且退后，对如其所是满意，但绝不忘记，

我包容善或恶，不管如何，我允许

用最原始的活力述说自然，永不停止。

《自己之歌》是惠特曼1855至1892年间的作品，是《草叶集》中最长的诗，共52首1346行，经过反复修改，包含了作者的主要思想，也是诗集中最重要的诗之一。这里选择了其中的第1、10、48、52共四首，包含了集中几个重要主题和思想：①物质与精神，理想与实际，灵魂与肉体的一致与统一。②真理最能从观察自然中获得。③上帝无处不在。④生命不因死亡而终止。⑤无论财产和社会地位怎样不同，男女都是平等的。⑥任何经验，无论大小都对人的成长有帮助。第一首诗一开始就指出人的自我与其他所有人的自我一致，人人平等，四海之内皆兄弟。灵魂与我同游、同在，灵魂到底是什么，可能不单纯指思想和精神而指上帝，爱默生的宇宙之超灵，表现了作者的神秘唯心主义的一面。小草和泥土具有象征意义：草象征芸芸众生，我们"来自尘土，回归尘土"，成小草而获得新生，暗含了作者生死轮回的观念。诗人包容善恶是受了万物精神平等、普遍人性论的思想影响。诗人如此述说自然，表明他是崇尚自然的。

4. Song of Myself (10)

The runaway slave came to my house and stopt outside,

I heard his motions crackling the twigs of the woodpile,

Through the swung half-door of the kitchen I saw him, limpsy and
  weak,

And went where he sat on a log and led him in and assured him,

And brought water and fill'd a tub for his sweated body and bruis'd
  feet,

And gave him a room that enter'd from my own, and gave him some
  coarse clean clothes,

And remember perfectly well his revolving eyes and his awkwardness,

And remember putting plasters on the galls of his neck and ankles;
He staid with me a week before he was recuperated and pass'd north,
I had him sit next me at table, my fire—lock lean'd in the corner.

4. 自我之歌（10）

一位逃亡的黑奴来到我的住屋，并在屋外停留，
我听见他的动作弄得柴堆上的树枝噼啪作响，
透过半掩半开的厨房门，我看见他筋疲力尽、四肢无力，
我走到他坐的木头旁，带他进屋，保证他安全，
我倒了满满一桶水，让他擦洗汗流浃背的身子和受伤的脚腿，
腾给他一间从我房间进入的房，给了他几件干净的粗布衣裳，
我清楚地记得他转动着双眼和局促不安的神情，
还清楚地记得给他的颈子和脚踝涂上药膏，
同我住了一周，他恢复了健康，就去了北方，
用餐时，我总让他坐在我身旁，角落里倚放着我的火枪。

惠特曼反对蓄奴制，所以废除蓄奴制和停止内战是他诗歌的重要主题，这在他的《桴鼓集》和《林肯总统纪念集》中都有表述。美国内战前，美国南方种植园的黑人奴隶受到非人的待遇，大量逃往加拿大和美国北方自由州，但大多数人都被抓获或被击毙。按照美国南方的法律，包庇、窝藏逃亡者是有罪和要受到惩处的。惠特曼不仅同情黑人，反对种族歧视和种族迫害，而且不顾危险保护逃亡的黑奴，除给予热情接待，还准备好枪支以备不时之需，表现出了一个勇敢战士的高大形象。

5. Song of Myself（48）

I have said that the soul is not more than the body,
And I have said that the body is not more than the soul,
And nothing, not God, is greater to one than one's self is,
And whoever walks a furlong without sympathy walks to his own

Funeral drest in his shroud,
And I or you pocketless of a dime may purchase the pick of the earth,
And to glance with an eye or show a bean in its pod confounds the
  Learning of all times,
And there is no trade or employment but the young man following it
  may become a hero,
And there is no object so soft but it makes a hub for the wheel'd universe,
And I say to any man or woman,Let your soul stand cool and composed
  Before a million universes.

And I say to mankind, Be not curious about God,
For I who am curious about each am not curious about God,
（No array of terms can say how much I am at peace about God and about death.）

I hear and behold God in every object, yet understand God not in the least,
Nor do I understand who there can be more wonderful than myself.

Why should I wish to see God better than this day?
 I see something of God each hour of the twenty-four, and each morning then,
 In the faces of men and women I see God, and in my own face in the glass,
 I find letters from God dropt in the street, and everyone is sign'd by God's name,
 And I leave them where they are, for I know that wheresoe'er I go
 Others will punctually come for ever and ever.

5. 自我之歌（48）

我说过灵魂不比肉体更优越，
我也说过肉体不比灵魂更重要，

对人而言，没有事物，包括上帝，比自己更伟大，
百步行，不带同情，是穿着寿衣向自己的葬礼进行，
我或你身无分文可购买世上所选精品，
瞥上一眼或显示豆荚中的一粒豆子就迷惑住所有年代的学问，
没有年轻人从事的行业或工作不能成为英雄，
没有柔软之物不能成为旋转宇宙之中心，
我对男人或女人们说，要让你们的灵魂
在大千世界保持泰然和冷静。

我对人类说不要对上帝好奇，
因为我对人人好奇，对上帝并不好奇
（无需大串词语才能说我与上帝和死亡多么和平）

在每件事物，我听到、看到上帝，然而对上帝，我却全然无知，
我不知道有谁比我更神奇。

干吗要想比现在更清楚地看到上帝？
二十四小时中的每小时、每一刻，我多少能看见上帝，
在男人或女人脸上，我看见上帝，在镜中我自己的脸上，我看见上帝，
我发现投在街上来自上帝的书信，每封都有上帝的签名，
我把它们留在原来的地方，因为我知道无论我走到哪里，
永远有其他来鸿准时降临。

  在这首诗里，惠特曼还是在歌颂人。人为万物之灵，如莎士比亚所说的人是"万物的灵长，宇宙的精华"。惠特曼认为人是有神性的，人比上帝还要伟大，对上帝有什么好好奇？我们人本身就够神奇的。他认为人有我和灵魂两部分，即身体和灵魂，也就是灵与肉两部分。这两部分是同等重要的，身体包裹着灵魂，灵魂通过身体而得到表现和反映，两者相辅相成，缺一不可。这对宗教认为肉体低贱、丑陋是有力的批判。他的这一思想在《亚当的子孙》和《芦笛集》中有详细的表述。[8]

6. Song of Myself（52）

The spotted hawk swoops by and accuses me, he complains of my gab
  and my loitering.

I too am not a bit tamed, I too am untranslatable,
I sound my barbaric yawp over the roofs of the world.

The last scud of day holds back for me,
It flings my likeness after the rest and true as any on the shadow'd wilds
It coaxes me to the vapor and the dusk.

I depart as air, I shake my white locks at the runaway sun,
I effuse my flesh in eddies, and drift it in lacy jags.

I bequeath myself to the dirt to grow from the grass I love,
If you want me again look for me under your boot-soles.

You will hardly know who I am or what I mean,
But I shall be good health to you nevertheless,
And filter and fibre your blood.

Failing to fetch me at first keep encouraged,
Missing me one place search another,
I stop somewhere waiting for you.

6. 自我之歌（52）

一只斑驳的苍鹰猝然降落附近，把我指控、埋怨，
  说我四处游荡，高谈阔论。

我毫不驯服，也很难搞定，
我在世界的屋脊之上，发出粗狂的叫喊声。

疾飞的最后之日对我停步，
它把我长眠后的肖像，像对所有人一样，
扔在幽暗的旷野之上，
它诱我化作烟雾和薄暮。

我化为空气离开，对逃跑的太阳抖动我的卷发，
在旋风中播洒我的血肉，把它装在丝绸皮袋中，任其漂流。
我把自己馈赠给泥土，从我喜爱的小草获得新生，
假如你还需要我，就在你的鞋底把我找寻。

你很难懂我或我说的什么，
但无论如何，我有益于你的身体，
我会净化、增强你的血液。

开始找不到我，不要泄气，
一处找不着，再到其他地，
我在某处等着你。

  这是《自我之歌》中的最后一首诗，有点像是一首告别世界，交代后事的遗嘱。诗人首先指出，对于有些人对他和《草叶集》的指控和埋怨是错误的，他不能苟同与屈服，而且要把他的思想、观点站在最高的地方，向世界宣布，发出呐喊，表现了诗人不屈的战斗精神。
  这首诗讲生死，认为死并不可怕，死不等于一切灭亡，死后生命仍以某种形式存在。他死后，读者仍可以在某处、在他的著作里找到他，这个说法是对的。但诗人受印度教生死轮回的影响认为人死后可以新生，也表现了他神秘主义的一面。

7. Miracles

Why, who makes much of a miracle?

As to me I know of nothing else but miracles,

Whether I walk the streets of Manhattan,

Or dart my sight over the roofs of houses toward the sky,

Or wade with naked feet along the beach just in the edge of the water,

Or stand under the trees in the woods,

Or talk by day with any one I love, or sleep in the bed at night with
　　any one I love,

Or sit at table at dinner with the rest,

Or look at strangers opposite me riding in the car,

Or watch honey-bees busy around the hive of a summer forenoon,

Or animals feeding in the fields,

Or birds or the wonderfulness of insects in the air,

Or the wonderfulness of the sundown,or the stars shining so quirt and bright,

Or the exquisite delicate thin curve of the new moon in spring;

These with the rest, one and all,are to me miracles,

The whole referring, yet each distinct and in its place.

To me every hour of the light and dark is a miracle,

Every cubic inch of space is a miracle,

Every square yard of the surface of the earth is spread with the same,

Every foot of interior swarms with the same.

To me the sea is a continual miracle,

The fishes that swim — the rock — the motion of the waves — the ships
　　with men in them,

What stranger miracles are there?

7. 奇迹

噢！谁特别重视奇迹？
对我而言，除了奇迹，不知道还能有什么别的东西，
无论我行走在曼哈顿的街道，
还是一眼越过楼房的屋顶朝向天空，
还是光着脚沿着海滩边缘蹚水，
或是在林中的树下站立，
或是白天与我爱的人交谈，或夜晚与所爱的人同床共眠，
或与其他人同桌进餐，
或乘车望着对面的陌生人，
或观察蜜蜂夏日午前在蜂房周围忙个不停，
或看见牲畜在田间野岭放牧吃草，
看见鸟儿或昆虫在空中飞舞，美丽可爱，
观日落美景或看静谧、明亮，闪闪发光的星星，
或看春天里一弯纤细精美的新月；
这些和其他的，所有这一切，对我而言都是奇迹，
它们彼此关联又泾渭分明，各居其位。

对我而言，白天黑夜，每一刻都是奇迹，
每一立方英寸空间都是奇迹，
地面每平方码展现同样的东西，
内陆每英尺充满奇迹。

对我而言，大海是奇迹的继续，
游鱼、岩石、浪涌、载人的船只是奇迹，
难道还有奇迹比这些更神奇？

惠特曼重视奇迹，他认为奇迹并不在那些稀奇古怪、高不可攀的事物中，而在于平凡的人的生活和事物中。神奇、伟大来自平凡，就像英国诗人布莱克所说的"一颗沙粒看出一个世界／一朵野花里一个天堂"。这首

诗首先写人的日常生活，如同朋友逛街、坐车、吃饭、睡觉都是美好的，都是奇迹，因为人本身是奇迹，人能创造奇迹。另外，自然界是奇迹，动植物、日月星辰、陆地海洋是奇迹，自然给我们提供物质和精神粮食、制造奇迹。什么是奇迹？奇迹就是那些想象不到、不平凡的事。惠特曼认为探索未知永无止境。他还认为人和自然背后都是有精神和灵魂的，这精神和灵魂是奇迹，他所重视和探求的也正是这个奇迹。

这首诗体现了诗人特有的平行、重叠，以行为单位，不跨行等特点。全诗只用了一个句号，像一个人在滔滔不绝地即兴演说，表现思想意识的流动，一气呵成，气势磅礴。

8. I Sit and Look Out

I sit and look out upon all the sorrows of the world, and upon all
    oppression and shame,
I hear secret convulsive sobs from young men at anguish with them-
    selves, remorseful after deeds done,
I see in low life the mother misused by her children, dying, neglected,
    gaunt, desperate,
I see the wife misused by her husband, I see the treacherous seducer
    of young women,
I mark the ranklings of jealous and unrequited love, attempted to be
    hid, I see these sights on the earth,
I see the working of battle, pestilence, tyranny, I see martyrs and
    prisoners,
I observe a famine at sea, I observe the sailors casting lots who shall be
    kill'd to preserve the lives of the rest,
I observe the slights and degradations cast by arrogant persons upon
    laborers, the poor, and upon negroes, and the like,
All these — all the meanness and agony without end I sitting look out upon,
See, hear, and am silent.

8. 我坐观世界

我坐观世界所有的悲哀、压迫和耻辱,
我听到年轻人因痛苦私下里抽泣,因做过的事悔恨不已,
我看见下层社会母亲被儿子疏忽、虐待,骨瘦如柴,绝望中奄奄一息,
我看见妻子被丈夫虐待,我看见奸诈的骗子拐骗年轻女子,
我注意到嫉妒产生怨恨,隐蔽单恋痛苦,看见世上诸多痛楚场景,
我看见战争在进行、瘟疫在蔓延、暴政草菅人命,我看见受难者和被囚禁的犯人,
我观察海上一次饥馑,只见水手们抽签决定谁被杀以保存其他人生命,
我看见傲岸之人用轻蔑、不屑一顾的眼神瞥向劳工、穷人、黑人等,
所有这一切——这一切卑劣行径和人民无尽的苦痛,我坐而尽收眼底,
看到了,听到了,唯有沉默,无言以对。

  诗人说过:"百步行不带同情,是穿着寿衣向着自己的葬礼进行的。"这首诗表现了他对受压迫与受损害者的深切同情与恻隐之心。美国南北战争后,随着垄断资本的形成,社会的贫富悬殊、社会矛盾、阶级矛盾及种族歧视日益加剧,使得诗人感到坐立不安,正如鲁迅先生所说:"惠特曼面临唱不出歌的危机。"[9] 惠特曼从乐观、浪漫转向现实,面对残酷的现实,他不再唱赞歌而转向写精神方面的东西。对美国的现状,诗人没有视而不见,他无言以对,唯有沉默,表现了他的无奈与愤怒。

  这首诗用行首重复、平行的方法,每行都写我看见或我听到,以表现他极大的关注与强烈的不满,可谓语重心长。

9. A Noiseless Patient Spider

A Noiseless Patient spider,
I mark'd where on a little promontory it stood isolated,
Mark'd how to explore the vacant vast surrounding,
It launch'd forth filament, filament, filament, out of itself,

Ever unreeling them, ever tirelessly speeding them.

And you O my soul where you stand,
Surrounded, detached, in measureless oceans of space,
Ceaselessly musing,venturing, throwing, seeking the spheres to con-
	nect them,
Till the bridge you will need be form'd, till the ductile anchor hold,
Till the gossamer thread you fling catch somewhere, O my soul.

9. 一只默不作声而坚韧的蜘蛛

一只默不作声而坚韧的蜘蛛，
我注意它孤独站立在一个小小的海州，
注意它如何在浩瀚无垠的大海周围探索，
他吐出一根又一根细丝，从自己体内，
蛛丝不停地延展，它不知疲倦，快马加鞭。

而你，啊，我的灵魂！你处于
被无边无际、宽阔的大海隔绝、包围，
你不停地沉思、冒险、抛掷，寻找领域连结它们，
直到你需要的桥梁架通，可拉长的锚已锁住，
直到你抛出的游丝有地方挂住，啊，我的灵魂！

惠特曼虽与劳动人民广泛接触和交往，也有不少朋友，正如他的《草叶集》难懂一样，懂得他的人却不多。他终生未娶，少有家庭幸福。南北战争中，他接触、护理成千上万伤员，因劳累而致病致残，晚年贫病交加，生活孤独。诗里描写的蜘蛛是个孤独而顽强的伟大探索者形象，是惠特曼的自我写照。他要像蜘蛛一样在茫茫大海中架起桥梁，连接寰宇，虽然表现了他扩张主义的一面，但也显示了他的浩然之志和宏伟理想。不过，现今世界海上架设桥梁、开通隧道，使空间联通，就连太空旅行都已成为现实。这首诗写诗人对未来的畅想，表明他是未来诗人，也是当代诗人。

10. O Captain! My Captain!

O Captain! My Captain! Our fearful trip is done,
The ship has weather'd every rack, the prize we sought is won,
The port is near, the bells I hear, the people all exulting,
While follow eyes the steady keel, the vessel grim and daring;
But O heart! heart! heart!
O the bleeding drops of red,
Where on the deck my Captain lies,
Fallen cold and dead.

O Captain! my Captain! Rise up and hear the bells;
Rise up — for you the flag is flung — for you the bugle trills,
For you bouquets and ribbon'd wreaths — for you the shores acrowding,
For you they call, the swaying mass, their eager faces turning;
Here Captain! Dear father!
This arm beneath your head!
It is some dream that on the deck,
You've fallen cold and dead.

My Captain does not answer, his lips are pale and still,
My father does not feel my arm, he has no pulse nor will,
The ship is anchor'd safe and sound, its voyage closed and done,
From fearful trip the victor ship comes in with object won;
Exult O shores, and ring O bells!
But I with mournful tread,
Walk the deck my Captain lies,
Fallen cold and dead.

10. 啊，船长！我的船长！

啊，船长！我的船长！我们可怕的航程已经终了，
航船经历千难万险，追求的目标已经达到，
港口已近，我听见了钟声，听见人民齐声欢呼，
千万人目不转睛盯着航船——它坚毅勇武，
但是啊，心啊！心啊！心啊！
啊，鲜红的血一滴滴流淌，
在我的船长躺着的甲板上，
他全身冰凉，已经死亡。

啊，船长！我的船长！起来吧！听听这钟声，
起来吧！旌旗在为你招展，号角在为你吹鸣，
为你献上了花束和飘着彩带的花环，为你人们挤满了海岸，
涌动的人群热切的面庞朝向你，对着你呼喊，
啊，船长！亲爱的父亲啊！
把头枕在这手臂上，
甲板上真是梦一场，
他全身冰凉，已经死亡。

我的船长没有回答，他双唇苍白，牙关紧闭，
我的父亲感觉不到我的手臂，没有脉动，没有意识，
航船已安全下锚，航程结束完好，
航船从可怕的航行胜利返航，目的已经达到。
欢呼啊！海岸！鸣响啊钟声！
但是我步履蹒跚满怀悲情，
踏在我的船长躺着的甲板上，
他全身冰凉，已经死亡。

美国第十六任总统林肯在南北战争取得胜利后被刺身亡，震惊世界，举国哀痛。惠特曼写下了这首著名的诗篇，表达了人民的心声，情感真切，

感人肺腑，广为流传，深受人民喜爱。这首诗除了在情感上震撼、有冲击力外，在表现形式上也颇有特色。惠特曼不写格律诗，他认为这种形式不能完全表达他的思想。他受意大利歌剧影响，又喜欢大海，采用说话、演讲的形式写他的自由体诗，自由、奔放、流利、酣畅，具有散文诗的节奏和韵律，独具一格。庞德说："他（惠特曼）是用他人民的语言写作的第一伟人。""他就是美国，他就是他的时代和他的人民。"[10]不过，这首诗是他少有的几首格律诗中的一首。全诗三节，每节八行，每节前四行两行一韵，后四行隔行押韵，全诗最后一行重复，反复吟咏，是一首很好的挽歌。

  诗里没有提到林肯的名字，用船长代之，是象征手法。他曾用小草象征芸芸众生和生命不息、紫丁香象征爱和再生、芦笛象征坚毅等，被誉为象征诗人。

  《草叶集》内容丰富，含义深刻，庞德认为："从惠特曼那里比从别的作家可以学到更多美国19世纪的东西。"他又说："惠特曼之于我的祖国有如但丁之于意大利。"[11]批评家刘易斯·蒙福特1926年说："惠特曼不只是一个作家，他几乎就是文学。"[12]

注释：

[1][2][12] Randall Keenan, *Monarch Notes, Walt Whitman's Leaves of Grass* (New York: Monarch Press, 1965), p.9, p.5, p.140.

[3] 常耀信：《美国文学简史》（第三版，英文版），南开大学出版社，2015，第95页。

[4][5][10] Edited by Roy Harvey Pearce, *Whitman A Collection of Critical Essays* (London: Prentice-Hall, Inc., 1962), p.9, p.10, p.8.

[6][7][9] 李野光：《惠特曼研究》，漓江出版社，1988，第570页，第565页，第28页。

[8] 洪振国：《<草叶集>中的人体美和性描写》，《外国文学研究》1993年第1期。

[11] 惠特曼：《草叶集》，楚图南、李野光译，人民文学出版社，1988，第35页。

（本文于2021年3月完稿）

艾米莉·狄金森 —— 现代主义的先驱

洪振国

艾米莉·狄金森被认为是"美国最重要的女诗人"[1],"美国最好的诗人之一"[2]。传记家查德·蔡斯在1951年撰写的《艾米莉·狄金森》一书中说:"狄金森是最伟大的女诗人,也许她与惠特曼同是美国诗歌成就最高的诗人。大多数评论家对此似已同意。"[3]狄金森出自有名望的家庭,上过大学,除短期旅居外地,一生住在家乡马萨诸塞州的阿默斯特小镇,终生未嫁,1862年后几乎足不出户。她生前默默无闻,仅有七首小诗发表。死后四年,她的第一本诗集(116首)由 M. L. 托德和 T. W. 希金森编辑出版,引起了读书界、评论界的关注。该书的出版者认为40年前学生刊物《指示者》对艾米莉最早诗歌的评价"有唤起想象和引起血液沸腾的效力"及"令人着迷"等说法是中肯的。[4]两年内这本薄薄的诗选再版了11次。20世纪初以来,狄金森的诗歌才被更多的人认识和肯定,她的书信集(1000余封书信)和诗歌全集(1775首诗歌)陆续出版,使狄金森热经久不衰,从而确立了她在文学史上的崇高地位。

狄金森生活在新英格兰地区,受宗教及传统文化的影响较深,但她处的时代经历了美国内战和战后社会的发展与转型,同样对她的创作产生了影响。由于她的勤勉与探索精神,特别是她后期的隐居生活使她一反传统,在诗歌创作上另辟蹊径,创作思想和风格别具一格,成为现代主义的先驱。评论家戴维·波特说:"现在,狄金森已习惯地与惠特曼作为现代美国诗歌的起源而并列在诗文集中。"[5]他还说:"她是美国现代主义第一实施者。"[6]

1915年意象主义诗人艾米·洛威尔说："美国诗歌在内战结束时处于停滞状态，尽管停滞，但还有一个细小的声音，这细小的声音就是现代主义的先驱。"[7] 她指的是狄金森，把她奉为现代主义的先驱。

较之20世纪20年代庞德等人发起意象主义运动开始了英美现代主义文学，狄金森的现代主义创作实践超前了几十年，相隔了两代人。她影响了庞德、艾米·洛威尔、艾略特、威廉斯、哈特·克莱恩、卡尔·桑德堡等一大批美国诗人和作家。本文拟从狄金森的诗学观及思想、艺术等方面分析她的现代主义特色。

了解诗人的创作观及诗学理论，有助于深入理解诗人的作品。狄金森虽然没有系统阐述她的诗学理论，但她的诗学观却大量散见于书信及诗篇中。一般来说，她持较传统的观念，但不乏精辟的论述与独特的见解。她主张诗歌要充满思想，诗人要传播真理。她在给希金森的信中曾说过："当我的思想外衣剥去，我就能有所区别；而给思想穿上外衣，它们就显得相似而且僵硬。"[8] 外衣如果是诗的形式，那么思想便是诗的内容；透过形式才能显示出诗人的个性与特点，只有迸发出思想的火花，诗歌才能不落俗套、充满生气。狄金森的诗短小、凝练，比喻、音韵不同一般，她强调透过表现形式发掘诗的思想。她在1870年8月16日会见希金森时说："没有任何思想的大多数人是怎么活着的？世界上有许多人（你在街上一定已经注意到了他们），他们是怎样生活的？早晨他们怎么能得到力量穿衣服的？"（L342a）狄金森认为人无思想没法生活，诗无思想也就不成其为诗，她的诗包含哲理和深邃的思想，是她冥思苦索的思想智慧结晶。理查德·B.休厄尔在评价狄金森的文中说："她是美国的老师，不仅希望治愈、安慰，而是教育人……她足有一半的真实作品称得上'智慧的篇章'（大部分是个人危机时期后所作）；是对生活、生存的思考；有时规劝，有时警告，有时纯属冷静分析，如对痛苦、希望、爱情的剖析……她似乎决意要帮那些观察力不如她的人进行道德或心理分析。"[9] 狄金森尽管指出地的诗"痉挛"（spasmodic）、"失控"（uncontrolled）、"不规则"（wayward），但仍认为"它们是美丽的思想和词语"[10]。在《这是诗人》[11] 一诗中她写道："这是诗人，就是他/从平凡的词意中/提炼神奇的思想。"在《这是我写给世界的信》中，她说诗是"自然告诉我的简单消息/……我把她的信息交给了/我看不见的手里"。庞德在《阅读入门》中说:"文学是充满思想的语言……文学是保留新闻的新闻。"[12]与狄金森说的是同一意思,说明她的诗学观也为现代主义创始人之一的庞德接受与承继。

狄金森的诗不仅不与现实社会事件挂钩,就是与窗外的具体事物也少有牵连。她潜心写作,像写日记那样记下自己的心路历程:写自己,写给自己,为自己而写作。她喜欢通过花草、蝴蝶、蜘蛛、苍蝇、蜜蜂这类小东西,或天空、大地,甚至梦幻作对应物写自己刹那间的感受。她写友谊、爱情,但她不是一般的抒情诗人;写自然,但她不是歌咏自然的自然诗人;写生、死、不朽及宗教,但从30岁开始,她就不进教堂。她对希金森说:"他们都信教 —— 除我而外"(L261)。她以个人为中心,用平凡、细小的题材,在小纸上记下只言片语:用一个意象表达一个思想。这种平行、独立结构的短诗也为后来意象派及其他现代主义诗人仿效。

19世纪后半叶,美国社会充满了矛盾与斗争。1861—1865年的美国内战给这个国家带来了巨变,这场几乎全民都被卷进了的战争,使五分之一的战士即60多万人死亡、近40万人受伤。狄金森写死亡的诗占了三分之一以上,除了写她的亲友相继死亡,与战争留下的阴云不无关联。美国战后工业迅猛发展,由农业国向工业国过渡。昔日的农庄变为城镇、小城变大都会,工厂雨后春笋般出现,宁静的田园生活被打破,劳资矛盾、物质主义、金钱至上、人际关系疏远、道德水准下降等使人压抑得透不过气,再也浪漫、乐观不起来了。赞美、歌唱美国的惠特曼战后也唱不出赞歌而转写精神方面的题材了。狄金森的隐退除了她个人生活际遇的影响,何尝不是诸多社会因素使然?她感到困惑、怀疑、恐惧,充满危机感,逃避社会,"以书为伴",生活在自己思想的"领地"里,发掘内心世界,追求她的纯真与永恒,虽是消极的人生,但也是出自无奈,是一种解脱。虽然她写小题材,但她能从小中见大,有评论家说从她的诗"能体验到比通常更广泛、更尖锐的外部世界"。很少有诗人能把我们引向更深的、她称之为"生存的中心"(the beings center)[13]。在作品中侧重写意识活动与心理的真实是20世纪现代主义作家的共同特点,而狄金森则是先行者。评论家理查德·B.休厄尔说:"她被称为美国产生的伟大的心理现实主义者。"[14]

狄金森的创作受《圣经》及莎士比亚、爱默生的影响较大。她熟读《圣经》，在古典作品中唯一乐道的是这本书："《圣经》常在身边、常记心上。"[15]她喜欢读《启示录》，常提及摩西和《圣经新约》中的保罗，常从《圣经》中寻章摘句夹在信中赠给友人，以此为乐。《圣经》是她诗歌创作的源泉，她诗中几乎不援引希腊神话，而圣经故事、上帝、灵魂、天堂、永生之类的词语则频频在诗中出现，充满浓厚的宗教色彩。所以评论家又称她为"宗教和冥想诗人"。其实她诗中的上帝只是一个意象，一个绝对永生的、非人格的概念，又总是同死亡相连。有时她把上帝比作情人，"上帝是远方的一位高贵的情人"，说他是夜贼、银行家、父亲、绅士、公爵、国王、死神……她又说："难道上帝是医生？人们说他能治病——/可能医生在人死后/还有什么用——/难道上帝是收税的？据说我们都欠他——/这种讨价还价/我可不参加——/"这首诗反映了她对宗教的怀疑、对上帝的不恭，既幽默又富含讽刺意义。她诗中的天堂也不过是："山后，禁止涉足的围场——/和那后面的房舍——/就是乐园所在的地方。"所以克里斯蒂娜·罗塞蒂在评论狄金森时说："某些与其说是宗教诗，毋宁说是轻视宗教的诗。"评论家苏珊·豪说："艾米莉·狄金森的宗教是诗歌。"[17]狄金森是开明、有自由思想的女性；15岁还在念中学时，她就拒绝信奉基督教。她拒不接受"原罪"的教义，认为人死后要赎罪是对人类的侮辱，这也许是她不上教堂的主要原因。她不做祈祷："一些人安息日/进教堂/我过安息日/留在家里。"（p.324）她在侄子死后给其父母的信中说："让艾米莉为你们唱歌，因为她不能祷告。"从以上论述，狄金森怀疑、反叛宗教的一面可见一斑。

狄金森对莎士比亚情有独钟，读了不少他的诗、剧。她说："敬爱的莎士比亚是'忠诚的同伴'。"[18]当她的朋友鲍尔先生启程去英国时，她恳求道："替我摸摸莎士比亚。"希金森曾写道："她读了莎士比亚，心想：为什么还需要有其他的书呢？"她还写过这样的警句："莎翁在，文学定。"莎士比亚是伟大的人文主义作家，他说："'美、善和真'就是我全部的题材，'美、善和真'用不同的词句表现，我的创造就在这变化上演绎。"[19]从某种意义上讲，狄金森的全部题材与内容都涉及真、善、美。在《我为美而死》中，她写道："他轻声问我：'我为什么倒下？'

我回答：'为了美。'/他说：'我为真理，真与美是一体，我们是兄弟。'"（p.449）莎士比亚对狄金森作品的思想、主题、语言有着重大影响，留心的读者是不难发现的。

爱默生对惠特曼的影响众所周知，评论家们说他对狄金森的影响不亚于惠特曼。爱默生公开脱离教会，发起有思想、哲学意义的超验主义运动。他的《论自然》《论自助》《论超灵》等著作在19世纪30年代及以后的影响很大，推动人们在思想、价值观方面进行新的思考与探索。狄金森说她父亲的学生牛顿于1850年给了她"爱默生一本美丽的诗"，并说"很喜欢读那些诗"。随后十余年，她坚持读他的书。爱默生对她思想的定型与成熟是有着决定性影响的。1850年后她不再对耶稣好奇，年底不再听有关上帝的谈话及布道。她说："S先生上个安息日在教堂宣讲'前世命定'，我不关心这种教义，没有听他的，所以不加褒贬。"[20]"她选定超验主义作为信仰，精神上与'不朽之光'联系在一起。"[21]1882年爱默生辞世，她在给友人的信中说："爱默生……触及了秘密之泉……"[22]爱默生使她找到了一个更广泛的上帝和解释生死的说法，她用他的基石建立起自己的教堂。

爱默生强调人的价值和精神作用，强调凭直觉（intuition）可以掌握真理。他认为通过感官得到的经验和知识，经过心智活动可以升华、超验为更高的知识。这对狄金森发掘内心的真实、写瞬间的心理感受，成为美国第一个"心理现实主义者"是有决定意义的。这正是传统的文学创作与现代主义文学创作的分界。

狄金森认为诗除了表现真、善、美，还应表达强烈的情感，减轻痛苦，给人以慰藉。"欣喜若狂"（ecstasy）一词在她的30多首诗里出现；高兴（joy）、疯狂（madness）、痛苦（anguish, suffering）也多次出现。希金森来访时她说过："真理如此稀少，把它说出来就会令人愉快（delightful）。""我发现生活使我醉迷（ecstasy）——仅仅意识到生活就足以令人欣喜（joy）。"她还说："如果我能使一颗心免于破碎/我算没有枉活/如果我能减轻一个生命的痛苦/或使其镇静/或帮一只晕厥的知更鸟/重归窝巢/我就没虚度此生。"

狄金森对诗最精彩的论述是下面的一段话："如果我读一本书，而这本书能使我浑身发冷，什么火也无法使我暖和，我知道那是诗；如果我切实感觉到我的天灵盖好像被揭开了，我知道那是诗。我认识诗的方式仅限于此，难道还有别的方式吗？"（L342a）评论家们认为这是狄金森给诗下的定义，是现代主义、后现代主义诗的定义。在她之前的评论家把"想象"作为评价诗的标准，弗朗西斯·培根（1561—1626）认为："想象于诗歌，如同理性之于哲学。"[23] 维多利亚浪漫主义诗人把"想象"作为检验诗歌的试金石。狄金森在此强调直觉，强调强烈、瞬间的感官反应，也就是强调"意象"，认为只有想象而无意象是不行的；诗歌只有通过具有意象的字词引起内心图景才能产生强烈的情感反应，平铺直叙、抽象说教是不能奏效的。她实际上指的是意象诗，从而给意象诗下了定义。与40多年后庞德等人提出的意象主义的"三不"及庞德的"漩涡中心""一瞬间理智和情感的复合"是吻合、一致的。

狄金森在诗中使用简单、朴实的语言，使用口语，在这一点上，她也堪称现代主义的先驱。她的生活面虽然较狭窄，但并非与世隔绝。她读书、看报，对时下流行的语言是熟悉的。她与朋友书信往来频繁，现今已发表的千余封信，只是总量的十分之一。这些信通俗易懂，是上乘的散文。她喜读维多利亚诗人的作品，但又一反19世纪维多利亚诗人的多愁善感与语言华丽雕琢的诗风，大胆使用美国通俗的口语。她说："假如把常用的字眼剔出我简朴的话语 / 采用另一种，像我听过的 —— / 若不是蟋蟀 —— / 若不是蜜蜂 —— / 整个草原 —— / 就不会有谁对我用过的腔调 —— /"（p.373）表明她不愿高高在上、故作高雅，决心把生活中质朴无华，甚至粗俗的词语，以及说话时的自然语调用于诗中。前面引证过的《我为美而死》就是这样一段通俗的对话。

所有诗都是自我的一种表现，但不是所有诗人都能像狄金森那样深刻地表现自我和心理的。她太孤独，太沉浸于内心和依赖个人感触。她的诗太靠近她的心灵，成了饱和和过度负荷的内心情感的释放，开美国诗歌心理描写的先河。心理描写是她创作的重要特点，表现为自白和内心情感的宣泄：有时是诗中说话人独白，有时是几个角色的对话，表达深刻、抽象的思想，机智而富哲理。下面是一首心理诗的内容：狄金森哥哥奥斯汀的朋友弗雷泽在内战中丧生，噩耗传来，奥斯汀痛不欲生，为朋友祷告，心中一片空虚、茫然。狄金森表达了这种痛不欲生的心理又未用一个痛苦之类的形容词："至少 —— 留下 —— 留下祈祷 / 啊！上帝 —— 在天上 —— 我不知哪是你的房间 —— / 我到处敲门 —— / 你在南方布下地震 —— / 在海上掀起风暴 —— / 啊！拿撒勒的耶稣基督 —— / 难道你对我不欢迎？/ "

狄金森写死亡的诗都是心理死亡诗。她认为生与死不过是动与静之分，是自然、人类社会的连续的运动与停滞之分，生是死的开始，死不是新生，但它可能通向永恒与不朽。《我感到葬礼在我脑中》（p.280）被认为是美国第一首现代心理诗，写死的痛苦与心理分裂。诗中的我（I）已经超脱离开躯体，成为观察者；另一个我（me）存在于我的脑子（my brain）、我的思想（my mind）和我的灵魂（my soul）中，它经历整个死亡的心理过程，不过正常的思想规范已经被打乱。葬礼在脑中进行，送葬的人在教堂来回走动，丧鼓不停地敲，致使"我的思想麻木"，送殡者抬着棺木，发出"嘎吱"的响声"通过我的灵魂"，最后在入墓时，理性的支架折断，"我往下坠落 —— / 跌跌撞撞进入一个世界 / 从那后，完成了认知 —— / "。这首诗戏剧性地表现躯体死亡，精神及心理仍在活动，仍能感知周围世界，先是痛苦，继而心理分裂、思想麻木、灵魂出现，最后到了另一世界，从而完成了认知，什么也不知道了。同样的诗还有《死时 —— 我听见苍蝇的嗡嗡声》。诗中的"我"也是旁观者，在寂静中等待死神上帝来临；另一个"我"仍能听见有生世界的声音。他知死后万事皆空，盘算着将遗物分给他人。最后，"窗口闭了 —— 然后 / 我不能看，也看不见了……"死者的心理活动比等待上帝来临更真实，当灵魂之窗关闭，视觉消失，感觉、心理也就消失了。在狄金森看来，死亡就是死亡，并非宗教中的再生，只不过仍有一段心智活动。

爱默生说诗人是"见者"（seer），强调诗人反映现实的作用。狄金森在《这是诗人》中告诉我们诗人是"揭示者"（discoverer），重在"表现"。她关注的不是事件本身，而是它的精髓，亦即真理、实质。她又说："要说出全部真理，但不能直说 / 成功之道，在于迂回 /……真理的强光必须逐渐释放。"[24]"迂回""不直说"是狄金森写诗的原则和方法，也是一切现代诗人写诗的原则和方法。她不直抒胸臆，思想蒙上一层轻纱，通过比喻、意象，从实到虚，使小的变大、暗的发光，"使可见的世界有些难于看清"。[25]这是她的诗神秘、晦涩难懂的原因之一。

《一条细长的家伙在草地》体现了她"不直说"和使人"浑身发冷""天

灵盖好像被揭开了"的创作方法。细长的家伙即蛇,冷不防地突然钻出来,又迅即消失。它栖息于沼泽"不宜栽种麦子的冷板田里"。小麦在西方意味着文明,说明蛇不是文明世界的动物。诗中说话人本来对自然界的居民怀有"亲切与喜悦之情",但此物像"鞭梢"(whiplash),不仅使人生厌,而且"感到呼吸紧迫/骨头里冷到零度"。这是诗的表层意思。在基督文化里,撒旦乔装成蛇潜入圣洁的伊甸园,引诱夏娃偷食了禁果,造成了人类的原罪,受到上帝的惩罚,从此受苦不迭。蛇是罪恶的象征,但诗人的用意似乎不仅于此。在《圣经旧约》中,撒旦原是天使中最高位的大天使长,因反抗上帝的权威与统治失败被打入地狱。他冒着危险返回天宫,伺机报复。弥尔顿在《失乐园》中赞扬撒旦的反抗精神和英雄行为。蛇这一意象从可怕、罪恶升华为英雄正是狄金森用迂回的方法表现了"一瞬间理智与情感的复合",揭示出的意象的深层意义。因此它是一首典型的意象诗。

狄金森生活中不缺少友谊与家人间的亲情,但缺乏思想沟通与了解,生活像猜谜一样。她也习惯并欣赏猜谜。她说:"谜语我们可以猜/很快便轻视/万事不会久乏味——/像昨日一样新奇。"打谜语就是迂回、曲折地说出一件事情,因此使用谜语像比喻一样成了她的一大创作特点。《一条迅速消失的路》就是一个谜,许多研究者认为谜底是"鸟",一种新英格兰地区常见的色彩斑斓、飞得很快的蜂鸟。又如《这世界没有完结》说的是人死后是否有另一世界可去,先说"另一族去那边生存",那世界虽"像音乐看不见/作为声音定能听得清/",似肯定了来世的存在,但接着又说对此"哲学说不清/智者猜不透……",于是人们进教堂祈祷。诗的结尾说:"麻醉剂止不了牙痛/却啃食灵魂。"指出宗教是精神鸦片,虽能短暂止痛但腐蚀灵魂。一反一正、模棱两可,让读者去猜测、思考,揭出谜底。不过在另一首诗中,她似乎作了回答。《那些一过去死了》的最后两句:"磷火好过/全无光亮——。"诗人对来世表示怀疑,但又觉得有信仰,尽管是虚幻的,总比完全没有好,它毕竟可以使人迷醉一时,缓解些许痛苦。

狄金森用死亡意象制造"哥特式"的阴森、恐怖气氛可说是她诗歌的又一大特点。《因为我不能停步等候死神》中,死神驾车来催命,与死神同座,驶向"仿佛是隆起的地面"即坟墓,尽管死神"殷勤"有如情人,但气氛是紧张可怕的。在《我感到葬礼在脑中进行》中,死者僵而不死,棺木跌入深渊般的坟墓。在《我为美而死》中，男女两个鬼魂在墓地交谈，黑夜里人们路过，会吓得魂不附体。在她的许多诗里，死者不承认死亡，拒不躺下，他们聪明，絮絮叨叨，更增添了恐怖气氛。在《我活着，我猜》中，死者说自己活着，但已解体发生形变："我手上的枝干——/满是清晨的光华。"手指尖歪斜，因风化虫蛀就成了粉红色，"放在我嘴边，模模糊糊——/证明有呼吸——/"，接着死者说自己是以身相许了的女性，来访者不要搞错。最后一节表示活着多美好，要集出生、婚庆、裹尸于一天。这与爱伦·坡的哥特小说《莉盖娅》中年轻、漂亮的莉盖娅死而复生，《厄舍古屋的倒塌》中裹着尸衣的妹妹从墓穴出来拉着哥哥同归于尽一样地怪诞、恐怖。爱伦·坡成为法国象征派的精神领袖，特别受到波德莱尔的推崇。狄金森与爱伦·坡异曲同工，受到庞德等意象派诗人的崇敬是毫不奇怪的。

  在诗歌意象中运用通感（或称联感、交感）表达直觉及心理感受，也是狄金森作为现代主义先驱的一大特点。通感是不同感官感觉的混合，把一种感官的经验与感受通过心里媒介传达给另一感官的过程。如"正是去年此时，我死去，/我知道，我听见了玉蜀黍/当我从农场的田野被抬过——/"（p.445），又如说话者在死时听见一只苍蝇的嗡嗡声，但它是"带着蓝色、飘浮不定的嗡嗡声——/"，听见玉蜀黍、蓝色的嗡嗡声都是听觉和视觉的沟通与混合交替，表达更为复杂的心智活动。再如"好花不常开/好景不常在/但记忆如歌曲/永远谈红色"，记忆染上了颜色，表示万物可以变迁、消失，但记忆永存，是很有表现力的意象，也是心理感觉与视觉的相互传递。这看起来似不合逻辑，但通过诗人的想象及心理、意识活动，把不同感官的刺激与信息交融在一起，在心理、生理学上又是可能和常常出现的。通感的运用，历史不长，英国诗人布莱克在《伦敦》一诗中有"我听见不幸的士兵哀叹/浸透着鲜血流下了宫墙/"的句子。听见士兵血染宫墙是通感的运用。象征主义诗人兰波等运用通感较多，波德莱尔还提出了交感理论。狄金森是美国使用通感这一现代主义手法于诗歌创作最早的诗人之一。

  狄金森是美国伟大的诗人、现代主义的先驱，她的诗反映了19世纪后半叶高速发展的美国资本主义社会的弊病，以及知识分子的空虚与苦闷，她的诗是时代的产物。狄金森有着良好的个人素养与品德,她善于向前辈、古人及同代人学习,批判地继承并超越他们。她表现出的巨大的创作才能,以及她的开拓精神、诗艺都值得我们进一步学习研究,从而从中得到更多的启迪。

注释:

[1] [5] [6] [7] [25] David Porter, *Dickinson the Modernism* (Cambridge, Masscachusetts: Harverd University Press, 1981), p.1, p.219, p.1, p.251, p.226.

[2] [10] "Emily Dickinson Notes". p.12, p.10.

[3] [18] Richard Chase, *Emily Dickinson:A Biography* (New York: William Sloane Associates, 1951), p.3, p.209.

[4] [9] [13] [14] [15] [24] Helen Vendler (eds.), *Voices and Vision* (New York: Random House, 1987), p.53, p.82, p.88, p.84, p.71, p.75.

[8] Thomas H.Johnson, *Emily Dickinson Selected Letters* (Cambridge, Massachusetts, London: The Belknap Press of Harvard University Press, 1986), p.173. 书信编号为261。后面引用此书用 L 加编号表示。

[11] Thomas H.Johnson, *The Complete Poems of Emily Dickinson* (Boston, Toronto: Little Brown and Company, 1960), p.215. 第443首. 后面引用此书用 p. 加诗的编号表示,出现在行文中。文中狄金森的译文不少援引参照江枫译的《狄金森诗选》(湖南人民出版社,1984),恕不一一注明。

[12] Ezra Pound, "A B C of Reading", 1934, p.12, p.13.

[16] 马库斯·坎利夫:《美国的文学》,方杰译,菲中文化出版社,1975,第176页。

[17] Susan Howe, "My Emily Dickison," *North Atlantie Books* (1985):48.

[19] 威廉·莎士比亚:《莎士比亚全集第11卷》,人民文学出版社,1991,第263页,第105首。

[20] [21] [22] Hyatt H. Waggone: *American Poet* (New York: Dell Publishing Co., 1969), p.186, p.187, p.192.

[23] Arnold Lazarus and H. Wendell Smith, "A Glossary of Literature and Composition," *National Council of Teachers of English,* Illinois (1983):150.

(本文曾发表于《外国文学研究》1996年第4期)

罗伯特·弗罗斯特的自然诗

洪振国

摘要： 罗伯特·弗罗斯特的自然诗以早年美国新英格兰地区的农村为背景，描写劳动，表现人与自然、人与人的关系，既真实地反映了农村生活，又与现代工业社会城市的各种弊端形成鲜明对照，表达了诗人的人生理想、价值取向及对社会的批判，具有很高的美学价值。弗罗斯特的诗歌十分口语化，强调用喻，具有音乐美和哲理性；而他的"用诗教育""诗歌始于快乐，止于智慧"等诗歌理论和创作方法，则表明他是美国重要的现代诗人。

关键词： 自然　人　劳动

罗伯特·弗罗斯特是美国杰出的现代诗人之一。他一生出版过十多部诗集，近七百首诗，并出有书信集、散文集，四次获普利策诗歌奖，四十四所大学授予他荣誉学位，晚年实际成了非官方的桂冠诗人。1957年在伦敦一次宴会上，艾略特说："也许我可以说，他（弗罗斯特）是英国和美国活着的诗人中最卓越、最杰出的诗人。"[1]实际上，重要评论家R. L. 库克1958年发表的《罗伯特·弗罗斯特的艺术世界》评价他的诗歌理论，确立了他在20世纪显要诗人之一的地位。[2]评论家约翰·F. 莱恩说："弗罗斯特的自然诗极好、极有特色，任何谈论艺术的文章都应把它放在突出的地位。"[3]为此，本文着重谈谈他自然诗的一些特点。

弗罗斯特的诗多以美国东北部的新英格兰地区的农村、牧场、山地为背景，描写自然景色、劳动和普通农民的日常生活，充满了浓厚的乡土气息和田园色彩。诗人热爱自然、热爱农村，不仅因为他的祖辈、父辈都长期生活在新英格兰农村，对它有着深厚的感情，还因为他受维吉尔的"农事诗"及酷爱自然的哲学家和浪漫主义诗人华兹华斯、爱默生、梭罗等人的影响。他们认为大自然能给人类提供食物，给人智慧和美的享受，提倡到大自然中去。这使弗罗斯特对四季景物的变换观察入微，从而写下了大量歌咏自然美的诗篇。诗人虽然对自然的描写都着墨不多，少的只言片语，多的也不过寥寥数行，但是把四季的自然风韵和魅力写得非常传神。他的自然诗旨意不在于写景，而在于表情达意。自然景观只是背景与陪衬，不用浓抹重涂，只需淡妆素描。诗中很少用形容词，更无辞藻的堆积。

弗罗斯特自然诗写"特殊的社会"，写"一种生活方式"，写人的活动、劳动和社会生活，这是他诗歌的一个显著特点。他曾经指出："在他的整本诗集里，除了两三首诗外都有人积极地参与活动，即除了作者还有另一人在其中。"[4]"文学是人学。"按照车尔尼雪夫斯基的意见，美所具有的内容不是物理的内容，而是人的内容，弗罗斯特在诗中写人的活动、劳动和社会生活，所以他的自然诗就不同于一般的山水诗，具有更高的美学价值。

《牧场》是一首写劳动的自然诗，为了强调诗集写人参与劳动的内容，弗罗斯特在诗集《波士顿以北》出版时将它放在首篇的位置，以后又安排在《诗合集》的卷首。"我去清洁牧场的泉水，／只停下来耙去落叶／（也许还要等泉水清澈，）／我不会去得太久——你也来吧。／我去抱幼小的牛犊／它站在母牛身边，实在太小／母牛用舌舔它一下，它就要跌倒，／我不会去得太久——你也来吧。"弗罗斯特在1900—1910年这10年间一直都是在新罕布什尔州的德里——他祖父帮他买的农场里务农，写下了许多诗篇，汇集在《孩子的心愿》里。他1913年卖掉农场，全家去英国，1915年回美国时已一举成名。他的《白桦树》《没有走过的路》《雇工之死》接连在美国《大西洋》及其他有影响的杂志上发表，很多大学请他去任教，但他对农场情有独钟，在新罕布什尔州离弗朗科尼亚不远的地方买下了新的农场，继续他的农场劳动和诗歌创作。所以他又被称为"农民诗人"。《牧场》是诗人劳动生活的写实，虽然与陶渊明的"采菊东篱下"的场景不同，但同样优美，诗人的心境都是愉快、恬静的。诗人是在对妻子说话，告诉她，他不会去得太久，好让她放心，同时也召唤她一同参加劳动。诗人另一个意思是要邀请读者跟诗人进入他的诗的精神境界。这首诗清新、朴实，有戏剧性，从内容和风格上都体现了弗罗斯特自然诗的特点。《割草》写农民拿着长镰在树林边割草，炎热而又寂寞，长镰虽然默默无语，"它并没有梦想不劳而获的赏赐，或从小仙人手里得到意外的金银"。诗人得出结论："现实是劳动所知的最甜蜜的梦。"即要靠劳动创造现实和梦，不劳则不获，这是很有道德教育意义的。在《泥泞时节的两个流浪汉》里诗人写道："爱好和职业结合为一体，/是我生活的目的。"这是一个很高的理想境界，也应该是人类共同的目标，表现了诗人思想的深邃与崇高。《一簇花》写诗中的"我"割草时的孤独感，反映了人的精神是相通的、爱美之心人皆有之这一现象，同时也反映了个体劳动者的孤独无援，所以提倡合作，期望建立兄弟般的人际关系。

弗罗斯特写了不少反映贫苦农民，特别是老人、妇女和儿童境况与悲惨命运的诗，表现了他的同情心与人道主义思想。《老人的冬夜》写一个孤苦伶仃的老人在一个寒冷、狂风呼号的夜晚十分害怕，只好在微弱的灯光下顿足壮胆，敲击木桶，向大自然表示他的存在。《雇工之死》写一个到处漂泊、以打工为生的帮工年老体衰，无家可归，自尊使他没有去找有钱的弟弟而是去到昔日的雇主家。"他说他是给我的牧场开沟来的"，"也打算收拾上面那片牧场"。老人没有说话，躺在他认为是家的地方死去。诗人用丈夫和妻子间戏剧性的对话、辩论展示了老人的处境、痛苦与自尊。《仆人的仆人》写妇女在社会、家庭中地位最低，受压迫最深，她们得担负起沉重的家务劳动，做侍候人的工作，身心受到奴役。自然景色是美丽的，但妇人意识到"生活不光是在湖边住，望窗外的景色，/还有很多别的事。可我是没指望了……"尽管她向往自由与真正的爱情，却不敢向前迈出半步，"我看我只有把我现在的路走下去……"表现了妇女无可奈何，对生活采取听天由命的态度。

《熄了，熄了》写锯木场干活的童工精疲力竭，临下班时手被锯断了，失去了知觉，死了。生命的火焰熄灭了，可其他人还是各干各的去了，反映了童工制度对孩子的摧残和人际关系的冷淡，提出了一个严肃的社会问题。诗中自然景色的美丽、锯木的香味、童工的沉重劳动与惨死，是一幅不协调的图画，更增添了悲剧的成分。评论家菲利普·格伯说："弗罗斯特的挚友，年轻的英国诗人爱德华·托马斯认为《波士顿以北》是现代最革命的书之一。"[5]其实弗罗斯特大部分诗都具有现实性、人民性，具有哲理和进步思想。他虽然用了传统的音韵格调写诗，与他同时代的现代派诗人不同，不属于现代派，但他是现实的，作品仍与现代社会生活相连，所以不少评论家称他为杰出的现代诗人。

弗罗斯特自然诗的一个重要主题是人与自然的关系，这从上面列举的诗中可以看出。他着重写人的劳动，就是在表现人与自然的关系。马克思曾经指出："劳动首先是人与自然之间的一个过程……"[6]海伦·H. 培根认为弗罗斯特继承了古希腊三大悲剧诗人之一的索福克勒斯的传统，认为人是自然的一部分；他生长发育，也像自然中其他事物一样萎缩凋敝，但同时因为人有意识和心智活动而高于自然[7]。较之自然物，弗罗斯特强调"人的成分"。他曾经说过："因为我诗中的自然背景，有些人叫我自然诗人，但我不是自然诗人，我诗中总有一些其他的东西。"[8]这其他的东西主要指人的处境、活动和思想感情。在一次与客人会面时，他说："必须在自然背景上加上人这个前景。我深信我们应把人放在突出的地位上……"[9]在这方面弗罗斯特与华兹华斯有共同处，也有不同之处。华兹华斯在《隐者说明》（*Prospectus to the Recluse*）中说："我所追寻的不是自然而是'人的思想'，它是我诗歌的主要领地。"他们都写自然美，把自然美作为一种客观存在，弗罗斯特的现实主义特点表现在他重视写人的处境，反映人的经济地位和生活环境，诗人的思想感情却是含蓄的，有隐有露，有时似是而非。华兹华斯则主要倾诉诗人主观、瞬间的强烈感情，他认为自然和人类存在着一种普遍的精神，人的思想和事物混合在一起。"他的诗论的基本思想是人（人的思想）和自然（客观世界）是和谐一致的。"[10]他在《诗行：写于离丁登寺数英里的上游》这样写道："是一种动力和精神激励一切／有思想的事物和思想的对象，／并贯穿于一些事物之中。"爱默生在《论自然》一文中说："自然界就是思想的化身，又转化为思想……"他也强调直觉，又认为有"超灵"的存在。弗罗斯特不认为有什么宇宙精神和超灵的存在，只同意爱默生的"可以利用自然揭示和说明宇宙背后的规律，因为宇宙是受这些规律所支配的"[11]，而不同意爱默生所坚持的"外部自然界和内部思想相符的规律"。他认为人与自然既和谐又不和谐，在《牧场》《春天的祈祷》等诗篇中看得出人与自然是和谐的，但他的绝大部分诗表现了人与自然的矛盾和不和谐。他认为和谐只不过是一种未实现的愿望。劳伦斯·汤普森说："弗罗斯特是思想上的二元论，愿望上的一元论者。人与自然的和谐是深奥而未实现的愿望。"[12]他希望人与自然的和谐，但这毕竟不是现实。

  从现实生活看来，弗罗斯特认为自然对人是冷漠、不关心的。在《星星》一诗最后一节中，诗人写道："没有视觉能力／那些星星像雪白的／智慧之神的雪白的眼睛／既无爱也无恨。"星星和神祇清高、冷淡，对人类的存在漠然置之，对人类的需要与喜怒哀乐无动于衷。诗人在《老人的冬天》里也表现了同一主题。冬夜狂风怒号，大有"卷我屋上三重茅"之势，老人捶胸顿足。风照样地刮，无视老人的存在。这与美国自然主义作家斯蒂芬·克莱恩的《一个人对宇宙说》同样表现了自然的冷漠，自然对人类是不负任何责任的。弗罗斯特受到自然主义的影响，在人与自然的关系上反映了他的自然主义观点。自然主义是悲观的现实主义，是对工业社会中人们感到孤独、人际关系疏远、社会不负责任、不考虑人的存在与意愿的抗议与批判。

  弗罗斯特还认为自然是黑暗、可怕，对人类充满敌意的。请看《荒漠》的最后一节："星座之间，星星之间，星星之上，没有人烟／他们别想以空荡的环宇来吓唬我。／就在如此靠近我家乡的／这荒凉的地方，我已恐惧非常。"天上、人间、诗人的家乡使他感到恐惧，但仍未失去勇气和信心。十四行诗《设计》被认为是一首恐怖诗。前八行诗里写："黑夜里高高挂起的万灵花（即蜘蛛网）上爬来一只肥胖而带笑靥的白蜘蛛，它抓住一只白飞蛾准备早餐的庆祝仪式，再一看雪点般的蜘蛛，泡沫一样的花和抓住的像风筝般的飞蛾的翅膀，都像女巫汤里的内容。"看似胖娃娃般无邪的蜘蛛在黑夜里布网杀了一只飞蛾，造成了死亡与毁灭。在下面的四行诗里诗人提出了几个问题：是什么使得花变白（万灵花原是蓝色）？变白干什么？是什么使蜘蛛爬到高处又引来飞蛾？最后两行诗："还有什么比黑夜的设计可怕？要是它连这样的小事也不放过。"在弗罗斯特看来自然是可怕、危险的，充满了阴谋与杀机。

弗罗斯特对季节、天气的变化观察入微。他发现自然在不断地变化，所以他特别注意这各种变动（flux）与人的关系。他认为自然的规律在一定程度上反映了人生与社会的规律。"弗罗斯特对自然体现的人的真实性有兴趣，而这种真实不必是超验的。"[13]《没有金黄色能长留》说的是春天的嫩芽是金黄色的，但这种颜色最难持久。嫩叶是朵花，但显现只是一瞬间，然后就退化为叶子，失去当初的美丽。伊甸园也会使人堕落与陷入痛苦，黎明让位给白昼，所以没有金黄色能长留。这首诗的语言比喻都很简单，但寓意很深刻，强调一个"变"字：一切都不是静止不变的，美只是一瞬间，不能长留。黎明要走向黑夜，人从幼稚走向成熟，进而死亡。伊甸园被认为是最完美的，但也会使人堕落、痛苦。诗人在这首诗里强调事物从成熟到坠落（fall）这一过程。他写春夏的诗不多，有人统计过他全部诗作中有1/3是写秋天（fall）和冬天的。他用秋冬、夜幕降临、下雪、叶落、苹果落地等暗示事物和人不可避免地从衰落走向死亡，以此表现人的命运。

弗罗斯特尽管认为自然对人是冷漠的，无视人的存在，自然不断变化，万物都会衰退、死亡。尽管自然危险、可怕，但他并没有对自然失去信心。正如评论家克林斯·布鲁克斯所说："弗罗斯特承认自然对人漠不关心，但这并未使他失望。他认为人生并不是没有意义的。"[14]他在诗中写道："我们相信 / 一切我们所做、所试 / 一切我们所珍爱的 / 都产生意义。"[15]他认为人生的道德价值在于行动，在于竭尽全力，他说过："竭尽全力是保留的同义词。"[16]通过身体力行去抵抗向下的拉力，抵抗昏睡、衰败、死亡，他的德性便成了对堕落的精神与物质的抵抗。《摘苹果后》写摘完苹果使诗人脚板酸痛、困倦欲睡，但艰苦的劳动使他产生丰收的喜悦，有了甜蜜的梦。诗的头两行"我的长梯两个尖梢穿过树叶，/ 刺向静静的蓝天"有志向高远、追求美好理想的意思，同时也有把地上的苹果与伊甸园的知识之果联系起来的意思。R. W. B. 刘易斯说："摘苹果有一个表示追求知识、抵制堕落的意思。"[17]这虽是典故，也是诗的一个比喻和意象。《进来吧》一诗中也有表示追求崇高理想的喻义，诗人把树林喻为黑暗危险之地。他信步来到树林边听见画眉鸟婉转地歌唱，引诱他进去，但诗人说："这可不行，我出来是为了 / 天上的星星，我不会进树林。"

弗罗斯特认为人是有精神的，人是自然之子。"人虽然软弱，但他同上帝同一造型，介乎精神和物质世界的边缘，他驾驭着自然创造……"[18]这是对人的肯定与讴歌。

19世纪末、20世纪初的美国已是高度发达的工业国家，成为世界列强之一。20世纪二三十年代的美国出现了尖锐的社会矛盾与危机。作家们如德莱塞等纷纷写城市题材，揭露社会的黑暗。弗罗斯特没有去写城市，而是以新英格兰为背景，写了19世纪牛拉破车的农村和农民单门独户的个体劳动。诗中没有拖拉机，只有偶尔出现的火车、电话，还有一个小小的锯木厂和纺织厂，与繁华、嘈杂、工厂高楼林立的大城市形成鲜明对照，似是一个"问今是何时，乃不知有汉，无论魏晋"的桃园世界。因此有人批评他是逃跑主义者，但也有评论家说他是"战略撤退"。弗罗斯特否认他是逃跑主义者，他在讲"关于我们时代的矛盾"时说："我就是矛盾，我包含矛盾，但我长大进入的社会应对此负责。"[19]他在《新罕布什尔》一诗中说其他地方都不好，新罕布什尔"是美国两个最好的州之一"，虽然"她的山稍微矮了一点/她的人民并不太缺少艺术"，"没什么不用手建造，当然神圣"，"她还是那个新罕布什尔，最恬静的一个州"。不难看出，他试图把较原始的、田园式的新英格兰的自然环境、人文、道德、自然与人的矛盾冲突集中起来，与现代高度工业化的城市比较对照，展开评论。他写人的孤独、疏远、自然对人的冷漠、老无所养、妇女童工深受压迫等都是工业城市中的现实问题。《孤单的罢工者》写毛纺厂一个工人因迟到半小时而被关在大门外，只得走开而失业。弗罗斯特1894年就写好了这首诗，他选择在失业、罢工频频出现的1933年发表是有针对性的。特里卡称他为"现实主义思想家，连贯地综合了各种传统……"[20]这说明弗罗斯特不是一个归隐遁世的诗人。

弗罗斯特诗中所写的都是日常生活中常见的事物，他把寻常写得不寻常，赋予他们特殊的意义，因而隽永、耐人寻味。他说过："对我而言，独创性不是其他，而是诗的新鲜……"[21]

弗罗斯特的诗新鲜，很重要一点在于他使用新鲜、朴实无华的新英格兰口语，使诗歌口语化。威廉·马尔德说："如果说爱默生的学者是思考着的人，弗罗斯特作为诗人便是说话的人。"他用向读者谈话，或以人物对话的方法，轻声细语慢慢道来，平易近人，娓娓动听。他使用传统的抑扬格五音步，但又灵活不拘泥于格律。他的诗有韵律和节奏，朗朗上口，具有音乐美。

  弗罗斯特是一个沉思的诗人，他的诗有思想和哲理的深度。虽然文字简练易懂但不浅薄，人称他的诗只是"表面上简单"。他大量使用象征和比喻，不抽象地说教，虽然他认为要用诗教育人。他在《用诗教育》一文中说："诗歌就是用比喻教育。""诗歌始于普通、小的、优雅的比喻，进而引起深沉的思考，诗歌为说一件事而用另一件事提供可能的方法。"[22] 用比喻的方法也就是狄金森的"不直说"的方法。弗罗斯特在《诗歌造成的形象》中对此作了进一步的说明："不呆板地直说，诗行更有魅力。我们欣赏美好、直而弯曲的拐杖。现代精密仪器正在被用来弯曲事物，就像过去用眼和手弯曲一样……"[23] 诗说得太直、太白反而不美，多一些起伏跌宕更扣人心弦。后一句大概是在抨击现代工业社会和过去一样使人和事物扭曲。这是弗罗斯特常用的戏弄、玩笑（fooling）手法。《摘苹果后》中的苹果就是诗人用比喻教育人的一个典型例子。在《诗歌造成的形象》里他又说："诗歌始于快乐，止于智慧。从乐处开始，有冲动的倾向，把第一行写好就有了方向，碰到一连串幸运的事情，结束时对人生有了一种澄清，不必是重大的澄清，而是对于混乱一种瞬间的抑制。"[24] 他的诗是一种重要的活动，有他本人或其他人参与，有戏剧性、趣味性，幽默诙谐，有时像在开玩笑，混乱不堪，不知他到底要说什么，最后他将事实澄清。他认为生活充满了矛盾、混乱与斗争，诗人就是要写对混乱、矛盾、一瞬间的抵抗与抑制并给予澄清。所谓澄清，小小的澄清，就是他所说的"止于智慧"，即说明或让人懂得一个道理。他的诗几乎篇篇如此，这是他的诗歌理论和写诗的方法与特点。弗罗斯特从不被理解、受到冷遇到为越来越多的评论家和读者所接受与喜爱，声誉直上，经久不衰，这是与他的诗论和独特的创作方法、题材、场景的选择分不开的。但诗人过于轻描淡写，过于迂回躲闪，不能更正面、尖锐地批评社会，缺乏战斗性，这是他的缺点。尽管如此，因为他不脱离人民、不脱离故土，他毕竟在思考，并引导读者去思考现实中的问题与矛盾，所以受到人民的欢迎。他不愧是最杰出、重要的美国现代诗人之一。

注释：

［1］［15］　Helen Vendler（eds.）, *Voices and Visions*（New York: Random House, 1987）, p.94, p.613.

［2］［3］［4］［5］［7］［10］［11］［12］［13］［19］［20］　Manorama Trikha（eds.）, *Robert Frost — An Anthology of Recent Criticism*（Ace Publications, 1990）, p.2, p.124, p.614, p.14, p.41, p.126, p.142, p.39, p.143, p.203, p.14.

［6］马克思：《资本论（1卷）》，人民出版社，1963，第191页。

［8］［9］［14］［16］［18］　Earl J. Wilcox: *Robert Frost — The Man and the poet*（UCA Pree, 1990）, p.82, p.80, p.14, p.43, p.17.

［17］引自 R. W. B. Lewis 的讲课录音。

［21］［23］［24］　Robert Frost, "The Figure a Poem Makes," in *Criticism and Practice*（London: Macmillan Education LTD, 1986）, p.188, p.188, p.188.

［22］　Robert Frost, "Education by Poetry," in *The Norton Reader Eighth Edition*（Norton & Company.Inc 1992）, p.1093.

（本文曾发表于《湘潭大学学报（社科版）》1998年第22卷第3期）

"诗是最高的虚构"——史蒂文斯的诗歌理论

洪振国 曾 超*

摘要：史蒂文斯在诗中论诗。他在三首理论长诗《弹蓝色吉他的人》（*The Man with the Blue Guitar*, 1937年）、《纽黑文一个平常的夜晚》（*An Ordinary Evening in New Haven*, 1949年）和《朝向最高虚构笔记》（*Notes Toward a Supreme Fiction*, 1942年）中谈论现实与想象、客观与主观、抽象与虚构和它们之间的关系，谈论诗歌创作的目的、诗的功能和诗人的作用等问题。他深邃、充满了哲理和辩证的见解，对文学，特别是对诗歌创作极具指导和参考价值。

关键词：最初的观念 现实 想象 抽象 最高的虚构

华莱士·史蒂文斯是20世纪美国最重要的诗人之一。他大器晚成，20世纪50年代时，其作品远不及弗罗斯特、艾略特、庞德等广为人知，直至晚年才被确定为主要的美国现代诗人，与庞德、艾略特、威廉斯等人一样在诗坛极有影响，享有崇高的地位。哈罗德·布鲁姆2004年在编纂的《最佳英语诗歌》中说："在本编者毕生的判断中，华莱士·史蒂文斯是继沃尔特·惠特曼和艾米莉·狄金森之后的首要美国诗人。"[1] 史蒂文斯是一位业余诗人，从1916年起一边在哈德福一家保险公司任职，一边从事诗歌创作，默默耕耘40年，出了4本诗集及论文和书信集。他是

---

*曾超，女，广州大学外语学院教师，主要担任英美文学等课程的教学。

一位沉默、性格内向的诗人。他早年受意象主义的影响写意象诗，但与庞德、艾略特、威廉斯、摩尔等人不同，如他自己所说，他是"一个内省的航行者"，在物质世界的变化中寻找自我。他诗中的意象是变化的，他的诗深奥难懂、别具一格，自成一派。玛丽安娜·摩尔说："华莱士·史蒂文斯深奥莫测、奇怪得好像怀有病态的秘密，宁可毁灭也不愿透露……"[2]其实，他是一位严肃认真的诗人，他认为："诗的任务是极端严肃的……是一种责任。""当人们放弃信仰上帝后，诗实质上取代上帝成为生活的超度。"[3]他认为"诗是诗歌的主题"，所以在诗中论诗，讨论诗歌的性质、功用及与现实的关系等重大理论问题，被称为"诗人的诗人"或"批评家的诗人"。本文着重从他的三首理论长诗《弹蓝色吉他的人》《纽黑文一个平常的夜晚》和《朝向最高虚构笔记》分析他的诗歌理论和创作特点。

一、"最初的观念"（the First Idea）

史蒂文斯在《朝向最高虚构笔记》的第一章"必须抽象"中提到"最初的观念"达十次之多。"最初的观念"是一个简化术语（reduction）。《现代汉语词典》对"观念"的释义是："① 思想意识。② 客观事物在人脑里留下的概括的形象（有时指表象）。"它指明人的观念是思想意识活动，是以形象在脑中出现的。布鲁姆说："史蒂文斯的最初的观念与美国哲学家查尔斯·皮尔士的'第一观念'（an Idea of Firstness）颇为近似，它仅仅是一种呈现，一种未经分析的、总体印象；由多种不考虑为真实事情，只作为是一种质量（quality）而产生的印象。"[4]（皮尔士认为存在有三种形式，第一种存在样式是事物的各种性质，如事物的颜色、气味、重量、硬度及其他种种可感的性质。）这也说明"最初的观念"是事物在头脑中形成的形象、印象和质量。对"最初的观念"史蒂文斯是这样解释的："如果你从一幅画上清除掉几代人留下的外饰和尘埃，于其中，你能看到'最初的观念'。如果你对世界的思考没有外饰和尘埃，你便是一个'最初的观念'的思考者。"[5]这个解释充满了哲理。如果把画视为存在者（客观事物），那么，清除掉前人或者今人留下的外饰和尘埃就是对一切未经验证的事物持怀疑和批判态度，必须解蔽。解除遮蔽正是德国哲学家海德格尔说的:"艺术的本质在于显示真理,艺术作品把存在者置入无蔽之中,使之显示出来。"[6]布鲁姆在《簧风琴——对"最初的观念"的简化》一文中说:"the first 的词根意思是向前(forward),或早(early)的意思;idea 是看见的意思。我们可以说'最初的观念'经常包含有在先(priority)、最早看见的意思(to see earlist)。对于像史蒂文斯这样不能容忍任何迟缓感,拒绝承认受到前辈影响的诗人,最早看见就成为一种必须。"[7]这说明史蒂文斯不因袭前人、不人云亦云,敢为人先,具有探索与开创精神。他强调"自我"直观和知觉,认为只有通过观察和感知所呈现的存在,才是真正的存在,对未经证实的持怀疑批判态度,对于先验的必须去蔽予以还原。这些观点与德国哲学家胡塞尔的现象学的思想是吻合的。

史蒂文斯在"必须抽象"的第 1 节要求青年(ephebe)感觉"太阳的观念"。感觉观念是抽象的,以此强调抽象的作用,并引出"最初的观念"。太阳是诗中的核心意象之一,代表现实。"太阳的观念"是一个经过感知的客观事物在头脑中的形象(a figure)。史蒂文斯要求青年:"你必须成为一个无知的人/用一道无知的眼光再看见太阳/清晰地看见它在它的观念里。"[8]所谓成为无知的人,就是要人们摈弃成见,不受前人经验、知识结构、文化及世俗的影响,不囿于已知,探索未知,用清纯的眼光看事物,寻求事物的本真,并以此说明"最初的观念"的含义。史蒂文斯在第 2 节中说:"是公寓单元的天国之厌倦/把我们送回到最初的观念。"[9]说明诗人受尼采"上帝死了"的影响,试图以"最初的观念"替代天国,替补上帝的空缺。在诗的第 3 节,诗人更明确地说出:"这首诗更新生命来让我们分享,/在片刻间,那最初的观念……它满足对一个无瑕的开始的信仰。"[10]表明"最初的观念"是一个没有原罪的信仰,一种取代宗教的信仰。

"最初的观念"的信仰与宗教的信仰不同,它不是迷信,不是盲目的信仰与崇拜,而是在现实基础上对事物的抽象的信仰,对自我的信仰。史蒂文斯认为"信仰的缺失是最大的悲哀",我们生活"在一个失去信仰的时代,生活在一个伟大的、对等的神话死亡和另一个新的神话诞生的空隙之间。诗人的工作是记录我们的生活,提供对信仰的满足,以便使生活可以忍受。"[11]

史蒂文斯的诗具有哲理性,被称为哲学家诗人。他强调观念(idea)、概念(concept)和抽象(abstraction)。他的"最初的观念"与柏拉图的理念说(idea)是有区别的。柏拉图的理念是可感事物的根据和原因,是独立于个别事物和人类意识之外的实体,是通过对事物的抽象形成的共相(普遍性)或本质,可感事物只是理念的派生物。理念是永恒不变的。他认为一类事物有一个理念,理念世界与可感世界是分离的。史蒂文斯的"最初的观念"是形而上学,但他侧重客观可见的世界和人的感知,认为事物是不断发展变化的,观念也是不断发展变化的。柏拉图的理念割断了物质与精神、主观与客观、个别与一般之间的关联。史蒂文斯认为精神与物质、主观与客观是一致与融合的。他认为:"现实是唯一的基础,但它只是基础。"[12]他还说:"诗歌的理论就是生活的理论。"[13]

史蒂文斯在第 9 节中说:"'最初的观念'是一件想象出来的事物。"他在《想象作为价值》一文中说:"想象是思想支配事物的可能性的力量……想象,作为形而上学,把我们引向一个方向。"[14]他认为:"想象是人类最伟大的力量之一。想象是思想的自由。它的成就之极点在于抽象……把想象看作形而上学就是把它当作生活的一部分……我们生活在思想中……如果我们生活在思想之中,我们就是生活在想象之中。"[15]从以上的引文及分析中,我们可以看出史蒂文斯的最高虚构理论的核心思想是"最初的观念",是想象和抽象,而抽象是想象的极点,抽象调节现实与想象使之成为最高的虚构。

二、现实与想象(与艺术)的关系

亨利·韦尔斯(Henry Wells)在《史蒂文斯介绍》一书中说:"史蒂文斯既是诗人也是哲学家。他一生忙于他神职人员的任务,阐述艺术和现实的关系。"[16]史蒂文斯在书信中也说:"我一直努力注视周围的两个、我可看见的世界和如其所是的世界。"[17]史蒂文斯认为现实有两种:一种是现实世界,即如其所是的世界;另一种是想象的世界。现实世界即我们共同看见、听见、触摸得到的客观事物;另一种是感官提供的基本的、主要信息,经过大脑组织、想象而成的现实,它是看不见的、新的现实,也就是物质世界和人的思维结合产生的现实、想象出的现实。这种现实大于部分之和，是只有想象力丰富的人才能营造出来的现实。他指这种人是诗人，在诗中被称为"英雄""原始人""好人""巨人"等。诗人这样做，给混乱带来秩序，他发明或者找到了一个世界。[18] 史蒂文斯认为现实是混乱无序的，只有依靠想象才能使之有序、和谐，表明较之现实，它更重视想象。随着科学的发展，我们发现，我们认知的物质世界仅仅是这个宇宙的百分之五，那就是说，宇宙间我们所说的现实，还有百分之九十五是我们所不知道的。[19] 因此，像史蒂文斯说的那样，开动人的想象创造力去创新，发明或者找到新的世界就显得十分迫切和重要。这也说明他是一位很有远见的诗人。

史蒂文斯在1949年写的《纽黑文一个平常的夜晚》中强调了客观现实的重要性，阐述了现实与想象的关系等问题。有评论家指出："他在很大程度上是《朝向最高虚构笔记》的翻版，只不过从相反的角度强调现实而不是虚构，强调日常、世俗的事物……"[20] 史蒂文斯自己也说："在这首诗里，我的兴趣在尽力靠近诗人可能接触到的、平凡、普通和丑恶的东西。这不是冷酷而是一个常见的现实问题。"[21]

史蒂文斯以耶鲁大学所在地的纽黑文（New Haven）一个平常的夜晚为题，表明它是一个真实的城市，同时也是任何一个城市，旨在强调诗歌要以普通的客观事实为基础，要相信感觉；表明他意识到以相信想象行为成功的可能性到相信纯感觉成功的可能性。诗一开始，他便写道："眼睛的平常的图像是事物留下的，是普通的经验，/其中一个，一个又一个，/作为不断思考的一部分。/"[22] 他认为从观察、感觉到思考、想象这一过程是诗歌创作的过程。在这首长诗里，诗人强调视觉经验与"自我"结合。"假如这些房屋是由我们自己组成，/因此，它成了触摸不着的城。""触摸不着的居所好像在移动，/在思想的采光里运动。"[23] "现实是思想看到的事物。""一切不真实和真实一样逼真。"[24] 诗中的现实已不是原本的现实，而是诗人的思想、心理的现实，而心理的现实和实际的现实是能够一样逼真、使人信服的。所以他认为"现实是开头不是结尾"[25]。新的现实层出不穷，不断开始，创作的结尾要使之焕然一新。"我们不断回返，/回返现实……我们寻求纯现实的诗/不受比喻的影响，不离题，直向词语/直向盯住了的目的物,目的物/……寻求不超越现实/……其中,包括一切精神的炼金术,/精神迂回通过,不仅包括看得见的现实/包括活动的。/"[26]在这首诗里,诗人是一个"思考的人",谈论着普通的、也是他个人的经验,一连串思想的流动。对他来说,"寻求真实/像寻求上帝一样至关重要"[27]。现实是可见的、可发现的,上帝是虚构的,看不见的。他认为"诗是特殊情况的呼声,/事物本身的一部分,不是只关于它"[28]。在诗人看来,诗也是现实,伟大的诗、精神、思想、最高虚构也是现实。有评论家说:"《纽黑文一个平常的夜晚》的真正主题是现实与自我的关系。"[29]史蒂文斯对客观与主观、物质与精神及诗人的作用作了反复论述,最后他得出结论:"诗的理论是生活的理论。"[30]这是很精辟的。

关于想象,奥斯丁·福勒说:"想象是创造,是通过看见的、明显的事物以外的、带来新的存在的,通过进入由训练和文化确定的模式的一种能力。"[31]浪漫主义诗人雪莱认为:"想象是创造力。"华兹华斯认为:"想象也能造形和创造。"史蒂文斯继承了这种看法,认为"想象是人战胜自然的能力"[32],"想象是一种我们将不真实输入真实的能力"[33]。史蒂文斯在《想象作为价值》一文中对想象有详尽、精辟的论述。一言以蔽之,他认为想象是思想的自由,生活、创作都离不开想象。他诗里最后的论点是:"想象是让我们能够在反常中感知正常,在混乱中感知秩序的力量。"[34]较之现实,史蒂文斯更重视想象,丹尼斯·多诺霍说:"仅在现实通过艺术的语言风格的折射或者其表现更精确时,仅在现实被想象变得更精美和有色彩时,史蒂文斯才对现实感兴趣。"[35]

史蒂文斯在1937年3月写给拉蒂默的信中说:"这个冬天我大约写了35或40首短诗,其中25首看来是成功的,它涉及想象与真实事物的关系或平衡。如你所知,这是一个一直困扰我的问题,我觉得这个问题尚未了结。"[36]史蒂文斯这里指的是他1937年发表的《弹蓝色吉他的人》。这首诗共33节,主要写4件事:现实、想象,两者的关系及对两者的态度。蓝色吉他象征音乐、语言、文学艺术,蓝色象征想象。弹蓝色吉他的人,一个剪羊毛、把羊毛制成衣服的人,象征艺术家、诗人。吉他上弹的乐曲就是弹者在处理现实与想象的关系,解释对两者的态度。开篇是个绿色的日子,绿色或白色表示既成事实,但在蓝色吉他上绿色变成了蓝色。

人们抱怨"如其所是"的事被改变了。弹者回答说有必要这样做，并反驳"你弹的事物不是如其所是"的质问。弹者回答："事物是如其所是／随着蓝色吉他而改变……蓝色吉他上的一支曲子／奏出事物恰如所是。"[37]这说明现实经过人的想象发生了变化，看似不是原来的事物，是新的东西，但实质上还是原来的事物。这就是诗人所说的"我们心灵所见与眼睛所见同样真实"[38]。在这首诗里，他还是强调艺术反映现实。他写道："那么，生活就是如此：事物如其所是，生活在蓝色吉他上拨弄其道……而这就是生活，事物如其所是／这一阵蓝色吉他的嗡鸣。／"[39]"是否这幅毕加索的画，这幅毁灭秘藏的／一幅／我们自己的画，／如今，是我们社会的一个形象？／"[40]史蒂文斯用毕加索对西班牙内战记忆中的画，一个扭曲、变形、毁灭的世界，同当时（第二次世界大战时）的世界相比照，表明他对现实的不满及对战争的谴责。接着在下一节他写道："大地不是大地，不过是块石头，／不是儿子倒下时将他抱起的母亲，／不过是块石头，／像块石头。／不，不是母亲，而是压迫者，／像压迫者让人们／求生不得，求死不能。"[40]史蒂文斯认为这是一个荒凉、像石头一样冷酷无情，充满压迫、折磨与痛苦的世界，表现了他对现实极大的不满与愤慨。

　　史蒂文斯在强调现实的同时更强调想象，他认为"诗人的世界有赖于他的冥想。"[41]他强调思想和意义，认为"思考是生活"。[42]他还说："一定有某种让我们飞翔的翅膀。""没有翅膀能像意义那样飞翔。"[43]想象对诗人来说，就是意义，能飞翔的翅膀。他还认为诗人的作用"肯定不是引导人们从身陷囹圄中解脱，也不是在他们逢迎上司左右为难时给予安慰。他的作用，我认为，就是使他的想象变成他们的想象，只有看到自己的想象在别人的头脑中发亮，他便尽到了责任"[44]。把想象奉为诗人的职责，可见史蒂文斯对想象何等重视。

　　史蒂文斯认为现实和想象是一个统一的复合体，并把它们之间新的相互关系看成是他的一种新模式的基本特点。他在1953年7月写给伯纳德·赫灵曼（Bernard Haringman）的信中说："我的现实——想象复合体完全是我自己的，尽管在别人那儿看到它。"[45]他认为他与华兹华斯等浪漫主义诗人不同，他的复合体不是所谓"强烈感情的自然流露"，也与艾略特的"客观对应物"相悖，因为他把物质和精神割裂开了。史蒂文斯不认为精神是离开物质而单独存在,他的现实与想象的复合体是相互依赖、相互补充与共存的。奥斯丁·福勒说:"在《弹蓝色吉他的人》中,史蒂文斯教导读者诗和现实的关系。"他非常明确地说:"在风景和人的想象之间存在普遍的相互作用关系:一个使另一个以象征性而存在,彼此相互依赖而存在。"[46]史蒂文斯强调现实与想象的关系,强调并系统论述其在诗歌创作中的作用。克里斯托弗·比奇在撰写的《20世纪美国诗歌》中说庞德和艾略特均未曾考虑史蒂文斯所说的这个问题,并认为它对诗歌创作并无特殊的作用。庞德认为除了包含在历史、神话和文化传统中的结构及洞见外,不可能显明诗歌的想象。[47]

三、最高的虚构

虚是对实而言,按一般说法,它是不实在、不具体,或者是臆造、假设的意思。沃尔顿认为:"小说、戏剧、电影,神话,这些以语言形式表达的作品也纳入虚构范畴中。"[48]要使作品深刻、生动、有趣,更有感染力,离不开虚构;科学实验、探求未知的领域需要假设、推理,也少不了虚构。奥西安德尔认为:"一个科学理论是充分的,只要它能'保留现象',它也清楚地刻画了现代虚构主义一个重要特征:不为真的东西也可以很有价值。即使关于天体的整个的天文学论断以及这些运动的根据都是假的,那也没有关系,因为它能让我们正确地预测天体的可观位置。"[49]虚构者的意图和目的就是"试图让听众假装相信(make-believe),相信某事有其价值"[50]。所谓假装相信,就是虽然不怎么相信,但不怀疑,接受其假想。用柯勒律治(Coleridge)的话说:"我们必须在某种意义上'搁置怀疑'。我们必须敞开心灵、融入到故事中去。只有这样我们才会关心故事是如何展开的,去琢磨人物有什么动机……我们可以通过假装相信,把真实和虚构融合在一起。"[51]伍德(Wood)也这样说:"虚构是臆造和写实的结合。"[52]

史蒂文斯的诗歌理论"诗是最高的虚构",是经过长期思考形成的。早在1922年一首名为《高调的女基督教教徒》的诗的开篇,他就指出:"诗是最高的虚构。"1937年,在《弹蓝色吉他的人》中,他强调想象和虚构，初步形成了虚构理论。1942年，在《朝向最高虚构笔记》一诗中，他系统阐述了这一理论，形成了他个人的风格。史蒂文斯对虚构曾这样解释："存在虚构，它是现实的延伸，就像天国是现实的延伸一样。"[53] 史蒂文斯认为人们可以信仰宗教，相信天国。既然"上帝死了"，不能依靠宗教，那就要靠想象、虚构的艺术作品支持人们的精神。他在写给西蒙斯（Simons）的信中说："假如人们不信上帝（是真实的），不可能完全无信仰，有必要信仰其他什么。我应该信仰想象……我说人们最后的信仰必须是虚构……"[54] 他在《徐缓篇》中说："最终的信仰是信仰一个虚构。你知道除了虚构之外别无他物。知道是一种虚构而你又心甘情愿地信仰它，这是何等微妙的真理。"[55] 弗兰克·克莫德说："他（史蒂文斯）的最高虚构就是一个选择的世界，一个想象的世界；它在现实世界之上编织一个总是变化，总是欢乐，用虚构遮盖的世界。"[56]

《朝向最高虚构笔记》同《纽黑文一个平常的夜晚》一样是史蒂文斯的思想成熟、语言、技巧、风格定型了的一篇重要的理论诗，除序诗、结尾，由三部分（三章）组成；每部分10节，各有一个标题。每首短诗之间联系并不紧密，但都是由事实转化成的抽象思想或随想，围绕的问题仍然是现实与想象的关系。因为是随想又多有重复，形式较为自由，故称"笔记"。题目 Notes Toward a Supreme Fiction 表明史蒂文斯认为虚构是诗歌创作的最好形式和方法，诗人应朝这个方向努力。在谈及此诗时他说："我们讨论的是诗歌而不是哲学，我唯一要做的一件事将是谨慎、确切地设计出一个体系。"[57] 这三章的小标题分别是：（1）必须抽象；（2）必须变化；（3）必须给人快乐。史蒂文斯说："我应该说我不是给虚构下定义……只是原则上提出虚构的某些特点。笔记只限于说明它的几个特点。"[58] 这三个特点是他写诗的原则和方法，贯穿于他诗歌创作的全过程，因为他认为任何美学的创作，包括宗教、文化，尤其是诗歌创作，都要做到这"三个必须"。

1. 必须抽象

史蒂文斯不是抽象诗人。他在1935年10月31日写给拉迪莫的信中说："生活是文学的本质成分……想象对他是重要的，但是他的每一首诗都有真实的背景。"[59]抽象是他的风格，是他的诗的重要元素和形式。抽象调节现实与想象，使二者平衡达到虚构的目的。他说的"必须抽象"即"他必须抽象自己，并且还能抽象现实……通过对现实的想象抽象现实"[60]与法国诗人华莱理指出的"抽象是从某物离开、隐退""人通过抽象来捏造"[61]是一脉相承的，是同一个意思。史蒂文斯说："我不知道最高虚构采取何种形式。开始《朝向最高虚构笔记》创作时，有一个想法，不采用任何形式，那就是必须抽象。"[62]史蒂文斯认为抽象在某种意义上是不可能完全地被人的观察所掌握的，他认为"诗是与不可及的抽象的斗争"[63]。这显然与庞德在《意象主义者的几"不"》中说的"不赞成抽象"是相悖的。

　　史蒂文斯在第一章的第1节提出"太阳的观念"，太阳代表现实、客观存在。"太阳的观念"是对太阳的抽象，如同第6节所说的"天气的巨人"是对天气的抽象一样。他指出在"太阳的观念"中清晰地看见太阳。诗中的青年（ephebe）是个有潜质的阳刚诗人。因为"日神的死亡"，"一个神的死亡是所有神的死亡"，青年要取代神的位置，他的主要作用是提供建议。诗人在开篇用对太阳的抽象为另一个抽象——"主要的人"（the major man）的抽象做准备。这是抽象的目的和重点。"主要的抽象是人的观念／而主要的人是它的诠释者，／更有能力在抽象中胜于他的单个人／……主要的抽象是那共同者／那无生命者，艰难的容貌，这是谁？"[64]共同者就是那个穿旧外套，懒洋洋地躺在海边的麦克库劳（Maccullough）。他也是主要的人，是逻各斯和逻辑、语言学家，是所有的人。青年诗人的任务"是以主要的人来造就，来调制／最后的优雅，不是去慰藉／也不是尊崇，而是坦白地提议"[65]。"主要的人"是部分，也是全体。他是诠释者、代言人，证明史蒂文斯的诗是关于人、社会、自然的诗。布鲁姆认为史蒂文斯《簧风琴》中的"咽部不好的男子""雪人"和"胡恩宫殿里的茶话"涉及命运、强力、意志、自由，"读者掌握了三首短诗的相互关系，就进入了史蒂文斯诗论的中心和人的焦虑，以及找到了他解除这些焦虑的办法"[66]。他认为人优雅，有无限的力量，把人提到了最高的位置。麦克库劳是一个虚构的想象与现实的平衡者（美国式的超人），是"有关最初观念的思想者，／他也许养成习惯，无论是从波浪还是短语，／或波浪的力量，或神话的言辞，／或一个更纤细的存在，正对他施压,/属于更伟大的智能与领悟/"[67]。他是"最初的观念"的思想者,有深化的言辞。语言是人类独有的能力,史蒂文斯说过:"没有词语事物就不存在。"[68]所谓"一个更纤细的存在",按评论家的说法,是指麦克库劳,他是隐藏在诗人的意象、隐喻之后的隐士,他有更伟大的智能与领悟。这是对人的礼赞与歌颂。

史蒂文斯所说的抽象,"他的意思是,用他现在的说法就是'必须风格化',那就是要有象征的形式,有某种方式的浓缩、定形或集中;通过与未加工的经验比较而集中"[69]。

史蒂文斯在诗中说:"天气与天气的巨人,/说天气仅仅是天气,仅仅是空气,/一种血染的抽象,如思想中的人一样。"[70]天气是具体的,天气的巨人是抽象的。史蒂文斯自己解释说:"抽象不存在,但可以肯定它是内在的,也就是说,虚构的抽象在诗人的思想里,犹如上帝的理念在神学家脑子里存在一样。诗就是与不可及的抽象的斗争。首先我努力,然后转向天气,因为它不是不可及,它不是抽象的。我所描写的天气是我写作时周围的天气。从抽象到真实或从真实到抽象是常常相互关联的。"[71]史蒂文斯周围的天气是可见、可及的,思想中的天气是看不见、不可及的,但两者是互联互通的。史蒂文斯的必须抽象,实际上是强调诗是思想或想象的产物。写诗是一个要从抽象到具体,或从具体到抽象这一反复的过程。

2. 必须变化

"变化是为了不成为静止不变的或重复的信仰体系。"[72]第一章"必须抽象"主要讲述虚构是思想、想象的产物,第二章"必须变化"讲虚构必须在变化中存在,因为想象和现实二者都在变化。史蒂文斯认为变化是困难的,因为变化主要在于人的变化,而人的思想变化是困难的,又唯有人的思想变化才能促成事物的变化。必须变化的思想贯穿第二章的每一节。诗中的人物如天神撒拉弗(一个真实与想象参半的人物)、总统、将军杜·普伊、农场主和国王奥西曼德斯,是一组思想保守的人物。他们不像第一章里的青年、"主要的人"等那样积极、充满活力。他们都像穿着旧衣服的遗老,"寻求过去的事物和老样的地方",企图在变化无常的宇宙固守不变的秩序。

第二章第1~4节中的几句诗这样说:"它意味着我们对着凋败的景象的厌恶。/是它改变得不够。它留存,/它是一场重复。"[73]"总统命令蜜蜂成为/不死的……/春天抹去冬天的残片,为什么/应该有一个回归后死亡的问题/在记忆的梦中?春天是一场睡眠么?"[74]"杜·普伊将军的伟大雕像/静止不动,……/什么也没有发生因为什么也没有改变。/然而将军最终就是垃圾。/"[75]"在孤寂中孤寂的小号/不是另一种孤寂的回响。/"[76]以上诗句说明:不变,或变化不够,事物周而复始的重复,令人生厌。春天是一年新的开始,蜜蜂是新的来客,总统虽权威无上,但是不能命令蜜蜂不死。将军的雕像静止不动,也将成为垃圾。在第4节,史蒂文斯还指出,改变的起源是"两个本质相反的东西的相互依赖……拥抱"[77],说的还是现实依赖想象,想象依赖现实,它们相互依赖、相互改变。在一个变化的世界,思想随之而变,思想的变化又促使客观世界的变化。"参与者参加那改变的事物。/孩子触摸就从那事物中取得性格"[78],说的是在改变客观世界的同时,人们改变主观世界。与惠特曼在《草叶集》中写的"有个天天向前走的孩子/他只要观看某一东西,他就变成了那个东西/在当天或某个时候,那个孩子就成为他的一部分"是同一个意思。在第10节,史蒂文写道:"变化的新鲜是一个世界的新鲜,它是我们自己的,/它是我们自己,是我们自己的新鲜。"[79]这表明他认为世界不断变化,诗人要与时俱进,诗人的思想、语言及风格随之而变;唯有变化,才能写出新鲜、活泼的诗。史蒂文斯认为:"不是所有客体都是等同的,意象主义的缺点在于没有承认这一点。"[80]

3. 必须给人快乐

史蒂文斯在1942年12月8日写给亨利·丘奇——一位好学的哲学学者的信中说:"诗应该抽象,当然诗歌终究是最高的虚构。诗最重要的是变化,而变化的实质在于给人快乐。"[81]在信中谈及法国哲学家琼斯·沃尔对他的诗的评价时,史蒂文斯说:"在所有评论中有一点我更为喜欢的是他读《朝向最高虚构笔记》给了他快乐。"[82]他认为:"诗歌的目的在于促使人们快乐。"[83]这快乐显然首先是指精神、心灵的快乐与满足，因为他认为"我们生活在精神里"[84]。他认为诗是心灵的净化剂："诗是世界贫穷、变化、罪恶和死亡的洗涤剂，给人暂时的完美，使之在不能补救的贫困生活中得到满足。"[85]这同柯勒律治在《文学传记》中写的"诗（广义而言包括一切想象活动）要把快乐而不是真实作为直接目的"及弗罗斯特的"诗歌始于快乐，止于智慧"的诗歌理论是一致的。

第三章除强调诗给人快乐，内容有所扩展外，仍重复前两章论及的诸如现实与想象、变化、秩序等方面的问题，所不同的是用了几个女性角色"蓝色的女人"、葆达、"胖姑娘"等，气氛显得更轻松愉快。第1节写古代宗教仪式："欢乐并歌唱，被抬上 / 欢乐人们的肩头……/ 但最困难的严苛……/ 在我们所见之物的意象上，要从那非理性的瞬间抓到它的无理性。"[86]第2节讲到蓝色的女人望着窗外的事物，现实和想象的结合使她得到精神享受与满足。这两节都讲感悟的困难。第3节讲变化有问题，牧人之死与精神有关。第4节讲到葆达与上尉美满的爱情与婚姻，因为他们爱自我并爱感觉中的地方，实质是讲理性与想象的结合。第7、8节讲到强推不能发现秩序，要寻找。第9节中的鸟歌唱变化和对生活的满足。第10节讲到感觉导致虚构，非理性是理性，给人快乐。黄晓燕先生认为在史蒂文斯的诗中，健康、安慰、满足、自由、公正、纯净给人带来快乐，但最主要的是史蒂文斯所说的"快乐意味着人们生活需要秩序；快乐是与绚丽和丰饶的世界的和谐一致带来的快乐。"[87]和谐社会就是人与人，人与社会、与自然，主观与客观的一致与统一，表明了史蒂文斯的社会理想。诗的后面几节，写爱情、物质生活、运动、工作、创作给人带来快乐。在诗的结尾，史蒂文斯把诗人同士兵比较，把世界比喻为战场，诗人和士兵都是战士，使人感到现实的压力，所以评论家认为诗的结尾是一首战争诗。诗又回到了现实，体现了史蒂文斯的诗歌理论："在诗中，我们要尽量企及的是生活。"[88]

史蒂文斯提出"诗是最高的虚构"的理论，在他的三首长诗中论诗，形象生动地阐明了现实与想象、客观与主观、理性与非理性的关系，诗歌创作的目的，诗的功能及诗人的作用等一系列重大理论，以及使用意象、象征、比喻、简化、抽象等创作手法问题，具有很高的学术价值和指导意义。

虽然他的诗含蓄、深奥莫测,像猜谜一样,不反复琢磨不得要领,但都是诗歌创作中的重大问题。他的诗具有哲理和辩证法,有前瞻性和深邃的见解,对文学,特别是诗歌创作极具借鉴和指导意义。

注释:

[1][45][59] 程文:《论华莱士·史蒂文斯诗歌中的抽象》,《中国社会科学院研究生院》2018年。

[2] Houghton, Hugh, "The Selected Letters of Marianne Moore," *Guardian Weekly*, (May.1998).

[3] Waggoner. Hyatt H.(eds.), *American Poets: From the Puritans to the Present*(Ottawa: Delta Ltd., 1970), p.429.

[4][5][7][21][60][61][62][66][71][81] Harold Bloom, *Wallace Stevens:The Poems of Our Climate* (New York : Cornell University Press, 1995), p.49, p.48–49, p.49, p.277, p.172, p.173, p.175, p.50, p.186, p.175.

[6] 严春友:《西方哲学名著导读》,清华大学出版社,2008,第140页。

[8][9][10][13][14][15][34][37][38][39][40][41][42][43][55][64][65][67][70][73][74][75][76][77][78][79][86] 华莱士·史蒂文斯:《最高虚构笔记》,陈东东、张东编,张东飚、张枣译,华东师范大学出版社,2008,第166页,第166页,第168页,第269页,第372页,第375—376页,第384页,第104页,第253页,第106页,第114页,第266页,第264页,第267页,第254页,第176页,第177页,第174页,第174页,第172页,第174页,第178—179页,第180页,第181页,第181页,第188页,第189—190页。

[11] A Walton Litz, *Introspective Voyager : The Poetic Development of Wallace Stevens* (New York : Oxford University Press, 1972), p.44.

[12][83][84][85][88] Wallace Stevens, *Opus Posthumous, Poems, Plays, Prose*(New York : Vintage Books, 1990), p.182, p.194, p.190, p.193, p.185.

[16][18][31][46] Austin Fowler, *The Poetry of Wallace Stevens* (*Monarch Notes and Study Guides*) (Jackson : Monarch Press, 1965), p.73, p.13, p.12, p.58.

［17］［53］［87］ 黄晓燕：《华莱士·史蒂文斯诗学研究》，湖南人民出版社，2007，第 98 页，第 165 页，第 214 页。

［19］深圳新闻网。

［20］［36］［82］ Robert Rehder, *The Poetry of Wallace Stevens*（London: Macmillan Press, 1988）, p.277, p.150, p.90.

［22］［23］［24］［25］［26］［27］［28］［30］ Wallace Stevens, *The Palm at the End of The Mind: Selected Poems and a Play*（New York: Vintage Book, 1972）, p.331, p.331, p.333–334, p.334, p.336, p.345, p.338, p.349.

［29］［33］［44］［54］［57］［58］［68］ Lucy Becket, *Wallace Stevens*（London: Cambridge University Press, 1974）, p.182, .39, p.39, p.132–133, p.140, p.140, p.131.

［32］ Susan B. Weston, *Wallace Stevens: An Introduction to Poetry*（New York: Columbia University Press, 1977）, p.24.

［35］［47］［56］［63］［72］［80］ Christopher Beach, *The Cambridge Introduction to Twentieth-Century American Poetry*（Cambridge: Cambridge University Press, 2006）, 第 24 页, 第 180 页, 第 10 页, 第 9 页, 第 5 页。

［48］［49］［50］［51］［52］ 赛恩斯伯里：《虚构与虚构主义》，万美文译，华夏出版社，2015, p.24, p.180, p.10, p.9, p.5.

［69］Helen Vendler（eds.）, *Voices and Visions*（New York: Random House, 1987）, p.144.

（本文于 2019 年 11 月完稿）

论威廉·卡洛斯·威廉斯的诗歌创作

洪振国

摘要：论文分两部分论述威廉斯的诗歌创作理论与实践：第一部分写诗人的创作发展过程，着重介绍他大胆探索及敢于开拓与创新的精神，并对其诗歌的总体特点作了粗略介绍；第二部分介绍威廉斯的代表作——长诗《帕特森》，并通过长诗进一步阐述他的诗歌理论与创作思想。

一、威廉斯的创作发展过程及其诗歌的主要特点

威廉·卡洛斯·威廉斯是美国杰出的现代诗人之一，具有独特的风格，在美国文学史及世界文坛享有崇高的地位。他一生致力于诗歌创作，早在念中学时，就开始阅读莎士比亚、雪莱、拜伦、济慈、华兹华斯等人的诗作，对诗歌产生了浓厚的兴趣。十九岁（1902年）进宾夕法尼亚大学医学院就读后，他更是广泛涉猎，阅读美国历史、惠特曼及其他美国作家的作品。在此期间，他结识了庞德、H. D（希尔达·杜利特尔）和画家查尔斯·德穆思，开始了他的诗歌习作，写了大量的诗稿。1909年至1910年，他曾去莱比锡进一步深造，学习儿科学，也为了减轻因失去夏洛特而造成的痛苦。他发现古老的欧洲与他的美国有许多不同，欧洲已经陈旧。在庞德的一再邀约下，威廉斯离开莱比锡，到伦敦与之会面，

见到了许多文人、学士，他觉得气氛沉闷窒息，很快回国。此后，他在家乡行医40多年。尽管医务繁忙，他仍坚持每天写4~5首诗，直至晚年双目失明，疾病缠身，也从未停止过文学写作活动。从1909年的第一本集子《诗歌》问世，至1962年最后一本诗集《布鲁格尔的绘画及其他诗歌》出版，他共写作、出版了48本书（其中包括小说、散文），留下了宝贵的文学遗产。

威廉斯是一位医术高明而又乐于助人、极富同情心的家庭儿科医生，一生曾为100多万人治病，仅接生的婴儿就有3000多个。能在工作之余写下如此多的作品已是难能可贵，他还培养、影响了许多青年诗人，对"投射派""垮掉派"诗人影响尤深。青年诗人罗伯特·格里利、丹尼斯·莱弗托、罗伯特·洛威尔、巴特特、多伊奇、卡尔韦·金纳尔、詹姆斯·赖特、海厄姆·普卢特齐克与威廉斯均有书信往来，或常到拉瑟福特他的住所造访。阿伦·金斯伯格在给威廉斯的信中说："我想，要是您知道，在您同地区至少确有其人，在热爱和了解他自己的世界和城市的斗争中，承继了您的经验，您一定是会很高兴的。"[1]青年诗人西多尔·罗特克在会见威廉斯两年之后的1942年11月11日给他的信中说："您是我最强有力的导师。"[2]

威廉斯一生勤奋好学，默默耕耘，晚年获得过全国图书奖（1950）、博林根诗歌奖（1953）和普利策诗歌奖（1962）。但由于以艾略特为首的学院派势力太大，在漫长的岁月中，他并未能引起评论界足够的重视。直至1963年4月，他在家乡拉瑟福特逝世前，也只有维维恩·科恩于1950年为他写的一本名为《威廉·卡洛斯·威廉斯》的评传。评论家们认为这位"业余"诗人"是一位'易懂'的意象派抒情诗人，较之史蒂文斯或者艾略特、狄金森，他那些愉悦的小诗缺乏'深度'，就连《帕特森》，许多评论家也认为简直是粗制滥造之作，是记忆与想望的缀补品……"[3]威廉斯辞世后。M.C.罗森塔尔在《纽约时报》书评栏发表文章称赞弗罗斯特和威廉斯为与众不同一派的美国诗歌的代表人物，认为他们"把诗歌技巧从狭窄的形式主义和模仿中解放了出来"[4]。可是以写新英格兰地区闻名于世的这位弗罗斯特，对威廉斯也不无偏见。1941年，他对查尔斯·伊顿说："威廉斯并不真正懂得写诗，实际上他所写的全是些诗的片段。"[5]

威廉斯到了晚年才广泛为人们所认识和肯定。如上所述，他获得了奖赏，多所大学请他演讲，授予他荣誉学位。死后，他名声大振，他的诗集、小说、戏剧、评论重新出版，有些被列为大学教材。他的著作最后也在英国出版，甚至稳重的英国文学副刊在1967年4月13日的一篇评论中谈及威廉斯的影响时也承认："他在取得年轻读者的好感方面，无疑，永远代替了艾略特。"[6]艾伦·奥斯图姆在他1966年研究威廉斯的文章中说："评论他的文章的细流已汇成了河，并且看不出有很快退潮的迹象……看来，在他死后10年内，有关这位曾被忽视的巨人的书刊会达到泛滥的程度。"[7]威廉斯在文学史上得到了应有的地位，赢得了读者、评论界极大的重视。笔者认为威廉斯其诗、其人至少有以下几方面的特点。

威廉斯是美国文学史上少有的善于学习优秀作家、继承优良的文学传统而又具有探索与开拓精神的诗人之一。早年，他认真学习美国历史，写了《美国的谷粒》一书，在书中赞扬克里斯托弗·哥伦布怀着坚定的信念，历尽风险，终于"发现了美洲"——"美的事物"，表明他要以哥伦布的探索精神开创新的诗歌创作道路，追求"美的事物"。济慈在《希腊古瓮颂》中写道："美即是真，真即是美。——这就是／你们在地上所知和须知的一切。／"威廉斯把寻求美，即真实作为他的生活与创作目的，所以他在表现自我探索与发现的长诗《帕特森》的序诗里开宗明义地写道："美的艰难是寻求，但当美锁于心中而不显露，你如何能将它找到？"他决心寻找一种表达和释放美的方法，所以他又说："我必须发明我的形式……我决心要以我自己的世界对传统进行界定。"[8]他说过："美就是／向权威挑战。"[9]威廉斯向权威艾略特及其学院派势力挑战，要对诗的理论、结构、语言、主题诸方面进行新的界说，是经历过艰难的过程的。

最初，他喜读英国诗，特别崇拜英国19世纪最有才华的浪漫主义诗人济慈，模仿他写了许多短诗、十四行诗，后收集在他1909年的第一本诗集里，只有一百多页，用当时盛行的文雅文体写成。这些诗许多使用英诗中传统的五音步、抑扬格和倒装句形式，明显带有浪漫主义和济慈式的抽象色彩，形式和内容都使用欧洲的模式。威廉斯说："这些诗应列入十四行诗一类，不是莎士比亚式的，而是济慈和其他浪漫主义诗人式的十四行

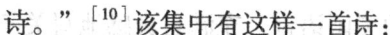

诗。"[10]该集中有这样一首诗：

> 甜蜜的女郎，像真过了千年一样，
> 自上次承你对我一番温柔言语。
> 然而，到竟然放弃幻想／对每分钟缠绵悱恻的不尽回忆／
> 随之浪费，思忖着（像害怕苛责，害怕对所说予以非难）
> 一个巨大、敞开的裂口出现
> 在真实与表面真实之间。

但同时他也为惠特曼的诗的力量所吸引。他模仿济慈的长诗《安狄米恩》写了一首四部长诗《漫游者》，发表在1913年。威廉斯在《我要写一首诗》中把《漫游者》说成是他"早年读《安狄米恩》的记忆的再创作。"虽然前两章有模仿的痕迹，但实际上，这是一首有威廉斯自己的主题、句行意识和多层意义的诗，已带有惠特曼诗歌的某些特点，为他写《帕特森》做了准备。

威廉斯与庞德几乎是终身好友，特别是在初期，他受过庞德的影响，得到过他的帮助，在诸如选材、遣词造句及诗的音乐性等方面，甚至个别的诗题目（如 *Mezzo Forte*）都得到过庞德的指点，作品中带有庞德的色彩。1910年威廉斯到伦敦与庞德会晤，并见到了叶芝等英国著名诗人，使他对现代派产生了兴趣。1913年3月号《诗刊》上登载了庞德的《意象主义者的几"不"》以及1915年他在《意象派诗人们》选集中补充的三条[11]，特别是庞德关于"创新"的劝说，对威廉斯影响很大。在庞德的帮助下，他的另一本诗集《气质》1913年在伦敦出版。尽管诗集中仍充满庞德所反对的倒装和抽象，但许多诗篇已脱离了济慈的模式而趋向庞德的格调。他的诗被视为佳品，汇集在《意象派诗人们》中，成了有名的意象派诗人。但威廉斯是一个独立性很强的诗人，在学习庞德的同时，他拒绝接受他那上流社会的美学观点，对风行一时的意象派诗歌的晦涩朦胧、复杂与模棱两可的诗风持否定态度。在《帕特森》中他采用了庞德《诗章》中的方法，用浪漫主义不断"展开—结束"的结构及重复、联想等一系列手法记载诗人思想的活动与发展。但他认为庞德写的是关于别的国家的一部包罗万象的百科全书，他则要用朴实、新鲜的美国语言，充满自豪感地写关于美国生活的包罗万象的长诗。艾略特用其他国家的历史神话题材写了《荒原》，威廉斯在《帕特森》中则使用了美国历史传说素材；艾略特要说明的是这个世界过去曾经比现在好，表现他的悲观与失望；威廉斯用历史材料是为了说明现实中存在的问题，鞭笞社会中的丑陋现象。他认为美受到摧残，但社会中仍有美的存在，他的目的是要寻求美与新，基调是积极乐观的。威廉斯与在英美文坛足有三十多年处于盟主地位的艾略特的分歧早在20世纪第二个十年的末期就已表现出来。当艾略特《普鲁弗洛克的情歌》在美国、英国发表时，威廉斯在美国也发表了一首风格迥异的《情歌》。四十年后，威廉斯在自传中写道："当我把《科拉在地狱》的序言才写一半时，《普鲁弗洛克的情歌》发表了。我强烈地感到，艾略特背离了我所信仰的，他向后看，而我是向前看……我感到他已抛弃了美国，我反对被抛弃，所以我的反感很强烈……"[12] 在谈及艾略特的《荒原》时，他回忆说："我即刻感到它把我向后拖了二十年，我相信是这样。当我感到我们即将逃离而接近新的艺术形式之本质——植根于本土，结果于本土——之时，艾略特急忙把我们又拖回课堂里去。"威廉斯一直与以艾略特为首的保守的学院派势力作斗争，"他警告青年躲开艾略特……告诉他们去读美国名家——亨利·亚当，庞德……海明威最初优秀的短篇小说……"[13]

威廉斯向前发展，1928年会见路易斯·朱可夫斯基时，很欣赏他早期的诗建立在词、语言而不是思想的基础上。他说："你早期的诗思想性甚至很强或很清新，在新的或新颖的观察中诗没有被客观化。"[14] 这实际上为包括威廉斯在内的有路易斯·朱可夫斯基、乔治·奥本、卡尔·莱柯齐、查理斯·列斯尼柯夫等青年诗人参加的文学团体取了名字，威廉斯成了客观主义派诗人的领袖。这一派诗人在20世纪30年代风行一时。后来威廉斯在给普林斯顿诗歌和诗论百科全书撰写词条时对"客观主义"作了如下解释："客观主义是用来说明一种写作方式，特别是诗歌的写作方式。客观主义认为诗歌，除了它的含义，是一个客体，应作为客观事物对待的客体。客观主义特别注重诗的结构方面，诗是如何构成的……它是意象主义的余波。客观主义者认为意象主义还不够明确……客观主义着眼于意义上更特殊、更广阔的意象，与其说是未经证实的眼睛，倒不如说是思想进入画面。"[15]

客观主义强调诗本身是客体。20世纪20年代随着科学技术的发展,作诗已不再手写,而是用打字机代劳,作者不必把眼睛老盯在纸上,而是手指在字盘上短促、快速运行,将词语打在纸上。诗人停顿、修改是将思想——美的思想打在纸上,诗的写作过程就像安装机器的零件一样。因此威廉斯说:"一首诗是一台小的(或大的)用字造成的机器。""作为一件艺术品,重要的不是诗人说了什么,而是他制造了什么。"[16]诗本身是一个客体,所以威廉斯要"使诗歌真实(像生活一样真实)——几乎是随意的——总是感觉的——总是视觉的,与思想,而不与诗论有关。"[17]他强调诗的排列和视觉感。《帕特森》的每一页都用与特殊材料相适应的视觉形式(式样)写成。[18]《两墙之间》被认为是典型的客观主义诗歌之一:

    医院的
    后翼,

    是不毛
    之地,

    煤渣堆
    在此。

    破瓶子
    绿碎,

    片片在
    闪耀。[19]

  其实只要加几个虚词和标点,这就是一段通常的散文,但诗人把它排列成5组共10行,每行3/2个音节,给人平衡与节奏感及视觉美。诗人在打字机字盘上敲打,打出的字成了能量的集结点、发现过程中的质点。诗中描写的是绿色的、被打破了的瓶子,躺在不起眼的两墙之间的煤渣地上。

这里是医院，是疾病聚集的地方，煤渣地上长不出花朵，无美可言。但诗中的翼，会让人想起鸟的翅膀，鸟在飞翔。瓶虽破，但是绿色的，在阳光下闪着光。说明诗人在平凡、普通中发现了美，这纯属作者的感情作用。

客观主义强调诗的写作过程是从事物开始，引起诗人的语言联想，以即兴的方式进行创作，即从客体到主体再到新的客体的过程。威廉斯强调"思想进入画面"，这就从相反的方面说明，客观主义，按其自身的方式又是强调主体即诗人的思维、心理活动的。所以朱可夫斯基说："诗歌创作归根到底是一个性质问题，组成方式和心理色彩问题。"[20]走向客观主义，应该说是威廉斯在意象主义的基础上前进了一大步。

威廉斯的另一个突出特点是他植根于美国本土，深谙美国历史和现状，深入人民群众，学习人民群众的语言，描写他熟悉的普通的人和事，因此他的诗歌具有很强的时代感和民族特色，为人民群众所喜闻乐见。威廉斯的父亲是英国人，母亲是波多黎各人，威廉斯生长在美国，父亲不肯加入美国籍，也不希望儿子成为美国公民。威廉斯植根何处，是需要他考虑的。为了了解这个国家的过去，他认真地学习美国历史，并于1925年发表了有关美国历史的著作《美国的谷粒》。他在自传里说他写这本书是想发现："我多少带有偶然性的出生地能显示些什么。"[21]他在给格雷戈里的长信中解释说："是他的混杂的外国祖先和他必须把握住自己的出生地点的这种感情驱使他写这本书的。"[22]在《帕特森》里也有这样的诗句："你会想到脑袋要结在一棵好根上。"（Pp.46）他认为植根"不单纯是为了自己，还为了美国。"[23]所以他在《美国的谷粒》中赞美歌颂哥伦布、第一代清教徒移民、丹尼尔·布恩、乔治·华盛顿、本杰明、富兰克林、约翰、保罗·琼斯、亚伯拉罕·林肯及其他过往的美国英雄。他称乔治·华盛顿是"无可指责的领袖，伟大的国家象征"。他认为要了解国家的历史，知其源流，所以他说："作为美国人，不知其根源，这个国家就会不自觉地沦为强者和压迫者的食品和原料的供应地。"[24]

威廉斯认为美国历史上有成功的作家，应该向他们学习，汲取他们的长处，不必像艾略特那样，言必称希腊，像庞德那样写外国题材。他向惠特曼和爱伦·坡学习。评论家们认为："在《帕特森》之前，威廉斯的诗的优点与以下两点紧密相连：①控制于自由诗行之内。②效法爱伦·坡，集中追求'单一的效果'。"[25] 此外，他还研究爱默生、梭罗、霍桑和梅尔维尔，认为他们虽然各有不足，但对美国民族文学的形成都做出了贡献。评论家们在评价《美国的谷粒》时说："这本书表达了威廉斯作为一个美国人的自豪感。"[26]

第一次世界大战后，人民对战后的状况不满，年轻人普遍有一种失落感，许多作家纷纷离开美国去欧洲寻找自由。庞德1921—1924年住在巴黎，艾略特1927年加入了英国籍。威廉斯的其他朋友罗伯特·M. 阿尔蒙同H.D以及查利·迪马思也于1921年去了欧洲。他们动员威廉斯也去欧洲。庞德劝他不要浪费时间，说留在美国不会有什么作为的，但威廉斯植根美国本土的思想并未动摇。在朋友们的再三催促下，1921年9月13日，威廉斯夫妇旅行去到巴黎会见了格特鲁德·斯坦、海明威、詹姆斯·乔伊斯及许多法国作家，他受益匪浅，于9月24日返回，再也没有离开过美国。他在《帕特森》中这样表达他对帕特森城，也就是对美国的热爱："为什么我要离开／生我的地方／我知道探索／在你纷繁的混乱中／多么徒劳／世界像开放的花朵／展现在我面前／也会像玫瑰一样闭关——／但你不会凋谢——／而在我周围开花／流连往返其中／我永远忘了自己——／在你的合成与分解中我找到了……／……绝望！"（Pp.75）在《伟大的美国小说》中，威廉斯把留在国内的玛丽安娜·摩尔挑选出来摆在他自己这个战场一边。"他们俩是出自同一的源流，有着单一目的的诗人，同为他们的祖国而感到骄傲。"[27] 威廉斯是一位爱国诗人，像惠特曼歌颂自我，歌颂所有的人一样，他热爱人民，把自己和人民画上等号："年老、年轻的人，千万人／在现阶段／是一个人，他。／"[28]

他是医生，治病救人是他的天职，只要病人需要，他总是随叫随到。有时出诊归来疲惫不堪，只要电话里说急诊，二话不说他又提着药箱出发。他是地区医术最高明的医生之一，但不在行的病症，他一定邀别的医生一同商量、会诊，对病人认真负责。20世纪20年代的拉瑟福特是一个无产者、穷人聚集的工业城市，城市肮脏、破烂不堪，许多人无钱就医，威廉斯一视同仁帮助看病。不少病人事后提一筐土豆、杀两只鸡、带两瓶酒作为酬金是常有的事。请看下面的几行诗："医生，我一直在找您／我欠您两元／你好吗？／很好，搞到钱／我把它送来。"他写他的病人："你啜泣，／你捶枕头／你撕头发／指甲抓进侧面肉身里。／"病人痛苦之状惨不忍睹。

他描写普通的穷人，诗中充满同情与理解。如《无产者画像》："一个高大没戴帽的年轻女人／系着围裙／头发向后披着／站在街头／穿长袜的那只腿／脚尖踮在人行道上／手里拿着鞋／仔细朝鞋里瞧／拿出纸垫／找到了那颗钉／它刺得她好疼。／"这是一首即兴诗，是一张街头小照，从对年轻女人的衣着、穿的鞋袜及狼狈的神态的描写反映了经济萧条时期工人的生活状况，最后一句写女人感到疼痛，其实是诗人感到疼痛。又如《贫穷的老妇人》写老妇人手提一纸袋梅子边走边嚼，吮它的汁，尽情享受。短短的十四行诗，"她觉得味道真好"诗人说了四次，表现了老妇人热爱生活，更表现了诗人见状后的欣喜之情。威廉斯是和诗中的穷人画等号，同甘苦共命运的。类似的诗还有很多，如在《一个黑人妇女》中说她"是一位大使／来自另一个世界／……直捧着鲜花／像清晨的／火炬"，表现出他对黑人妇女的尊重。在《春天和一切》中描写农民："农人在沉思／冒着雨／在他空闲的田里踱步／……思考着今年的收成。／……在雨水冲刷过的大车道旁／隐现着农人的／艺术形象——镇定自若——／敢于反抗。"[29]另外在《寡妇春怨》《死》中也表现了他对不幸的人的同情。美国学者休加·肯纳在电视专辑中介绍威廉斯时说："普通美国人喜欢读威廉斯的诗，因为他写普通人，为普通人而写。"[30]

威廉斯诗的题材广泛，因为他认为诗并不神秘，什么都可以入诗。他说："任何东西都是写诗的好材料。任何东西，这话我说过多次。"（Pp.224）"他的题材范围就像生活本身一样广阔。"[31]威廉斯像惠特曼一样热爱大自然，写花草树木，写城市乡村，歌颂人民。他们都是以社会为题材，有着很强的社会意识的诗人。他们写社会问题，写病痛、生死，这与他们都当过医护人员，有共同的生活经历有关。威廉斯的长诗《帕特森》就是美国社会的缩影。威廉斯继承了惠特曼的传统，但他诗中的主题、语言、诗行和结构大多都是他自己的。"惠特曼打破了旧的诗行，但威廉斯却是不找到新的不肯罢休的人。"[32]威廉斯更肯定生活中此时、此地和内在、固有的美，他强调的是现在而不是过去或将来。惠特曼强调重生、将来，这与惠特曼的宗教观及受超验主义影响有关。但他们都是诚实的诗人，所以海恩·H.瓦戈纳在《美国的诗人》中说："把对惠特曼《草叶集》的评价'读其诗，见其人'用来评价威廉斯的诗也同样贴切。"[33]海伊·肯纳说过:"要把美国诗歌集合在惠特曼和威廉斯这两座高峰周围。"[34]这意思是说他们代表了美国诗歌的优良传统,是美国诗歌的两座高峰。

威廉斯赞赏惠特曼用清新、有力、一反传统的语言和形式写诗,他认为惠特曼总是用很动情的文体,确切地说他要说的。[35]他认为英语和美语有着"决定性的差异";认为从最初的英国殖民者定居美国以来的几个世纪中,英语的音步、韵律、词汇、词组发生了很大变化。他说:"……我们并不用五音步、抑扬格说话……我们的语言是自由的／我们所听到的语言应该入诗。"[36]他还说:"真正的美国诗只有在美语和使用美语中产生。"[37]他告诉年轻诗人用街头和家中使用的语言写诗,写日常生活中与他们有关的事,仔细去听,去观察周围的事物……威廉斯本人就是这样做的,他注意听朋友、邻居、病人讲话,等病人一离开他的办公室,就匆忙将话语写在处方簿上。每天,他都向群众学习,把生动、新鲜的话语写在能找到的纸上,他这样做了半个世纪。[38]下面的诗行是一位产妇打来的电话记录:

奶水好像不……／她老是饿／但长得好像可以／我也不知道。

所以诗人罗伯特·洛威尔说:"好像除了威廉斯,还没有诗人真正看见美国或者听见它的语言。""没有诗人的用语比他更美国化或者更少些浮夸。"[39]

威廉斯在诗中使用口语、俚语、对话,语言清新流畅,有很强的节奏感。他放弃以传统的音步作为诗的单位,主张像音乐里的节拍一样数拍子,而不是数音节和重音;主张音步的多样化,使用不平衡、不规则的节奏以显示生活的快速和紧迫感。他常使用他称为"美国音乐"的一种没有预先决定长度的三拍子诗行写诗。他的诗每行的字数不多,字数不一,排列讲究视觉美,有许多诗一行一字。朗读他的原诗时,一般不能按诗行停顿,应按说话的节拍朗读,否则就会把诗意与诗的美全部破坏。威廉斯主张诗歌要自然流畅,像日常说话一样。其实他写的并不是一般的自由诗,他在惠特曼的基础上发展了自由诗。惠特曼的诗句一般很长,语句、思想多次重复，气势磅礴，声音响亮；威廉斯则相反，他一般写短小、简洁、明晰、清脆和有直接印象的诗句。他的诗如画，一首诗就是一幅小小的生活图景或人物素描。

威廉斯的诗还有其他许多特点，就主要方面谈了以上几点，有些在下面论他的长诗《帕特森》中还要谈及。

二、威廉斯的长诗《帕特森》

威廉斯从1927年开始写《帕特森》这首长诗，原计划写4集，后来增加了一集，分别于1946、1948、1949和1958年出版，第六集仅4页，在他死后由旁人整理，于1963年出版。按1963年版本，全书246页中，有诗102首（4574行），散文100余段，可与庞德的《诗章》（117首诗和散文）相比，比艾略特的《荒原》（433行）、哈特·克莱恩的《桥》（58页共1269行）篇幅要大得多，可谓一部巨著。披亚士教授把它同惠特曼的《自我之歌》、庞德的《诗章》、哈特·克莱恩的《桥》并列为美国的四大史诗。[40]乔尔·科纳罗在评论这部史诗时写道："我加入评论的高潮，主要理由是我坚信《帕特森》是威廉斯的代表作，是美国文学的伟大著作。"[41]

《帕特森》是美国的史诗、美国文学的伟大著作已是举世公认，但它并不是传统的、以重大事件为题材的歌颂英雄的史诗。它是由看来并不连贯的短诗和散文连缀起来的长诗，有自身的结构、体系和叙事方式。它描写了很多人物和事件，但真正的主人公是诗人自己，写的是诗人自身的体验。当一批诗人如艾略特、庞德等借助神话、典故、欧洲和东方题材，写一般人难于读懂的诗歌时，威廉斯反其道而行之，以美国本土，以离诗人出生地不远的新泽西州小镇帕特森为场景，以其人物历史及现状为素材，用通俗易懂的美国口语，耗时20多年写成了《帕特森》这部有地方色彩和乡土气息的史诗。主人公在诗中漫游，探索人生的真谛和解决社会矛盾的办法，同时寻求新的语言和艺术形式，以扭转文艺脱离实际、脱离群众的偏向。这是他写这部长诗的目的。此书产生了积极的社会效果。评论家丹尼斯·多诺霍说："五卷诗写的是人道主义的宣言，是帮助我们生活的入门书。"[42]也有评论家认为这部诗的伟大不在于诗人呕心沥血发现了什么真理,而在于他勇敢探求和大胆改革的精神十分可贵。

威廉斯要在诗中显示"地方自豪感"又要"找到一个大的形象足以包容他整个所知的周围世界"。美国内战后,工业迅速发展,农村变为城市,大小城市星罗棋布如雨后春笋拔地而起。他认为昔日宁静、具有田园风光的农村已不能代表现今的美国生活。他要选择一座城市,从那里开始。他没有选纽约和其他城市,而选定了帕特森。这座小城风景秀丽、依山傍水。巴西厄河从不远处静静流过,并有巴西厄瀑布飞流直下,很是壮观。更何况帕特森在美国历史、工商业发展史上均有一席地位。这里曾经是平静、隐蔽的印第安土著人居住的村庄,有悠久的殖民历史——1769年荷兰殖民者在这里落户、屠杀、驱逐土著人。帕特森又有丰富的矿藏和水利资源,很早就成了一座工业城市,远在1850年,它已是全国的"丝纺城",吸引了大批的外国移民。20世纪20年代,它是一个有着不同肤色、人种,操20多种语言的、典型的"民族熔炉"。1794、1920、1928年这里发生过几次大规模的工人罢工运动。1924年后,随着人造纤维品的出现,当地工艺设备陈旧及工人运动等其他原因,这座曾一度以棉纺为主的工业城逐渐衰落。威廉斯生于斯、长于斯,曾在大街漫步、在公园玩耍、池塘戏水,对城市情况十分熟悉。他目击1902年巴西厄河河水泛滥及大火、风灾酿成的惨状和给人民带来的苦难。他认为从地理、历史、社会学诸方面而论,这里堪称"美国的缩影"。动笔前,他花了几个月时间在帕特森地方图书馆查阅有关它的历史文献,产生了创作的激情,所以他能在诗里把地方历史、传闻及风土人情写得栩栩如生。

他在长诗的作者按语中说:"像医生看病、处理眼前事物一样,从特殊中发现普遍性。"在序诗的开头几行,威廉斯写道:"从特殊开始。使其普遍化/渐次增加总量/用并非完美的诗笔。"以此向读者交代该诗的写作方法。就是说他从帕特森这个城市开始,不断增添平行、独立、有新的特殊开始的篇章,表达深刻的思想,反映美国的全貌,"用并非完美的诗笔"。这当然是诗人的自谦,但也反映他写诗不喜精雕细琢、费时过长,主张诗人通过想象写出对事物的瞬间印象,主张写即兴诗。威廉斯试图把"即刻的印象作为单元写在纸上"[43],这丝毫不等于他写作马虎,恰恰相反，他对待写作态度极为严肃。他说："留下拙劣的作品是危险的，白纸黑字，往往一字可能毁了世界，一旦在握，要细心修改。"（Pp.29）

《帕特森》之所以被称为史诗，是因为威廉斯认真研究了美国及其帕特森的历史，把史料运用于诗中。莫拉奇在评注中写道："整个《帕特森》是基于历史研究之上的。"[44]下面让我们来环顾一下各集情况。

第一集《巨族的描写》具有史诗的特点。诗一开始，作者介绍了帕特森的地形、瀑布、奔流的河水和沉睡的大山，描写了春天里周围的景物，把帕特森写成了一个神话中的巨人。接着，介绍了史实和当地有趣的历史人物。当然作者有其用心，各种人物、史料在诗中自有所指或象征意义。散文中提及殖民时期的奴隶买卖；对印第安人的大屠杀；华盛顿将军领导内战，英军逃窜；田纳西暴动；财政部部长观看瀑布后建议开发该地，遂有19世纪中叶帕特森工厂的增多，各国移民纷至沓来……这一切勾勒出了帕特森的历史背景，使史诗深邃而具有神秘感。诗中描述1857年2月，当时有个叫大卫·豪尔的穷鞋匠，他失业，家大口阔，只得到溪谷、深涧采集些壳菜（淡菜）煮食充饥，无意中毁了壳里的珍珠，意即因无知而毁了美的事物。发现珍珠后，消息不胫而走，出现了全国性的珍珠热。后又描写了一个头颈与身子长各21寸的、不能坐立的侏儒，华盛顿也来看过他一次。他对政治不关心，只喜欢教堂及神父、牧师。该集中还写了河上架设桥梁失败，观众扫兴而归。跳水英雄萨姆·帕奇表演从悬崖跳河身亡。霍佩·卡明夫妇参观瀑布，夫人悬崖落水，丈夫殉情跳河自杀，其原因都在于语言失真、言语不通而不能相互了解。

第二集《星期日在公园》，帕特森先生夏天去公园休息。他漫步于加勒特山林公园。山和公园是女性。帕特森"在她身上/详细诉说他的思想/"，隐喻男女间的爱情。本集对男女情爱、情欲多有描写。另有一段写公园聚会：1880年5月2日，德国歌咏团来此演出，但靠近这块地的主人达尔泽尔怕人践踏了他的土地，竟开枪打死了人，引起上万群众的义愤，烧了他的屋，要捉他是问，后来天主教堂的院长用车把达尔泽尔安然送走。"这段描写出自《探勘者》内的一篇历史文献，题目是《加勒大山暴乱》，威廉斯差不多搬字过纸全部抄录下来。"[45]本集第二章谈及汉密尔顿发展帕特森的计划，大篇幅描写了牧师克雷斯的布道内容。

诗中还写了一个杀人犯的故事："那被缚住的人，那冷血/杀人犯。四月在远处/准备问吊。人群自峭壁上各占/有利位置。天未亮就来了/准备观看。""据查亦是真有其事，该人名叫约翰詹森，在1850年杀死了一对夫妇而被处死刑……"[46]本章第六段散文叙述了帕特森曾为殖民地经济，只能为欧洲生产棉花、皮毛等原料，然后欧洲国家将工业制成品返销美国。第七节诗中提及华盛顿穿着帕特森制造的纯黑外套发表总统就职演说。

第三集《图书馆》，诗人在公园找不到他理想的乐园后，秋天，他逃进图书馆，希望能从故纸堆里得到慰藉，寻找美的东西，以便从乱七八糟的现代社会中解脱。但他的想法落空了，历史无情，第一章文献中记载了白人殖民者杀害印第安人的场景，惨不忍睹。第二章谈及1902年帕特森接连遭大火、水灾、龙卷风袭击，整个城镇被夷为平地，人民流离失所。诗人在水、风、特别在火上大做文章，生出许多象征、引申意义。诗人发现图书馆只有关于过去的而无关于现在和将来的东西。他悻然离开这"书坟"。

威廉斯表现对"现在"更为关注，他在诗中写道："过去为生活在过去的人而存在，如此而已。"（Pp.239）"过去在上，将来在下/现在奔腾向前，吼声一片/现今的吼声，一种必需的语言——/是我唯一的关注。"（Pp.144）"过去已经死亡。"（Pp.142）"……在古老的草原上/甚至它的部分历史/也是死亡本身。"（Pp.143）诗人要从历史、过去中走出来，他要面对现实。他在诗里写道："这是夏季/恶臭的夏季/避开它——但不要逃走/不要妥协，/是去拥抱污浊/做严肃的人/在永恒的真理间平衡。"（Pp.103）

威廉斯不想逃避现实，不愿妥协，不肯同流合污，所以他能指出美国现代社会的弊病。在作者按语中他指出："第二集包含有现代的复制品……"在这一集里，帕特森碰到了许多现代社会中的丑陋现象，他首先看见：年轻姑娘们那丑陋的腿，园活塞/太丑，太不雅致！"（Pp.44）"他们躺在草丛下躲避那炙日——/十一时/他们看来在谈天/一个公园，奉献给情欲；奉献给'蟋蟀'。"[47]"……一弯明月，那儿她躺在他身旁，香汗淋漓，/她不耐烦地乱动，痴狂地/靠紧他——那受伤的他（酒醉关系），移向/他（一团肉），渴求着，/靠紧他，而他却好不耐烦。/……而那些一点也不眼困的小鬼头们，/爬到那大石上俯看着那对男女（他们/百无禁忌地躺在草丛深处）。"[48]青年男女在公园寻欢作乐，俗不可耐，这何尝不是对20世纪50年代所谓性解放的一种批判？从公园可以窥见社会的道德，威廉斯诗中的公园是道德化了的场景。

诗人在公园里继续前行，他看见："树根，大部分/攀附于地表/（每天，我们同毁灭靠得多近！）"（Pp.44）树根露出地面，象征着这世界已经动摇，濒于死亡。

在第二节中诗人写到了一个少女的自杀，又借牧师克雷斯布道，对唯金钱论大加抨击："亚美利加金元王国！/尔虞我诈铜臭满地/像亚哲特奄奄一息/及发霉……"[49]接着又对高利贷制度予以揭露："在我们巨额的债券发行中，利息总是大于本金。因此所有大的公共建筑的耗资比实际需要增加一倍。在现行贸易制度下，我们简直要在宣称的花费上增加120%到150%。"（Pp.74）

本集中女诗人在给威廉斯的第七封信里谈到她的境况："我的孤寂深过海水千万咩。我的体力因寂寞更加衰颓。生活费用现世惊人之高，我的经济状况每况愈下……"（Pp.89）诗中也谈及这个城市的堕落："……造成了不可避免的/贫困、隐秘、鞭打、流血的、堕落的城市/爱情没有慰藉/更是头骨上的铁钉/……花儿被连根拔起……/树被肢解/女人浅薄，/男人竭力拒绝。/"（Pp.81）第三集散文中也有对夜总会的描写："……但有一夜他们从音乐厅跳下来，把衣服脱光，女人们也把衫裙脱光，赤裸在大厅跳舞。"[50]从以上摘录的诗文片段，可窥见现代美国社会生活之一斑。

第四集《奔向大海》，威廉斯说"第四集的'海'其实是一群冷漠的'人海'"[51]，大海指的是现代城市、茫茫人海。时令已是冬季，诗的开头即写一位年轻、漂亮的乡下女子菲利斯进入了纽约，当一个有钱女子科里登的按摩师。诗中描写他们间同性恋的关系及帕特森（实为威廉斯本人）与菲利斯的非正当恋爱，其中不乏色情描写。城市喧嚣、嘈杂，与昔日宁静的乡村生活："棚屋、板斧、杜杜瓦族/殖民时期宁静的/河岸两旁的农庄/固守着旧时荷兰牲畜/不急不忙度时光。"（Pp.194）恰成鲜明对照。城市里"遍地黄金——问题在于你能否得到……"（Pp.150）"这世界是不公正的。"（Pp.160）"贴着公告的房屋/不适于人们居住……"

（Pp.164）"高楼内（上下滑动）/是生财之地。"（Pp.165）"请到后门来，面对前门！/钱就是这样赚的/这样赚的/挤在一起，激动地交谈……"（Pp.166）我们无须更多引证诗句，诗人在本集末说它是"血的黑海"便是对这城市的总结。有人说"血海"暗指当时朝鲜战争。诗人得出结论，不能住在这里。他说："我警告你们，海不是我们的家/海不是我们的家/那留恋过的海洋/湿透了我们的哭声。"（Pp.201）

第五集实为该诗的提高与升华。这一集写了诗人的回忆及对诗歌艺术的看法，但也有反映社会现实的部分，如对妓女生活的描写。第六集是诗人的遗稿，只有4页。

威廉斯揭露社会的丑陋与矛盾，像医生找出病根，旨在治愈，正如他寻求美就必须揭露丑、揭露毁美的现象。所以在第三集里，他22次对人们毁美的行径发出惊叹与呼叫，以提醒诸君。他在诗中说："我做了些什么？/使那些，那些海的蛆虫相信？/他们习惯于死亡/并为此欢庆/……谋杀。"（Pp.200）他认为纸醉金迷、执迷不悟的城市生活无异于死亡与谋杀，无异于涂炭生灵。

威廉斯整治社会痼疾的处方是语言，即艺术。他认为"语言是打开心灵的钥匙"[52]。他相信"世界上唯有诗人握有最后拯救（男/女）人的钥匙"[53]。乔尔·科纳罗说："威廉斯相信诗人必须充当再生器，给死的语言以新的生命（为拯救语言而'探索'）。"他接着说："诗歌就是反腐败战争中的武器，而诗人的任务就是揭露现代经济政策的罪恶。"[54]威廉斯相信文学艺术的力量。尼尔鲍德温说："与他长期打交道的朋友，出版人詹姆斯·劳克林说，威廉斯对文字的力量给予极大的信任，他相信正确地使用语言能改变世界。"[55]

威廉斯是一位思辨能力很强的诗人，诗中充满辩证的观点。他在序诗里写道："从特殊开始/使之普遍"的创作方法，包含了从特殊到一般，普遍性存在于特殊性之中这一哲学原理。他同意"地方性具有宇宙（世界）性"，又说："一首诗就是一个完整的雏形宇宙，它本身单独存在。任何一首诗，只要它是有价值的，都反映出诗人的整个一生。"[56]表明他认识到事物是相互联系和制约的，认识到小与大、点与面的辩证关系。又如他对过去与现在关系的看法也是辩证的。他虽然对"亚美利加金元王国！/

尔虞我诈铜臭满地……"极其痛恨与不满，但紧接着他又说："我们爱你：辛酸的 / 土地。"他看到社会的丑陋与腐败，但并不因此而不爱他的祖国。他的爱憎何等分明，但又是辩证的。威廉斯作品中表现出的辩证法，使他的诗更深刻、更有力度。

威廉斯在诗中反复强调："思想只存在于事物中。"可以认为这是他的诗歌理论和创作方法，与庞德的"要写具体""反对抽象"是一脉相承的。这说明威廉斯是唯物论者，认定物质是第一性的，思想意识是第二性的。他的诗学理论表现了他对客观与主观、精神与神质、理论与实践关系的正确认识。在这一点上他比庞德认识更明确，站得更高。基于这一理论，他采用了现实主义和浪漫主义相结合的创作方法，比浪漫主义诗人更偏重作品的思想内容。他说："在诗里，你倾听两种东西……听其意思，它说的一般的意思，但它多于一般，更有弦外之音，诗难就难在这里。"（Pp.225）这就是说，诗除了表层的，还有深层的意思，诗与散文的区别也在于此。威廉斯强调诗要有"深度"，要能表达深刻的思想；读诗则要透过表面，抓住诗的内涵，即本质的东西。他上面那段话即阐明了现象与本质的关系。西斯特·M.伯内塔·奎因说："很少有诗歌比威廉斯的《帕特森》价值更高。"[57]这与威廉斯在创作中处理好主客观关系，抓住了事物的本质，表达了深刻的思想有直接关系。

威廉斯在诗中多次说"妓女与处女'一致'"。"妓女与处女一致 / 只是通过伪装。/ 四处瞎撞，挣不脱 / 一致的身份。"（Pp.120）其实，这是对社会婚恋不正常现象的讽刺。他是辩证地看待这个问题的，他说："两者都为了出卖 / 出高价者得 / 而谁能比情人 / 付的代价更高呢 / 从（金钱）中出来吧 / 要是你能称得上是个女人。"（Pp.237）威廉斯赞美贞节，歌颂纯真的爱情，反对爱情与婚姻成为金钱的奴隶。但他认为若女人只是为了出卖，待价而沽，从性质而论，处女是无异于妓女的。他多次提到"脱离"，除了不能"交流""理解"等原因外，婚姻的商品化是一个重要因素。他一语道破了美国社会这一普遍而又严重问题的症结。

威廉斯在诗里也谈到死亡，他认为没有绝对的死亡，冬去春来，烟云化雨，万物不断更新、变换而已。他说："但春将来临，花照样地开 / 人们应轻松地谈及死亡。"（Pp.77）正如同"没有失败是全然的失败 —— 既然 / 开放的世界往往是/先前/未知的去处。"（Pp.78）死亡不等于完结，他说："死亡是个洞/我们通通被埋下去/无论你是谁/但我们不会沉到底/……通过死亡洞口/想象完好地逃出。"（Pp.211、212）想象这里指艺术家通过思考，艺术加工而创造的作品。他认为"艺术世界亘古永存"（Pp.209）。

威廉斯辩证地看待生与死、成功与失败，没有哀伤与叹息，充满了乐观主义精神。星移斗转，人世变迁，但优秀的文化艺术、人类宝贵的科学文化遗产却会长存，永放光彩。这是威廉斯对生与死、短暂与永恒的思辨。此类例子，诗中不少，在此不一一列举。

《帕特森》的另一特点是诗人进入诗歌，作为角色参与活动。在序诗前面一段文字中，威廉斯禀告读者，说这诗里有他的"自白"。他还说过："艺术家总是、永远是在画一样东西，自我画像。""他进入事物或复杂的经验的生存活动之中……"[58]他与诗中的事物联系、结合或等同。他告诉伊迪丝、希思："我在说到花时，我就是花，拥有所有花的特权，有权在春天开放。"[59]帕特森是城市、人、诗人、威廉斯本人，以什么身份出现，只是因时、因地而异罢了。在第一、二集里，一位女作者给诗人写了七封信，收信者自然是威廉斯本人；第二集以诗人帕特森身份进公园；第三集进图书馆；第四集里帕特森与菲利斯的微妙关系，还有青年诗人金斯伯格写给医生的两封信，前者生活中有其事，后者是给威廉斯的亲笔信，威廉斯就是诗中的角色。他诚实地抒写、解剖自己，包括对自己的隐私曝光，在现实生活中，他亦是如此。他曾带着内疚与负罪的心理，多次打算向妻子坦白交代不轨行为，但羞于启齿，话到嘴边又吞了回去，但最终，他还是将他与其他女人的关系向弗洛斯作了交代，得到了她的原谅。评论家们说威廉斯是个"诚实的诗人"，他的诗的确是他人格的体现。

《帕特森》与其他诗歌一个显著的不同点是其中诗和散文并列、交错出现。诗中有100多段散文，其中包括节选和完整的书信、地方历史、报刊选段、广告、病历等，这种方法庞德在《诗章》里使用过。威廉斯承认受了庞德的影响，他说："庞德的诗影响了我，他为什么能引进散文使之仍然成为诗的一部分？"[60]有人认为这是诗人缺乏驾驭题材和使用语言的能力。威廉斯的看法恰恰相反，他认为诗与散文并行不悖，是一个整体结构的重要成分，因为他们基于同一的时间和同一的节拍。他说："诗和散文，

如同城市 / 人、雅、俗是一致并相互渗透的，诗与非诗是一个整体。"[61] 威廉斯大胆采用这一形式，是为了能有更多机会，输入各种新的客观事实，即信息于作品中，更直接、迅速地表达诗人思想运动的流程，以便使《帕特森》将城市的社会、心理的俯瞰图呈现出来[62]，这样也能给读者提供更多的视感形象。另外，诗文穿插能减缓诗的紧张程度和复杂性，放慢步伐。威廉斯认为这方法是一种"反学院派的武器"[63]，他说过："我必须发明我的形式……"这就是威廉斯创造性的诗歌形式。这种形式像万花筒，直接反映纷繁、复杂的生活，又能自如地表达思想活动的轨迹即意识流，而不受传统诗歌的限制，与学院派大相径庭，所以它是反学院派、反传统的。有评论家认为《帕特森》像《尤利西斯》《哈克贝里·芬》一样属于"大路文学"，诗人在历史、现实生活的长河中漫游，有更大的活动范围，能更自由地表达思想。实际上它又是一本意识流诗歌集。

为了表现诗的深度，表达诗的深层意思，威廉斯在《帕特森》里大量使用了比喻、象征、暗示、变形等艺术手法，这是该诗的又一显著特点。诗名《帕特森》（Paterson）就有暗指和象征意义，这个字由拉丁和法文词根合成，意为父亲的声音；son 的英文意思是儿子。因此，其双关意义为父子，暗含天父与子，创始者和被创者之意，意味着诗在此诞生和继续。另外 son 和 sun 谐音，因此也有人认为 Paterson 有太阳城之意；太阳升起，还有诗在此诞生、开始的意思。可见这诗名还颇耐人寻味。

序诗开头有这样几句："嗅着树的 / 仅是一群狗中的 / 另一只 / 还能有别的什么？又能做些什么？ / 其他的都跑出去了 / 追兔子去了 / 唯有这跛狗 —— / 三条腿伫立 / 前抓后扒 / 忧烦度日 / 挖起一根发霉的骨头。"这里暗讽庞德、艾略特等有能力、有才气的诗人纷纷离美，远走高飞，只留下作者这般虚弱的人在国内过着简朴的生活，寻找美（嗅着树），在这片"血的沃土"（庞德语）上，挖掘出了并不美（发霉的骨头）的东西。这既有讽刺又有自嘲，给读者留下很深的印象。

前面提到过煮食壳菜（淡菜）及1857年的寻找珍珠的热潮，使成千上万水生动物遭受毁灭，暗指因贪欲而造成对自然美及生态的破坏。水煮壳菜又含有流失、堕胎之意。序诗里"复合的种子 / 在流动中消失"也有这一层意思。第一集第三章中有一段散文，写抽干湖水大量捕捉鳗鱼：结网捕鱼者不得，流氓、童子等跳入泥中者却捉到了很多，暗指使事物停滞而获利，造成很大浪费，又指工业化给地方带来变迁。

第一集第一章中有写蜜蜂与花的几行诗："花儿舒展它彩色的花瓣／在阳光下／但蜂的舌／错过了它们／它们缩回了沃土。"蝶似花，蝶恋花是个传统的比喻，这里讲蜜蜂与花暗指人际关系、男女关系。miss 有错过、未听到、未领会的意思，这里指语言表达不力，或言语不通，不能达到相互沟通与了解的目的，因此不能结合，或婚恋失败。诗人接着说："语言、语言／说不出来／他们不懂用词／或者没有勇气／去使用它们。"（Pp.11）威廉斯反复强调便用语言促进相互了解，反对关闭，这只是其中一例。

第一集第一章提及作者在地理杂志上看到一幅图画：非洲酋长和他9个半裸的妻子骑在一根原木上，"树枝是数不尽的女人"，可以把9个女人认为是树枝，象征繁衍、生殖。"九女跨木"这个意象还能表示诗平行发展，指创作方法。在第三集中，诗人重提非洲首领及其葬礼说："……只有结过婚的女人知道男人身体的丰富以及生命的奥秘。"（Pp.143）非洲酋长及其妻子这一意象也包含有男女婚配、家庭、社会多方面的意思。一般的比喻，在诗中随处可见，如："男人似一座城，女人似一朵花"（Pp.7），"写作是火"（Pp.113），"流水／已干涸，夏天已完……""石头嫁给了河／默默无声"（Pp.10）都是比喻的用法。

形变是《帕特森》的又一显著特点。全书通过人—城，河和山（女性）几个大的象征性的意象连成一个整体。开篇时，帕特森是城市，"帕特森躺在巴西厄瀑布下的山谷里／瀑布流出，水形成它背脊的轮廓。"不一会，它就变成了人："帕特森走了／去休息和写作。／在公共汽车上／人们看见他的思想站着、坐着。"表明了城即人。在第二集里，帕特森去公园休息："公园坐落／于岩石之上／城市的女人。"（Pp.43）公园变成了女人。帕特森经常变换角色：在诗里，他是诗人、医生、护士、老人，表现了威廉斯"任何人是所有的人，任何地方都是所有的地方"[64]这一思想。甚至连思想也是人："思想、思想／那是一片叶，一枚／卵石，一个老人／出自普希金的故事。"（Pp.116）火变成了人："旋即站起，那人／冲入火中，成了火——／火控制了人。"（Pp.120）河流也在变："当河水退落，许多东西失去形状，它们靠向水流的方向，被泥土遮盖。"（Pp.140）

在诗的最后，蜿蜒的河水也变成了诗人自己。"'自我'的方向改变 / 那蛇尾巴衔在嘴里 / 河回到了开始 / 往后（朝前）/ 它在我里面折磨我 / 直到最后与时间俱下 / 我全知 / 它变成了我。"事物循环往复，这与序诗遥相呼应。序诗里，河水奔流，滚滚向前，流向大海，然而河水又化作朝露，"浮云复为雨，下落 / 流入河 / 河水奔腾、环行……/ "世间万物像河水在流动、变化、回归、向前，永无止境。生活本身亦如此，威廉斯的《帕特森》也顺其自然地这样写了下来，写成了包罗美国生活方方面面的一本百科全书，所以评论家们说："它是诗人的美国。"

威廉斯作为继惠特曼之后美国诗歌的第二座高峰，相信会向我国诗歌界和年轻一代诗人提供许多可供借鉴的理论与经验。

注释：

［1］［6］［26］［27］［35］［36］［55］ Nell Baldwin, *To all gentleness, William Carlos Williams, The Doctor-poet*（New York：Atheunum, 1984），p.18, p.181, p.XXII, p.96, p.172, p.171, 前言.

［2］ Robert Kusch, *"My Toughest Mentor," Theodore Roethke and William Carlos Williams* (1940–1948)（Cranbury：Bucknell University Press, 1999），p.332.

［3］［10］［15］［59］［62］ Helen Vendler（eds.），*Voices and Visions*（New York: Random House, 1987），p.160, p.164, p.189-190, p.111, p.135.

［4］［31］［44］ Stanley Cooperman, Charles Leavitt, Unicio J. Viodo, *The Major Poems of Willian Carlos Williams, Monarch Notes and Study Guides*（New York：Thor Publication Inc., 1965），p.116, p.13, p.15.

［5］［13］［24］［38］ Paul Mariani, *William Carlos Williams：A New World Naked*（New York：McCram-Hill Book Company, 1981），p.453, p.290, p.223, p.615.

［7］［8］［17］［18］［28］［32］［34］［39］［41］［42］［52］［54］［61］［64］ Joel Conarroe, *William Carlos Williams, Paterson Language Landscape*（Philadelphia：University of Pennsylvania Press, 1970），p.3, p.24, p.37, p.38, p.58, p.17, p.40, p.3-4, p.1, p.55, p.118, p.25, p.65, p.58.

［9］ William Carlos Williams, *Paterson*（New York：New Directions, 1963），p.119. 后面引用此书在文中用（Pp.）作标记。

[12][33] Hyatt H. Waggoner : *American Poets*(New York : Dell Publishing Co., 1970), p.375, p.380.

[11] William Pratt, *The Imagist Poem*(New York : E. P. Dutton & Co. Inc, 1963), p.22. 这三条大致内容是：1.使用通常的语言，但总要精确，而不是差不多。2.创造新的韵律，鼓励写自由诗，但不作规定。3.题材选择绝对自由。

[14][16][20][22][23][25][37][60][63] Charles Doyle, *William Carlos Williams and the American Poem*(London : Macmillan Press, 1982), p.52, p.73, p.53, p.41, p.40, p.52, p.64, p.92, p.92.

[19]《二十世纪美国诗选》，庄彦选译，春风文艺出版社，1990，第251页。

[21] William Carlos Williams, *The Autobiography of William Carlos Williams*(New York : Random House, 1951), p.178.

[29]《美国现代六诗人选集》，申奥译，湖南人民出版社，1985，第348—349页。

[30][40][45][46][47][48][49][50][51] 威廉·卡洛斯·威廉斯：《柏德逊》，翱翱译，阿尔泰出版社，1978，第19页，第123页，第158页，第198页，第133页，第153页，第176页，第332页，第435页。

[43] Von Edward Underwood, *A Hitory that Includes the Self*(New York & London : Garland publishing Inc., 1988), p.242.

[53][57] Sister M. Bernetta Quinn, *Metamorphic Tradition in Modern Poetry*(New Tersey : Rutgers University Press, 1955), p.127, p.89.

[56]《现代主义代表作100种，现代主义小说佳作99种提要》，李文俊等译，漓江出版社，1988，第95页。

[58] Vornon Hyles, "William Carlos Williams and the Process of Self-Discovery," *Contemporary Literature*, Vol.32, No.1,(Spring 1991):139.

（本文曾发表于《五邑大学学报（社会科学版）》1993年第2、4期）

浅谈庞德的"表意法"[1]

洪振国

摘要：本文介绍埃兹拉·庞德的诗歌理论——"表意法"，阐明它的形成及与汉字、东方诗歌的关系。文章论证"表意法"是庞德"意象主义""漩涡主义"的继续与发展，是科学的方法。研究英美现当代诗歌，不可不研究庞德的诗论——"表意法"。

埃兹拉·庞德是一个有影响的现代诗人，美国文学家唐纳德·巴洛·斯托弗把他1908年抵达伦敦定为美国诗歌运动的开端，英国辞典编纂家罗杰·福勒则认为以1912年庞德在伦敦提出"意象主义"（Imagism）标志着英美现代主义的开始，以及对维多利亚浪漫主义传统的断然决裂。庞德与五十多种文学刊物及众多的作者保持联系，影响了一代诗人和诗风，被尊崇为诗学界的"老师"。早在宾夕法尼亚大学就读时，年仅十八岁的庞德就为二十三岁、日后有名的诗人威廉·卡洛斯·威廉斯所尊重，后者在给母亲的信中激动地描述如何向庞德学到了许多东西。尔后庞德又帮助艾略特修改、发表其早期最著名的作品《女人的画像》《普鲁弗洛克的情歌》等，后又帮助她修改代表作、长诗《荒原》。无怪乎哈蒂·H.瓦戈纳教授在他撰写的《美国诗人》一书中说："庞德'产生'和'造就了'诗人艾略特。"庞德最早发现和肯定弗罗斯特，帮助他发表第一本诗集《男孩的意愿》，奠定了他诗人的地位，使他日后四次获普利策诗歌奖，享有极高的声誉；艾略特则获得了诺贝尔文学奖的殊荣。庞德还多方面帮助詹姆斯·乔伊斯。

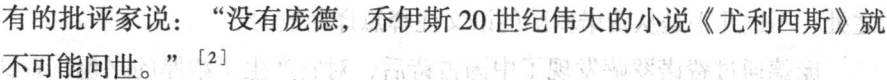

有的批评家说:"没有庞德,乔伊斯20世纪伟大的小说《尤利西斯》就不可能问世。"[2]

庞德的作用与影响巨大,对他的诗歌理论进行研究是很有必要的。本文仅就他的"表意法"谈一点粗浅的看法。

一、"表意法"的提出与费诺罗萨

庞德继1912年提出"意象主义"成为意象派的领袖之后,1914年又主张"漩涡主义"(Vorticism),参加漩涡派,紧接着又推出"表意法"。1916年后,他一直坚持"表意法"而很少使用"意象主义"一词。这说明庞德在诗歌创作的理论与实践上不断探索与创新,并有了定见。他花了大半辈子的精力,从1914年起便开始运用"表意法"写他的史诗《诗章》,在诗歌创作上独具一格,艺术上取得了极高的成就。甚至在1945年他被捕入狱时,艾略特还在《诗刊》上写道:"……《诗章》有愈来愈多的堆砌的缺点,……但在技艺上却毫无失败之处,在活着的诗人中无一人能写出这样的作品……"

"表意法"是根据汉字的表意特点而提出的。庞德虽懂多种文字,但不懂中文。他能从中国古诗及汉字的造字过程得到启发,得出"表意法"是"诗歌创作的方法"的结论,这与美国汉学家恩内斯特·费诺罗萨关于汉字及中国古诗方面的著述有着密切关系。1912年,庞德读了费诺罗萨的文章《中国和日本艺术》,发现了东方诗歌。1913年,费氏的遗孀在伦敦将丈夫有关汉字等方面的笔记交托庞德编辑整理后出版,庞德这才有机会深入研究汉字及中国古诗。关于此事对庞德的影响,赫伯特·N.施奈德在《意象与真实》一文中说:"此事具有决定意义。"庞德在1915年6月给费利克斯·E.谢林的信中也说:"费诺罗萨留下了最具启发性的论述文字的文章(实际是审美的全部基础)。"同年,庞德根据费诺罗萨的翻译初稿改译了十七首中国古诗,题为《华夏》。休·肯纳在《埃兹拉·庞德》一文中说:"在《华夏》中,他扩大了(意象主义)的方法。题页告诉我们,这些诗是通过恩内斯特·费诺罗萨的笔记将中国古诗改译而成的……"[3]休·肯纳在谈到某些诗句时还说:"庞德保留了必要的原文语言学的奇异之处，不过几乎是从费诺罗萨的语文注释意译而成的。"

庞德通过费诺罗萨发现了中国古诗后，对它产生了浓厚的兴趣，看到了它的长处，发现它是"意象主义"的最靠近、又参与现实而又不空谈现实，它和汉字一样重在表意。这对他"表意法"理论的形成影响尤为直接。庞德在会意、理解的基础上创造性地翻译中国古诗，在翻译界、读者中产生了积极的影响。艾略特曾赞扬他说："庞德是为我们时代发明了中国诗的人。"

庞德也是向西方介绍孔子思想的人之一，他对孔子顶礼膜拜，在《诗章》的第12~13章里，将现代经济与孔子道德哲学及所向往的社会秩序作了对比。在谈及阅读孔子著述时庞德说："我三十岁时（1915）读了法文译本，然后读了英文译本。随后我逐渐从费诺罗萨的笔记中得到教益。不对表意的汉字进行分析是不能了解其全部意义的。"[4]庞德强调文本，强调对作品本身的词语意义、语境及语言环境气氛进行分析，发掘新意，达到新的认识，这对文学创作与批评是有积极影响的。

庞德和费诺罗萨都知道汉字的特点，费诺罗萨作为汉学家研究更深。所不同者，作为诗人的庞德则更多地诉诸"视觉"与"感知"而少一些学究气，他思有所得，把它上升为具有普遍意义的文学理论，并运用于创作实践。庞德认为："理论是个好东西，是诗人可以遵循的。"[5]威廉·斯克夫说："大概早在1914年底，可以肯定地说，1915年初，庞德便开始用汉字表意的方法审视'意象'，并逐渐使它上升为理论。"[6]

庞德在1934年出版的《阅读入门》一书中这样评价费诺罗萨："费诺罗萨的论文也许太超前于他的时代而不易被理解，他没有把他的方法宣称为一种方法。他试图将中国表意文字解释为传达和记录思想的工具。他抓住了事情的根本，抓住了对中国人的思维有效而对欧洲人的思维及语言却无效或造成大的偏颇这一根本不同点。"庞德充分肯定费诺罗萨，认为他抓住了根本，抓住了中英文字、东西方人思维方法的不同，认为他已"严肃地指出了表意法"，但没有把它上升为理论，总结成能使用的方法与公式，而庞德本人则在其基础上做到了这一点。我们可以说庞德发现，或者说发明了作为创作理论与方法的"表意法"。

二、庞德的"表意法"与汉字

在论述汉字时庞德说:"追溯历史……有两种文字;一种以表音为基础,一种以视觉为基础。……埃及人最后使用缩略的图画表声,而中国人仍然用缩图作为图画,也就是说,中国的表意文字并不试图用图画表音或记音,它仍是事物的图画,在特定位置和关系中的事物的图画,或者是几种事物结合时的图画。它是表示事物、行为、情况或各种相关事物性质的图画。"[7]庞德的这段话强调汉字的如画、表意特点。汉字是方块形的平面文字,具有图画形,它既能唤起形象,又能描绘、表意,不是只具其一,而是二者兼得。庞德说过:"唤起形象和描绘事物之间的区别……是天才和才能之间不可逾越的鸿沟。"在庞德看来,描绘事物需要才能,能唤起形象是天才的表现。汉字是世界上历史最悠久的文字之一,它按照自身发展的道路独立发展,是饱含着造字者智慧与才气的文字。在上面的引文中,庞德的基本观点是正确的,但他说:"中国的表意文字并不试图用图画表音或记音。"笔者以为这句话值得商榷。汉字是表意文字,它能表音,而且表音已明显成为汉字发展的趋势。现代汉字百分之九十是形声字,形符具有表意功能,汉字的形符基本上是由独体的象形字演变而来的。但只要留意,我们也能发现不少汉字的声旁也有表意的功能,如汕、疝、仙、肚、杜等。庞德认为汉字是表意文字,它从图画演变而来,它以表形和表意的方法为基础,而表形又是表意的基础,这些认识都是正确的。而且他认为形、意结合的方法既具科学性,又有艺术性,汉字创造的方法就是艺术、诗歌创作的方法。因此汉字是一种有力量、有艺术魅力的文字。

庞德提倡形、意结合的方法是有其针对性的,是为了针砭时弊。汉字的方法与庞德主张的"明晰的细节的方法"是一致的。"明晰的细节方法是同今天流行的冗词赘语,同昨天多愁善感、空洞、概念的细节描写方法强烈敌对的。"[8]面对20世纪初英诗的没落,大多数作品内容空泛,陈词滥调,庞德力图改革,认为要写出"好作品",重新赢得读者,必须寻求新的创作理论与方法。而汉字的特点与他主张写作要"具体""准确""力戒说教"等主张极为吻合,所以在读过费诺罗萨有关汉字的论述后他说:"这是真的，我们在不知不觉地寻求中国表意文字的力量。"[9]

汉字具体地表现对象，庞德则举"马""木""人""東"等汉字，说他们都是具体事物的简化形式，或者说他们都是反映那些事物基本特点的初步图画。用甲骨文字写" "" "" "，都是象形文字。"象形者，画成其物"，所以庞德说，不识汉字的人看见古汉字的马也能猜出几分意思来。在给用" "（東）字注释时，庞德写道："太阳升起时阳光缠绕着树枝，意指东方。"[10]他大概是沿袭了《说文》的解释："东，动也。从木，官溥说：从日在木中。"他还举了会意很强的"信"字，他注释说："它使人反复联想到一个守信用，不食言的人。"[11]在谈到"孿"字时，他说："在我看来，它像一艘带舵的船的龙骨。"[12]正是从汉字象形、指事、会意、揭示事物的性质与关系等特点，庞德看到了表意的汉字的丰富内涵与引人联想、发人深思的艺术效力。

三、"表意法"是"意象主义""漩涡主义"的继续与发展

1912年庞德在伦敦遇见英国诗人查理德·奥丁顿和美国女诗人H. D，读了他们那些简洁、精美的抒情诗后，说他们写的是意象主义诗歌。同年，他在一本名为《回顾》的诗集附录中用了"意象主义"一词。自此，庞德便成了"意象主义"的主要领袖和辩解者，发起了"意象主义"运动。1913年3月号的《诗刊》上登载了F. S. 弗林特的《意象主义》和庞德的《意象主义者的几"不"》。弗林特对"意象主义"提出了三条原则。[13]庞德把当时暧昧和难于表达的思想归纳为一句话，给"意象主义"下了定义："'意象'就是一瞬间表现出的理智和情感复合的那种东西。"这实际上是"意象主义"的第四条原则。[14]按照庞德的定义，意象是对所看到的景象、听到的声音或意识到的东西的感知的语言表达。它是语言，是通过感情传达经验的语言。它可以是形象和比喻，但意象更多地暗示着内心的图景、内视的东西，即"理智和情感的复合体"。有的形象化描写并不就是意象，如说像恐怖小说那样令人可怕，这是比喻而不是意象，但说怕得全身发抖，毛骨悚然，这就不是比喻，它产生了意象。劳·坡林说："视觉意象是诗中常见的意象，意象可以传达声音、气味、滋味或感觉的经验，

如坚硬、潮湿、寒冷；或内部感觉，如饥渴、恶心、或肌肉与内关节的活动与紧张。"[15]上面的第二例中的话即能传达内部感觉与肌肉的活动与紧张，胆战心惊的情态跃然纸上，这就是庞德所说的意象。

继1915、1916年后，1917年美国女诗人艾米·洛威尔编辑出版了名为《意象派人们》的第三本意象派诗选。由于意象主义内容与形式的扩大，以及庞德与艾米·洛威尔等人意见的分歧，作为团体性的这场文学运动便告结束。庞德不无讽刺地称最后阶段的"意象主义"为"艾米主义"。为了抵制艾米·洛威尔的影响，区别于"未来主义""印象主义"，庞德同温德哈姆·刘易斯一道发起了比"意象主义"运动历时更短的"漩涡主义"运动。"漩涡主义"是一种形式更为严格、更激进的意象主义。庞德说："情感的力量产生意象……强烈的情感唤起模型在脑际升起……说模型单位或漩涡图象，我指的是单一的喷射。"[16]庞德这里说的"模型单位"就是"漩涡图象"，即"意象"，"理智和情感的复合体"。他指出了意象产生的过程：外界事物引起诗人强烈的感情，感情的力量产生模型，即表现形式，一种突发的表现形式，也就是说感情的力量即漩涡产生意象。他解释漩涡是"发射的中心点或集束点……""是最大限度的能量"，"是不断产生、通过吸取各种思想的一部发动机"。在《关于意象主义》一文中，他还说："意象都不仅仅是思想，而且充满能量。如果不能满足这些条件，它就不是我所称谓的意象。"不难看出庞德的"漩涡主义"扩充，加强了"复合体"的内涵。他认为意象是强烈的感情的产物，是瞬间力量的突发与辐射，指出意象是思想，是熔化了的、充满能量的思想，是深入事物的核心、漩涡中去产生的有力的形象。这种力量犹如被意象主义者尊崇为先驱的艾米莉·狄金森在给诗歌下定义时所说的："倘若我读一本书……肉体上感到我的头顶仿佛被什么拔起，我知道那就是诗……还能有别的情形吗？""漩涡主义"强调作家要有创造性。庞德在1915年发表的《断言》一文中最后说："漩涡主义者认为'组织'或创造性的发明能力是至关重要的，具有这种能力的艺术家同那些仅会因袭他人的'形式单位'而织作图样的人将有天渊之别。"作家要有创造性，要写真实、新鲜、活泼的东西，把自己真实的性情和新鲜的感受写出来，不能模拟、抄袭。诗人的高下、优劣就在于此。

"意象主义"是庞德诗论发展弧线上的一个点，进入"漩涡主义"，他向前走了一步，正如他自己所说："有些人停留在此点上，我向前走去。"发展到"表意法"阶段，应该说庞德又向前迈出了一大步。

庞德写作《诗章》的方法是"表意法"。科德尔·D.K.伊在《论表意法》中说："表意的方法，在庞德的《诗章》组篇过程中可以看到。"[17]庞德的《诗章》内容十分庞杂，它包括世界文学、艺术、建筑、神话、经济学、历史名人传等方面的内容，都是些片段，他不断增加，给作品不断增添新意，使《诗章》成为连贯的整体。这是更为广义的表意法。唐纳德·巴洛·斯托弗说："庞德《诗章》中使用的方法是意象主义——漩涡主义的思想、意象、情感的复合物在读者头脑中产生不能用言语表达的思想这一技法的再生，这种方法构成了表意法。"[18]用庞德的话说："表意法包含一个平面接一个平面的东西，从去掉读者头脑中灰暗、钝化的表面一直到感光记录的瞬间。"《诗章》又是一部有关历史的史诗，是以历史为题材的文学作品，也可以说是庞德毕生读书的零星感受。他把他们传达给读者，让其思索、理解，豁然贯通，产生思想。表意法对题材、内容及创作方法的开拓，无疑比"意象主义""漩涡主义"又前进了一步。

这种方法得到了支持，海厄特·瓦戈纳在谈及《诗章》时说："既然我们至少能从'文化'中，特别是从文字记录中，如同从'自然'中那样得到许多经验——庞德肯定获得更多，为什么不可扩大'意象'的概念，把整个世界历史，所有实在的、具体的、已知的事实包括进去，不加任何评论地表现他们，让事实自己说话呢？"[19]关于"表意法"与"意象主义"之间的关系，瓦戈纳下面一段话说得十分明确，带有结论性："'表意法'是庞德早先有关意象主义界说含义的扩充。由于东方诗的发现和通过用明确的'科学的'理性代替早先含混的意象主义定义，意象主义现在得到了加强和支持，但又无基本的改变。"

汉字的成字过程是由具体到一般，由客观到主观的过程。庞德认为它表现了"理智和情感的复合"。前面列举的"東"（東）字就是具体形象的表意图画，两个事实或意象重叠，引起读者的视觉联想，进而产生新的意象。我们欣赏一下庞德有名的意象主义诗篇《地下车站》，不难发现它同表意的汉字的造字过程与艺术效果十分相似。

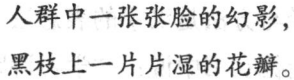

> 人群中一张张脸的幻影，
>
> 黑枝上一片片湿的花瓣。

庞德在巴黎地下车站看见漂亮的小孩、女人的面孔，引起强烈的感触，几经修改，一年六个月后写成这首短诗。第一行客观描述车站所见，第二行写诗人主观移情作用所产生的意象。地铁里匆忙闪烁的人群的苍白面孔很像树枝上的花瓣，但他们又很不相同，脸的幻影含有死亡、神奇之意，而花瓣又是自然与生命复苏的表征，两个视觉意象产生了新的思想与意象，可以认为诗人在感叹生活的忙碌、美的恍惚与易逝，但大自然又是那么宁静美好，生活归咎是美好的。作者只是表现，未作任何说教与评论，然而它却发人深思，余味不尽，具有很强的艺术感染力。庞德说这是一个俳句式的句子。按照当代日本俳句界长老之一的野林火所说，俳句"用小实表现大虚"有把瞬间变为永恒的作用。所谓实，就是外界的事物；所谓虚就是事物泛起的实感所引起的种种联想和情思。把瞬间变为永恒，就是庞德说的一瞬间理智和情感的复合，也是中国古代诗论家陆机在《文赋》中说过的"观古今于须臾，抚四海于一瞬"的诗的创作过程。其实，这种瞬间复合体就是中国诗里所描绘的生活图景和表现的思想感情融汇在一起而形成的一种艺术境界——意境。庞德受日本俳句和中国古诗的影响从这里可见一斑。

四、"表意法"是科学的方法

1913年庞德说过："艺术、文学、诗歌像化学一样是科学。"[20]他在《阅读入门》一书的第一页，第一句开门见山地写道："我们生活在一个科学和丰富的时代。"紧接着，他阐明：为了适应科学的发展与社会的需要，诗歌园地若要继续成其为园地，除草机则最为需要。说明他认识到用正确的方法对文艺园地进行清理整顿已刻不容缓。费诺罗萨认为东方诗歌和汉字具有科学性，庞德持相同的看法。在《阅读入门》中他说："费诺罗萨强调科学的方法，科学的方法是诗歌的方法，它显然不同于哲学的讨论，科学的方法也是中国人处理他们的表意或者图画文字的方法。"庞德明确指出整顿文艺的正确途径与方法是汉字的表意法,即科学的方法。为了把科学方法讲得具体些,庞德在书中说:"学习诗歌和好作品的恰当方法是当今生物学家的方法,那就是对第一手材料进行细心的考察,并对图片或标本继续进行比较。"就是说表意的方法是对客观事物进行"考察""比较"的方法。文艺家要从万千的事物中去粗取精、去伪存真,如庞德所说:"挑选出认为是必要的、合适的、能在所有情况下管用的东西。"在《艺术家》一文中庞德说:"一个优秀的生物学家在作出结论之前将要对研究的对象作足够的观察。"强调"观察",通过对事物特别的观察发现其规律是归纳法的运用;强调一切结论产生于观察的末尾,而不是在它的先头。这符合实践论的原理。庞德谈到在表达较为复杂的事物或一般概念如"红"字时,中国人并不给书写涂上颜色,而是将玫瑰、樱花、铁锈、火烈鸟等缩图融为一体。他说:"这很像生物学家的方法。"为了强调归纳法的重要性,在《阅读入门》中庞德讲了一个"阿加西斯和鱼"的故事:一位得到了荣誉与学位的研究生去到名师阿加西斯处过最后一关,阿加西斯给了他一尾小翻车鱼让其观察。学生引经据典写出的东西没有通过,老师让他继续观察。整整三周过去了,通过分析、思考,这位学生的描述达到了高水平,从中学到了科学的方法。这个故事说明文艺创作和科学研究的基础是观察,通过创造性的思维,甚至必要的实验才能写出有分量的文字或得出正确的结论。

庞德还说:"这个'红'字是在人们已知事物的基础上造出的。"在已知事物的基础上产生思想、意象是"意象主义""表意法"创作过程必不可少的条件。庞德通过论证把它定为科学的方法,说明他是从认识论和科学的高度来对待文艺创作的。当然,他指的是实验科学,以经验为基础的科学。

庞德在几"不"中表示"不赞成抽象",他反对的是中世纪窄狭的、悬浮于真空里的、没有以客观事物为依据的抽象。在《阅读入门》中他说:"抽象或一般性的陈述只有在确定发现它与事物相关时才是好的。"他认为对抽象的东西的理解,因人们经验的不同而有深浅、程度之分。他说即使一个无知者说的哪怕是"真理",然而他并不是真正理解它。只有实际经历过的、感觉了的东西才能更好地理解它。诗歌应是现实生活的写照,我国古代诗人也十分重视自身的生活经验与感受。欧阳修在《六一诗话》中就曾批评过"贪求好句而理有不通"的弊病。庞德对"不赞成抽象"作了新的、科学的解释：他不笼统地反对抽象，认为与事实相关的抽象是好的，因为科学、文艺都不排斥抽象，这也是符合认识论的规律的。

庞德认为作家同科学家一样负有社会责任，他说："文学不是存在于真空之中，作家也如此，他们有着一定的、同他们作为作家的能力相等的社会责任。"[21]庞德认为作家的责任是像科学家一样提供"资料""信息"，传达知识、交流思想。因为他认为，"文学是充满思想的语言"，"伟大的文学是最大限度包含思想的语言"[22]。庞德的《诗章》涉及文化、艺术、政治、哲学、经济、历史诸方面，充满丰富的思想内容就是例证。庞德说："文学是保留新闻的新闻。"[23]只有给读者以思想、知识、新闻，方能引起读者对作品持续的兴趣，作家也才算尽到了自己的社会责任。庞德从科学的角度谈作家的社会责任，有独到之处。早在我国先秦时代就有"诗言志，歌永言""不学诗无以言"的诗歌理论，就是强调诗歌要传达思想，强调诗人的社会责任。

庞德劝告读者用科学的方法阅读也是很有见地的。在《费诺罗萨》一文中他提倡"理智地阅读"，就是说读者不必受作者的限制，应该结合自己的经验去理解、发掘作品的思想。他劝读者阅读真正的好作品，宁可少一些，受益大一些，没有必要全听批评家的意见。"我坚信通过理解和考究几本最好的诗，比漫游于书林能学到更多有关诗歌的东西……"[24]

庞德对作为"科学家的艺术家"的要求则是"寻求明晰的细节并表现它，不加评论"[25]。作家不应在读者与描写物之间充当"中介"。艺术家的任务是要努力缩小词语和描写对象、表现和表征之间的差距，尽量做到精确与科学。庞德科学地阐明作者、作品与读者间的关系，这是文学理论的一大论题，他的论述是颇有道理的。

庞德作为英美文学现代主义运动的先驱与开创者，向传统的理性观念和现实主义挑战，主张既要写真实具体的东西，做到含义深刻，又要在作品中张扬个性，捕捉一瞬间的主观感受，做到情景交融、物我合一。在艺术上他致力于探索新奇别致的形式技巧和表现手法，纵观历史，取东、西方之所长。他使用平淡无奇、具有表现力的散文语言，反对故作高雅、陈词滥调。他把诗学理论和创作实践建立在科学的基础之上,在文学史上发挥了积极的影响与推动作用,他的功绩是不可磨灭的。他的诗歌理论和实践今天对我们仍有启迪和借鉴作用。研究英美现代诗歌及其发展,不可忽略对他提出的"意象主义""表意法"进行研究。艾略特认为他的"意象主义"包括"表意法",对诗歌而言,其成就在"批评方面超过创作,作为一种批评方法,它占有重要地位"。我们应用分析批判的眼光,着重研究庞德的创作理论与批评方法。

注释:

[1] "表意法"(Ideogrammic Method),即表意文字的方式。

[2] 刘耀中:《荣格·弗洛伊德与艺术》,宝文堂书店,1989,第75页。

[3] Huge Kenner, "Ezra Pound," *in Voices and Visions* (New York : Random House, 1987), p.216.

[4] [8] [11] [12] [16] [26] William Cookson, *Ezra Poud Selected Prose 1909-1965* (New York : New Directions Publishing Corporation, 1973), p.333, p.21, p.85, p.93, p.374, p.23.

[5] To Iris Barry (June 1916), L. p.82.

[6] William Skaff, "Pound's Imagism and the Surreal," *in Journal of Modern Literature*, 1985, p.206.

[7] [10] [21] [22] [23] [24] Ezra Pound, *A B C of Reading*, 1934, p.5, p.6, p.16, p.12, p.13, p.27.

[9] *Imagism and England*. p.185.

[13] 这三条原则是:1.直接处理无论主观的或客观的"事物"。2.绝对不用任何无益于表现的词。3.按照音乐乐句的顺序来构成节奏,而不是按照节拍器的顺序。

[14] William Pratt, *The Imagist Poem* (New York : E. F. Dutton & Co. Inc., 1958), p.18.

[15] 劳·坡林:《怎样欣赏英美诗歌》,殷宝书编译,北京出版社,1985,第41页。

[17] Cordell D.K.Yee, "Discorse on Ideogrammic Method," *in American Literature* (May 1987).

[18] Barlow Stauffer, *A Short History of American Poetry* (New York : E. P. Dutton & Co. Inc., 1974), p.265.

[19] [20]　Hyatt H. Waggoner, *American Poets*（New York : Dell Publishing Co. Inc., 1968）, p.395, p.336.

[26]　罗杰·福勒：《现代西方文学批评术语词典》，周永明等译，春风文艺出版社，1988，第325页。

（本文曾发表于《五邑大学学报》1990年第2、3期，人民大学书报资料中心《外国文学研究》1990年第12期全文复印转载）

艾略特诗歌的客观性、实用性和宗教思想

洪振国

摘要： 艾略特强调诗歌的客观性、实用性。他关于"传统""非个人化"和"客观对应物"的理论都建立在创作的客观性的基础上。同时，他也强调感觉的作用，强调理智和情感的结合。他的诗是"社会的记录"，具有实用性。他后期的作品充满宗教思想，企图用宗教的伦理道德来净化人的心灵，达到改造社会的目的。

关键词： 客观性　实用性　宗教思想　哲学思辨

　　艾略特的诗歌创作和理论研究同哲学研究是同时进行、密切相关的。他是诗人，又是哲学家、评论家。笔者认为客观性、实用性和宗教思想是他诗论和创作的突出特点，本文将就此进行评析。

　　文学艺术历来受哲学思想的影响。20世纪的西方哲学有人本主义和科学主义两大主潮，两种思潮平行而又交错。艾略特在《传统与个人才能》中说："要做到消灭个性这一点，才可以说艺术达到了科学的地步。"[1]他所谓的消灭个性，并不是否定个性，而是强调共性，强调客观性。他的文艺的科学性这一观点显然受到了哲学思潮的影响。理查德·舒斯特曼说艾略特受到20世纪初英美现实主义和实证主义的客观主义的影响，受哲学家布拉德莱和罗素等人的影响，[2]他的博士论文题目便是《弗朗西斯·赫伯特·布拉德莱哲学中的认识与经验》。罗素在他的《逻辑原子论》中说：

"科学比任何哲学有更大的达到真实的可能性","把哲学建立在科学的基础上是明智的","哲学必须建立在经验主义科学事实的基础上"。[3]理查德·舒斯特曼还认为艾略特的批评历程与他潜心研究布拉德莱的哲学紧密相随,其散文与诗歌风格都受布的影响,因此认为"布拉德莱的哲学是理解艾略特批评理论与创作实践的钥匙"[4],而"布拉德莱认为哲学的任务就是要努力达到实在"[5]。罗素强调科学与事实的科学现实主义和布拉德莱的《现象与真实》《伦理研究》《逻辑学原理》等著作对艾略特早期客观主义批评理论的形成是至关重要的。

艾略特在1951年于伦敦出版的《论文集》中说:"批评家必须有高度的事实感……任何书本、文章、注释即令只涉及最低层面的关于艺术作品的事实,比起九成是夸夸其谈的文章要好得多。"[6]艾略特认为批评家的主要任务是"呈现读者可能不知道的事实"。他不主张阐释,但在《批评的功能》一文中却说:"只有使读者掌握他们在其他情况下容易忽视的事实时,这种阐释才是唯一合理的阐释。"艾略特在文中强调"批评要以事实为基础",批评家"和他们所掌握的事实打交道,而且他还能够帮助我们这样做"[7],就是强调诗歌批评和写作的客观性。盛宁在《二十世纪美国文论》中说:"艾略特反复强调'诚实的批评和敏感的鉴赏不应着眼于诗人,而应着眼于诗'——把注意力从诗人转向诗歌本身的观点,为新批评提供了理论依据。"[8]这说明艾略特批评的客观性的观点是极具理论价值的。

在《哈姆雷特与他的问题》一文中,艾略特提出了关于"客观对应物"的理论。艾略特的这一重要理论和创作方法指出作品的感情要通过客观对应物即通过直接经验来表达,也就是要通过意象、隐喻、对比、引语、神话、典故等象征、间接而非直接、直露的方式表达。这与19世纪末浪漫主义诗歌滥用情感,把诗歌当作个人情感发泄的工具是截然不同的,是对它的反拨与批判。"客观对应物"理论与"意象主义""象征主义"在强调创作的客观性、表现主观与客观及情感和理智的结合等方面有相似之处。意象派的创始人庞德在1913年说过:"艺术、文学、诗歌像化学一样是科学。"[9]庞德在随后给哈莉特的信中又说:"客观——毫不滑来滑去……""诗必须和散文写得一般好……客观性,再一次还是客观性……"[10]他所说的客观性就是诗要通过意象唤起感情。法国诗人让·莫雷亚斯首先在《费加罗报》上提出象征主义的概念。他说："象征主义是说教、夸张、虚假感情和客观摹写的敌人，它要使观念具有触摸得到的形貌；不过，创造这种形貌并非写诗之目的，其目的在于表达观念，而形貌则处于从属地位。"[11] 象征主义的先驱波德莱尔在十四行诗《应和》（或译《交感》）中首先提出了象征主义的"应和论"。他认为人与自然、与自然界的万物都是相通、对应的，整个世界在对应中形成"象征的森林"。他们所说的"触摸得到的外貌"和"对应"也是情感的"客观对应物"，"客观对应物"是表现主观精神的客观化方法。

艾略特同时强调客观对应物通过感觉经验起作用，产生新的、更为复杂、深刻的情感。他在强调客观的同时，也强调了主观的作用。艾略特推崇17世纪多恩等玄学派诗人，认为这一时期之所以是英诗发展的高峰，就因为诗人们"有一种对于思想通过感觉直接理解，或者说，把思想重新创作为感情的本领"。他还说："一个思想对于多恩来说就是一种感受"，"像感觉一朵玫瑰花的香味那样"。[12] 艾略特认为玄学派诗人能做到这一点是因为他们"总是致力于寻找各种心态和情感的文字对应物"[13]。有评论家认为："情感通过感觉和经验来表达是艾略特批评的一个原则。"[14] 艾略特的诗是理性的，着重在表现某种精神、某种思想观念，这一点，他受到布拉德莱哲学的影响。布拉德莱认为："实在是精神的，事物越具有精神，它也就越实在。"[15]

艾略特在《传统与个人才能》中说："诗歌不是放纵感情，而是逃避感情；不是表现个性，而是逃避个性。"这表明他不赞成浪漫主义主张的诗歌应主要表现主观感情和心灵世界，否定了华兹华斯"诗歌是强烈感情的自然漫溢；它的来源是平静中回忆起来的感情"的诗歌理论。艾略特认为诗歌要表现的不是诗人的个人感情，也不是宁静中回忆起来的感情，诗是"许多经验的集中，集中后所发生的新东西"[16]，而诗人的心灵只是这种新的、复杂的东西的媒介和催化剂，在新产生的东西中诗人是逃避和看不见的。艾略特认为个人的感情、"内心的声音"是多样的，没有一定的客观标准，要服从于"外部权威"，服从于比自己更有价值的东西。在艾略特看来，传统是历史的一部分，是一段历史时期的某种潮流、思想，历史是由许多这样的此起彼伏的潮流所组成的。诗人要明智地利用传统，表达比个人感情更为重要的东西。艾略特的"传统""非个人化"与"客观对应物"理论是一致的，它们都建立在诗歌客观性这一基础之上。他的《普鲁弗洛克的情歌》《小老头》和《荒原》等诗作都充分体现了这些创作理论和方法。

应该指出，艾略特不断地探索和实践，其理论和创作也在不断发展变化，在强调诗歌的客观性之后，也提出人因感情、兴趣包括文化修养及个性的不同，对诗的理解、欣赏也会大相径庭。他在1933年发表的《诗歌的用途和批评的用途》中说："人对诗歌的鉴赏与他的其他兴趣和情感是不能脱离的；前者影响后者，也受到后者的影响。人对诗的鉴赏是有局限性的，因为人本身是有局限性的。"[17]在该书中他还说："如果太过于紧扣'诗文'，对诗人所要说的采取置之不顾的态度，你很可能把它全部的意义排除。"[18]可以看出，艾略特开始强调诗人、读者的兴趣、感情、态度在诗歌创作及欣赏中的重要作用，他已不再坚持诗歌是"逃避情感""逃避个性"的了。在该书1964年再版序言中，艾略特说《传统与个人才能》是他年轻时第一次印行的文章，他希望以后的文集编纂者能收入该书的篇章以取代《传统与个人才能》。这表明他认识到过分强调"逃避感情""逃避个性"等说法有片面性。所以理查德·舒斯特曼说，艾略特从早年的科学客观主义转向承认个人处境、理解力的不可避免性和价值，代表他从基础的科学主义向解释学的历史主义和多元论的升华。[19]

艾略特的博士论文是在哈佛大学唯心主义哲学家乔赛亚·罗伊斯的指导下撰写的。罗伊斯称自己的哲学是"绝对的实用主义"，加上实用主义的创始人威廉·詹姆斯其时在哈佛大学任教的影响，实用主义在艾略特的博士论文中成了一个重要的方面。詹姆斯的实用主义强调"有用即真理"，概念的全部意义都在实际效果中表现出来。实用主义认为命题的真实性是由相关的实验结果来判断的，而且认为它与时间、地点和探究的目的有关。[20]

艾略特的博士论文在涉及理论与经验世界时表明了相似的观点，他说："我们关心的全部是理论如何发挥作用"，我们应该"让理论经受实用的考验"，"理论观点是实践不可避免的产物……我们的理论将会被发现充满实际的动机和结果"。[21]艾略特关于理论来源于实践、接受实践的检验，又在实践中发挥作用的认识无疑是正确的，这也是他诗歌创作和理论遵循的原则。早在1920年发表的《小论诗的批评》中艾略特就说过："诗是一种社会的记录，而且能够让历史家、道德家、社会哲学家或精神分析家加以利用……而诗应该引起的第一个问题是艺术问题，然后，诗是社会的记录。"[22]艾略特一直坚持诗的艺术性和诗应反映社会及其变化、为社会服务的观点。他在《叶芝》一文中高度赞扬叶芝的诗不仅"传达经验和愉快，但具有更大的历史意义……这历史是他所处的时代的历史，是时代意识的一部分"[23]。艾略特认为诗歌传达经验和使人愉快是重要的，但还不够，只有反映时代的意识才能达到更高的层次。

艾略特的诗是"社会的记录"，也像他评价叶芝的那样"反映了他所处时代的历史，是时代意识的一部分"。第一次世界大战爆发后的第二年，即1915年，他发表了《普鲁弗洛克的情歌》，写一位中年知识分子想去看所爱的女子。会见情人本应是件轻松愉快的事，但普鲁弗洛克却缺乏勇气与自信，心情沉重得"像手术台上一个麻醉过去的病人"。他的独白表现了战后迷惘的一代人的苦闷。第一次世界大战是一场残酷、血腥的战争，全世界约有15亿人被卷入战争，6500多万人当兵打仗，2000多万人受伤，1000多万人死亡。其中英国死亡约75万人，英国商船损失近70%，财产损失近1/3，并向美国借款10亿美元。战后英国社会混乱，经济趋于崩溃，人们感到空虚、迷惘，看不到前途和光明。艾略特的《小老头》（1920）、《荒原》（1922）、《空心人》（1925）等作品集中反映了战后英国及整个欧洲的状况。艾略特如实地反映，是为了警觉世人，促进人们振奋精神，寻找治愈创伤的途径，促进社会的文明与复兴，是有其实用目的的。

艾略特虽然受科学思潮的影响，重视作品对现实生活的反映，但他又是一个有神论者，具有唯心主义世界观。他相信宇宙"有一个超自然的秩序"即上帝的存在。[24]他出身于美国一个新英格兰清教徒家庭，家庭影响以及他本人对欧洲基督教文化传统和17世纪英国玄学派诗人邓恩等人的仰慕，逐步加深了他对宗教的信仰。不过截至1927年皈依英国国教——天主教之前，艾略特经历过一个探索过程，对现代宗教有过怀疑与矛盾。在谈及家庭宗教信仰时，他说过，他"是在基督徒圈子之外长大的"[25]。他的家庭属于基督教中的唯一神教派,该教派信奉上帝,但否认圣父、圣子、圣灵三位一体的天主教教义,对教会也多有异议。这对艾略特无疑是有影响的。罗伯特·克劳福特就曾指出过:"像《艾略特先生的星期天早礼拜》《河马》《不朽的低语》,甚至《小老头》都表达了他对现代宗教的极端不信任。"[26]

艾略特由怀疑到信奉天主教,最后成为天主教徒,与他所处的时代,与战后一代人的失落及他个人的经历是有关系的。但也有评论家认为:"无疑是受但丁诗歌的影响。"艾略特本人也说:"这种感觉是一时的,也是终生的。"[27]但丁的影响不仅在于诗歌的语言及喻象诸方面,还在于艾略特认为"但丁是伟大的基督教诗人"[28]。这与他自称的文学上的古典主义者、政治上的保皇主义者和宗教上的天主教徒是吻合的,与他认为一个好的社会应建立在基督教原则、建立在等级社会和严厉的社会机构基础之上的主张是一致的。

艾略特的宗教思想表现在作品中对古代神话特别是希腊神话和《圣经》的大量引用上。在神话引用中可以看到魔术信仰、灵物崇拜、灵魂信仰和宗教仪式等方面的反映。古希腊神话是关于神灵和英雄的故事,希腊文明也是构成基督教思想传统的一大组成部分。采用神话架构组合现代零碎、复杂的经验,表达对现代世界的看法是艾略特诗歌的一大特点。在《一位女士的画像》中,艾略特引用了希腊神话。在《普鲁弗洛克的情歌》的开头,艾略特引用了《神曲》中的一段话,后来又引出《圣经》中耶稣使之死后四天从坟墓里复活的人物拉撒路,给作品涂上了一层宗教神秘色彩。艾略特参照人类学家杰西·魏士登的《从祭仪到神话》和詹姆斯的《金枝》,在《荒原》中套用了亚瑟王寻求"圣杯"的神话结构和有关繁殖的礼节,表明只有信奉上帝才能拯救衰落的西方文明的思想。艾略特早期的至少是20世纪20年代前期的诗大部分与《荒原》的内容有关,表现西方文明的腐朽与衰败,当然也包含了他想从宗教找出路的思想。在正式接受英国国教后,他的诗更充满了赎罪和寻求精神平和与灵魂超脱的调子。他的《爱丽尔诗》(*Ariel Poems*,1927—1930)、《灰色星期三》(1930)和《四个四重奏》(1943)即是这样的被称为宗教诗的诗篇。艾略特诗中包含的宗教思想主要有下面几点:

1. 上帝是道，信仰上帝就是信仰真理，也才能获得救赎。

《四个四重奏》开篇引用古希腊哲学家赫拉克利特的话："逻各斯对每个人都是普遍的法则……"逻各斯，从哲学上讲，就是理性，是宇宙构成或宇宙秩序的根本原因的意思；按神学的解释，它则为神道。这句引语表明人人必须服从理性或遵守神道，信奉上帝这一普遍法则。

《灰色星期三》中说："光照耀在黑暗中／这不平静的世界仍围绕着这寂静的中心旋转。／"诗的结尾处说："我们的安宁有赖于上帝的意愿。"《四个四重奏》中说："在旋转的世界的静点……在静点上，那是舞蹈，不停止也不移动。"寂静的中心、静点指的就是上帝。世间变化着的万物围绕着上帝旋转，只有上帝是永存的、不受时空限制的。

2. 耶稣基督道成肉身，成全上帝救世旨意。

《三贤哲的旅程》重复《圣经新约·马太福音》中耶稣基督在犹太的伯利恒降生的故事，表明上帝通过基督道成肉身，也表明基督具有完全的神性和完全的人性。《荒原》《雷霆的话》中"谁是那个总是走在你身旁的第三人？"，这第三人便是耶稣。

《四个四重奏》中也写到耶稣诞生、受难和圣灵化身的出现。《东科克尔村》中"受伤的大夫拿起了／探查病体的探针"，指耶稣为病人治病；"我们所饮是那流淌的鲜血，／我们所食是那血淋淋的肉"，指圣餐及耶稣遇难。

3. 原罪、赎罪、天堂、地狱之说。

在《东科克尔村》中圣母玛利亚"她时刻的关心不是为了我们的高兴／而是提醒我们和亚当所受的惩罚"。人们死后要接受上帝的审判，所以作者在该诗中说"乞求上帝给我们仁慈"，"为我们罪人祈祷吧"，"愿审判我们不要过重"。《燃烧了的诺顿》第一节中的《进入玫瑰园》有指伊甸园的意思。第二节有"免使人类进入天堂和地狱，／天堂和地狱人类肉体都不堪忍受"的句子。《小吉丁》中有"灵魂从错误走向错误／除非在炼火中得到新生"，表现了人类只有相信基督救世、能为人类赎罪、一切听从上帝安排，才能摆脱罪恶与痛苦，进入天堂，得到永生。

在神学家们看来，上帝的属性包括形而上和道德两个方面。上面所列举的属于上帝的前一种属性，即唯心的玄学的属性。

艾略特显然认为后一种属性更为重要。他说过："人们发现世界在某种情况下，仅用世俗的理论是无法对它进行解释的，然后却发现在基督教里能找到对现实世界最满意的解释，特别是关于内在的道德世界的黑暗方面的解释。"[29] 他还说："没有宗教，人类就要灭亡。"[30] 这都是强调宗教的道德属性。宗教是社会的一种道德规范和理想、信仰，艾略特寄希望于用基督教的伦理道德来塑造人的灵魂、规范人的行为，以拯救世界。在《荒原》中，艾略特借雷霆的话以"舍予"（献身）、"同情"和"克制"的道德标准作为拯救荒原的法宝，就是一个证明。在《四个四重奏》中，他又提倡"谦卑""自我克制""寡欲""宽恕""爱""热忱无私和自我屈从的牺牲""从自我、从物、从人中超脱"等基督教的伦理道德以驱除人们内心世界的黑暗，也是有正面意义的，尽管这不是拯救荒原的根本方法。还有一点应该提及的是，艾略特不是为宣传宗教、达到宗教目的而写诗，尽管他的作品具有宗教性。他说过："他所要的一种文学，应该是无意识地具有基督教性的，而不是存心的和持挑战态度地做成这样的。"[31] 用哲学的抽象思辨将宗教思想和宗教伦理道德表现出来，是艾略特诗歌的又一特点。《四个四重奏》被认为是一首哲理诗，其开篇的引语有很深的哲理性，也表示艾略特将从哲学的高度来探索一个拯救的主题。艾略特用对立物斗争、统一的规律在该诗中分析"静止与舞动""现在时间与过去时间与将来时间""瞬间与永恒""物质与精神""无限与有限""非存在与存在""结束与开始""黑暗与光明""生与死""上升的路与下降的路""向前的路与向后的路""善与恶""肉体与灵魂"等多对矛盾的关系，阐明他的哲学、宗教观点，是很有深度的。

瑞典文学院安代尔斯·奥斯特尔林在1948年授予艾略特诺贝尔文学奖的授奖辞中说："艾略特的诗歌和文论有着一种不同凡响的语调，它具有一种能触及我们这一代意识的钻石般的锐力。"在论及《荒原》时，他说："现实证明诗里所描写的悲惨景象依然不折不扣地反映着原子时代阴影下的现状。"无疑，这是在赞扬艾略特诗歌的客观性、现实性、实用性。

艾略特关心人的命运，人与人的关系及人的精神灵魂的得救。他不断探求，所以他的作品有"钻石般的锐力"。但当他认为理性、世俗的理论不能解决现实问题时即转向非理性的世界，从中寻求安慰，把拯救人类的希望寄托在宗教信仰上，这是不可取的。尽管如此，他作品的精深广博，所表现的辩才及哲理思辨，以及他的创作理论都值得我们深入学习和研究。

注释：

* 本文所引艾略特诗歌的译文及1984年艾略特获诺贝尔文学奖时安代尔斯·奥斯特尔林的授奖辞均引自赵萝蕤等翻译的《艾略特诗选》（山东大学出版社1988年版）。

［1］［7］［13］［16］［23］［24］［28］［31］ 艾略特：《艾略特诗学文集》，王恩衷编译，国际文化出版公司，1989，第4页，第4页，第69—70页，第32页，第8页，第174页，第137页，第129页，第130页。

［2］［3］［4］［6］［14］［19］［21］［25］［26］［27］［29］ David Moody, *The Cambridge Campanion to T. S. Eliot* (Shanghai : Shanghai Foreign Language Education Press, 2000), p.32, p.37, p.33, p.37, p.53, p.40, p.44, p.88, p.86, p.89, p.88.

［5］［15］［20］ 侯鸿勋，郑涌：《西方著名哲学家评传（第八卷）》（山东人民出版社，1985），第254页，第276页，第348—351页。

［8］盛宁：《二十世纪美国文论》，北京大学出版社，1994，第73页。

［9］Hyatt H. Waggoner, *American Poets* (New York : Dell Publishing Co. Inc., 1968), p.336.

［10］彼德·琼斯编：《意象派诗选》，裘小龙译，漓江出版社，1988，第14页。

［11］刘岩：《现代诗歌的里程碑作品——艾略特的"荒原"》，载《20世纪西方现代派文学名著》，天津人民出版社，2000，第84页。

［12］艾略特：《艾略特文学论文集》，李赋宁译，百花洲文艺出版社，1994，第22页。

［17］［18］ T. S. Eliot, *The Use of Poetry and the Use of Criticism* (London, Boston : Redwood Bum Ltd., 1987), p.36, p.64.

［22］艾略特：《小论诗的批评》，杜国清译，载陈映真主编《诺贝尔文学奖全集（第八卷）》，台湾远景出版事业公司，1985，第122页。

［30］Zhang Jian, *T. S. Eliot and English Romantic Tradition* (Beijing : Foreign Language Teaching and Research Press, 1997), p.94.

（本文曾发表于《五邑大学学报（社会科学版）》2004年第3期）

论哈特·克莱恩的长诗《桥》

洪振国

美国著名现代诗人哈特·克莱恩在短暂的一生中出版了诗集《白色大楼》和长诗《桥》，被认为是美国"最有争议""最难懂"的诗人之一。他的代表作史诗《桥》使他享有盛誉，引起越来越多的读者和评论家的重视。虽然他的诗意义含糊、深奥费解，但"无人否定他作为那个时代的重要诗人的地位，被排在庞德、艾略特、弗罗斯特、史蒂文斯、威廉斯之列"[1]。耶鲁大学教授R. W. B.刘易斯认为："哈特·克莱恩是使用英语语言的最优秀的现代诗人之一，美国历史上众多重要诗人之一。"[2]

1922年，艾略特的长诗《荒原》问世震动了欧美文坛，被认为是西方现代派诗歌的一座里程碑。克莱恩虽然表示钦佩，认为艾略特这部"否定性诗歌是美的，但不承认'人们有欢乐'，即有'正面、积极的情感'是有片面性的"[3]。他在给科哈姆·芒森的信中说："我认为英文著作中没人能像艾略特那样赢得人们如此的尊重，但是我把他作为走向几乎完全逆反方向的出发点。"[4]克莱恩从1923年起酝酿《桥》这部与《荒原》内容、格调迥异的史诗。他说他花了五年读懂了艾略特诗的意思，将《普鲁弗洛克的情歌》读了二十五遍，读《序曲》的次数更多。对《荒原》感到失望后，他更是经常、反复研读艾略特的作品。他历时七载写完了《桥》，该书于1930年出版。刘易斯说："《桥》的构想部分作为对《荒原》的回答，有些地方则与它应声附和。"[5]

对于《桥》，美国文坛众说纷纭，褒贬不一。有的批评家认为是"一本'失败诗'，他的诗并未给《荒原》以回答，而他的所谓'华夏颂歌'实际上什么也没有歌颂"[6]。但西斯特·M.伯内塔·奎因认为："肯定地说，本世纪前半叶我国最重要的两本诗是《荒原》和《桥》。"[7]

本文将着重介绍、分析《桥》的主题、各章主要思想内容，以及它的结构和艺术特色。

克莱恩注意向众多的欧美作家学习，受到英国浪漫主义诗人布莱克、法国象征主义、意大利未来主义的影响。他更注意向爱默生、爱伦·坡、庞德、艾略特，特别是惠特曼等美国作家学习，继承美国民族文学的传统。他与惠特曼虽然生活在不同年代，但有不少类似的经历。他没有上过大学，自学成才，父母分居后在古巴海边祖父的果园长住和劳动，海边的生活及对海的迷恋对他的创作产生了重大的影响。在纽约，他接触到许多作家，对文学动态及这个城市均有深入的了解，又在家乡克利夫兰的军火工厂和船坞当过普通工人，注意同社会和人民群众保持密切联系，所以他和惠特曼一拍即合，主动与之靠拢，接受他的民主思想，对其《民主的展望》反复钻研。他视惠特曼为"大师""楷模"，"他自认是布莱克和惠特曼的继承者"[8]。"他曾宣称他全部诗及诗歌生涯的目的是要用当代的话语来表达并使这位'欢愉的预言家'惠特曼的幻想日后能付诸实现。"[9]这是他写《桥》的主要目的。

惠特曼写过一首《横过布鲁克林渡口》的诗，热情洋溢地歌颂渡口的良辰美景、机器船、城市、伟大的理想情操……1924年，克莱恩住进布鲁克林哥伦比亚山庄的一间屋子里，不久，他知道这是布鲁克林桥已故设计者、工程师罗布林的财产，是他当年用以观察大桥建设的瞭望所。在这里克莱恩凝望海港、大桥，聆听海涛的声浪。1925年，《桥》的主题、结构便在这里被构想出来。

《桥》由序诗及"万福·玛丽亚""波瓦坦的女儿""快帆船""哈特拉斯角""三支歌""奎克山""隧道""阿特兰蒂斯"八章共十五首诗组成。前三章是诗的第一部分，着重体貌，后面的章节即第二部分主要侧重精神方面的描写。《桥》被认为是"美国的颂歌""美国的神话"，它"肯定"美国，表现对其未来充满信心和希望。克莱恩说："我关心美国的未来。"[10]这是长诗的主题与基调,也是《桥》不同于《荒原》之所在。

《桥》的序诗是全诗的概要,引用圣经《约伯记》中撒旦回答耶和华的话作为楔子:"我从大地上走来,走去,往返而来。"表明长诗是诗人漫游美国大地的一篇旅行记,终了又回到开始,终点即起点。诗的情节类似《尤利西斯》,写一个年轻人(诗人自己)清晨醒来,凝望大桥和城市,花了一整天在街头溜达,所见所闻引发了他的思绪和联想;想起自己和美国这片土地的过去、现在,在历史的长河里游弋,最后回到大桥,结束他梦幻与想象的旅行。约伯是一个"完全正直、敬畏、远离恶事"的人,撒旦到人间查访后对约伯进行诬告,使他蒙受不白之冤,他家破人亡,承受极大的痛苦。但他对神伟大的信念毫不动摇,始终不渝地对神虔敬、充满敬畏。耶和华知道真相后使其从苦境转回,生活重归幸福宁静,享尽天年。这隐含了诗的主题:有信仰和信念就会有希望和幸福,尽管要经历痛苦与曲折。

序诗的第一节:"多少拂晓,因颤动的休息而受冻,海鸥的翅膀俯冲忽又旋身向上/洒下骚乱的白环,在被锁住的/海水之上高高地建起自由神像——"[11]。写的是海港黎明、展翅飞翔的海鸥、海湾高耸着自由女神雕像,一派生机勃勃、色彩斑斓的景象,与《荒原》第一节"死者葬仪"描写荒原人宁肯"要冬天盖着大地在健忘的雪里"而不要春天,不要发芽生长,一片凄凉死亡的景象和厌倦的心态形成鲜明的对比。

第一章"万福·玛丽亚",写500年前美洲的发现者哥伦布历尽艰险、恐惧和失望,最后充满胜利的喜悦带着他的发现"华夏"即美洲的记录返航。"我带回给你们——华夏!"他带回给他的赞助者西班牙君王的不是美洲,而是美洲的发现,是"知识","火焰之手","一个上帝","仍是超越想望的彼岸"。在克莱恩看来,"知识""发现(明)""火焰之手"即"创造"是希望之神,为从欧洲到美洲架设的一座跨越大洋的桥梁——通向未来的桥梁,从而进一步揭示主题。

接着克莱恩的诗笔从哥伦布及浩瀚的海洋转向美国本土及它的400年历史。第二章"波瓦坦的女儿"是全诗的中心,由《海港黎明》《凡·温克尔》《长河》《舞曲》《印第安纳》5首诗组成,把历史人物——弗吉尼亚的泰德沃特地区印第安人酋长波瓦坦的女儿,一位救过并爱上该殖民区首领约翰·史密斯的少女比喻为美国肥沃的土地、美丽的自然女神。《海港黎明》有:"使你回想起你的爱情,撒下你的种子,在醒着的梦里/你睡在我身边,现在多幸福/当汽笛鸣奏,悄然送来白昼/现在多宁静,在天亮打开眼之前/你清凉的手臂微颤平放在我身边。"这是一首情诗,爱情撒下了种子,既表现了诗人对大地——美国的深爱与眷恋,也是对《荒原》中有欲无情、不育、无果的回答。

在《凡·温克尔》中,诗人从东海岸走向西部草原,追忆它的历史。凡·温克尔是华盛顿·欧文《札记》中一则美丽传说的主人公。他在山谷里沉睡了20年,"瑞普慢慢发觉他——凡·温克尔不曾在此处,亦不在彼处"。沧海桑田,世界大变,美国赢得了独立。诗人把凡·温克尔作为通向过去的"保护神",回想起16世纪西班牙征服者及这块土地丰富的殖民历史,从美国的童年想到诗人自己的童年:"它是不是从丁香树上剥下的鞭子/春日里父亲交给我的/抑或是安息日无意的微笑/一次母亲从教堂带来的……"把个人的经历和历史的进程联系在一起。

《长河》是一首三重奏的交响乐,开篇第一种声音是喧闹的城市和夜里电报声、快车的呼啸声:"电灯泡—电报的夜来自托马斯·A.爱迪生——车头灯挺进/沿着铁轨鸣叫——/你能想象当一列快车飞奔/像科学——商业和神灵。"这已经不是田园式的美国,而是机器文明的现代社会,但另外也有"(火车)呼啸而过/三个人仍挨饿在道轨上","火车鸣响暴风雪过——/我听见远处的哀号,我知道那是她的哭声"。一面是高速飞驰的快车,一面却是流浪汉在泥泞路上慢慢步行,有人在欢笑,也有人在哭泣,这对比反映了社会的矛盾与悬殊的差异。第二种声音是自然界四季不同的声音。第三种声音是大河的水声,这是汇集了多条支流的密西西比河。克莱恩说它是"时间的长河","被历史折磨,它只有一个心愿——奔流!"它带着历史的、现时的哀怨使之和谐,默默地"奔向海湾"。美国进入了青年时期,诗人也在诗里忆起父亲罐头厂及陈年旧事。

后两首诗以印第安人为题材。《舞曲》写印第安王子在旋风中起舞:"舞回部落的早晨","跳吧,印第安战士,跳越他们的农庄"。诗人和他们一起从边境农庄跳到现在、将来,表明了印第安人文化是美国文化的一部分,它与白人文化一起记录着美国的进步与发展。《印第安纳》写边境草原上的妇女,在这里波瓦坦的女儿成了母亲、寡妇。过去很艰难,母亲送儿子到密西西比河畔,儿子是通向未来的桥梁。

《快帆船》是长诗第一部分的最后一首诗,是一首轻快的诗,表示由想象中大地的旅行转向后面章节精神的旅行。本诗又分两部分:第一部分写一个落魄被弃的水手的失败,他像《长河》中的流浪者无家可归,没有妻室儿女:"我不想知道这是何时／是该死的白色的北极消磨了我的年岁。"第二部分写诗人幻想中快帆船环绕地球航行成功,"移动、／穿梭那商业风掀起的聪明的图谋",这种幻想激励漂泊的水手继续前进去实现梦想。克莱恩说:"《快帆船》是照复音乐曲的计划写成的,两种'声音'——尘世的和永恒的声音交织于行动中。"[12]

从长诗的第一部分可以看出克莱恩以美国历史,他所谓"可用的过去"和现实为题材,用惠特曼的民主理想,结合个人的经验与想象来歌颂美国,突出强调科学知识和物质文明的重要性。他不像与他同时代的 D. H. 劳伦斯和其他许多作家那样否定工业社会,认为"金钱和机器是人类的敌人",否定科学技术的力量,厌恶城市,甚至主张倒退回以农村经济为主的封建社会。克莱恩主张与当代社会同步,接受工业社会,赞美机器和科学知识。在"万福·玛丽亚"中他赞美哥伦布用的指南针:"面前一根指针,悬挂北方","指向远方静悄悄闪光的田野和沉甸甸的／知识翻滚的麦浪",也认为科学会造就"许多王国／袒露在／跳动的心脏"。他把科学的力量比喻为神的力量,是"点燃了火的王国"。在这首诗的结尾,他写道:"我赞美你上帝,啊,你的火焰之手!"在长诗里他赞美科学技术与物质文明的象征——桥,赞美电灯、电话、环绕城乡的电线、电报、地铁、快车、飞机、潜望镜……他写工厂、机器、摩天大楼、华尔街、百老汇,表现大都会繁华紧张的生活。他赞美"速度""能量"。作家的题材应该广泛,面向社会生活,克莱恩说:"现代艺术家需要有巨大的吸取包容能力……"他自认为"很适合当机器黎明时代的抒情诗人"[13]。在《现代诗人》中,他甚至说:"如果诗歌不能把机器吸收进来,也就是说,不能像表现树木、牛群、楼船、古堡以及人类往昔的其他事物那样自然,任意地表现机器,那么诗歌便没有完成它的现代任务。"[14]"科学技术是生产力",克莱恩肯定科技发展会带来更高的物质文明和社会进步,无疑是正确、进步的思想。

较之于物质文明，克莱恩更重视社会的道德、精神文明。他认为诗歌"不是引向装饰和娱乐，而是唤起一种心态——布莱克的"天真无邪"或"绝对的美"。在此条件下，用新的形式直接以经验而不是先验为主旨的、闪耀着道德光辉的精神图画是可被发现的。"他又说："……用一切强有力的、直接的方式表达某些观念。"[15]克莱恩认为现代社会的物质文明已成为事实，但无相应的精神和艺术的进步伴随是不行的。因此，他主张诗人"要给机器注入积极生动的精神内容"[16]。他看到了资本主义社会的黑暗与腐败，认为"只有诗歌能把美国从精神的盲目和道德的堕落中拯救出来"[17]。《桥》是关于机器、物质文明的诗，更是关于道德、精神文明的诗。它是"大地旅行记"，更是"灵魂的旅行记"。

刘易斯说："整个《桥》是按照惠特曼1871年的《民主的展望》一文的精神创作的。"[18]他像惠特曼那样在长诗里歌颂美国，赞美普通的工人、农民、妇女儿童、印第安人，歌唱人的创造力，歌唱人的肉体与灵魂，歌唱纯真的爱情——歌唱一切真善美的东西。这在长诗的第二部分有集中的表现。

《哈特拉斯角》是一首惠特曼颂歌，"你带来活着的兄弟之情的/记录，协议和新的领域"。他认为读惠特曼的诗，通过他能再次看到国土的神奇美丽："或者读你，沃尔特——十分惊讶地知道我们被折服/被我们的本土。"惠特曼在诗中出现，"星星愉悦我们的双眼，带着旧时的/爱与恨的信念/民族的生息"。克莱恩赞美惠特曼如评论家瓦格纳所说："他特别把惠特曼和哥伦布相提并论，因为一个是美洲大陆的发现者，一个是美国精神的发现者。"[19]但处于一个证券交易的世界，诗人也不禁发出疑问与叹息："沃尔特，告诉我沃尔特，惠特曼/永恒是否还是一样/像你在靠近巴门诺克海滨行走时。"

在《三支歌》里，克莱恩用马洛的诗句为楔子歌颂纯真的爱情，"一个在塞斯托斯，另一个在对面的埃比德斯高处"。讲的是古时候一对情人的故事：利安德每夜泅渡过海与赫罗相会，赫罗在高塔点灯照明。一夜狂风大作，灯火熄灭，利安德葬身大海。克莱恩写这首诗是要在海峡上架起一座桥梁让忠实的情人来相会。诗中写了三种类型的女人：高寒天宫里的夏娃、低级戏院里的歌女和教堂的玛丽亚。克莱恩主张灵与肉结合的婚姻,他期待教堂的玛丽亚像灯塔照亮他的旅程:"从路旁5-10教堂的塔上闪光,/教堂的玛丽亚闪光!"

《奎克山》写死亡与再生。奎克山是基督教友派聚会居住的地方。他们的教义是兄弟之爱与自制。奎克山已为房地产经纪人占有,教友们早已仙逝,诗人呼唤:"你们在哪里我的同胞和奎克族?"他叫他们"起来!"主动、耐心地保护"从失望中发出的爱"。虽然人会像树叶落地般死去,但春天又会添枝生叶。诗人相信兄弟之爱会在大地再生。

《隧道》中的隧道是通向大桥的地铁,也是地狱。既然爱已像"燃烧过的火柴在尿中滑溜",诗人鼓励自己进入黑暗,经过痛苦、炼狱奔向天堂——大桥。"隧道能最快通向希望的家。"

在《印第安纳》中,诗人写了边境印第安妇人的丈夫在淘金热时去科罗拉多淘金身亡,"什么也没有得到,那59年/除了发财的希望,什么也不曾给我们/流尽了无用的泪水"。把黄金当上帝的物质主义使多少妻子失去了丈夫、儿子。老妇望着过继的儿子的眼睛发出"哪里有真金"的感叹,认识到生存,生儿育女比黄金更实在。

《阿特兰蒂斯》和序诗遥相呼应,引用柏拉图的话点明主题。"那么音乐便是知识/和谐、有条不紊的爱的知识"与诗的最后一节中"一支歌,一座火焰之桥!不就是华夏?"表明(诗)歌是爱的知识,是桥,是华夏。诗人的目的是追求爱,鼓励创造,进入真善美的理想境地。

克莱恩保持对美国的信心,但他不是一个闭着眼睛不看现实的诗人。20年代美国严重的社会经济问题,特别是1929年全国性的萧条使他曾一度产生怀疑,陷入极度的苦闷与彷徨之中。对于《桥》,他认为"整个主题和设计越来越觉得荒谬"[20]。《桥》正是他的理想与现实矛盾斗争的产物。现实使得他不能像惠特曼那样放声歌唱。他在给沃尔多·弗兰克的信中说:"倘若美国今天有惠特曼50年前谈及的一半那样值得谈的话,我是能有话好说的。"[21]鲁迅说过:"惠特曼唱不出来,因为这之后(指南北战争后),美国已经成了产业主义的社会……"[22]他的歌声乐观中充满爱伦·坡的神秘忧郁与伤感,在序诗中:"……你的脚步/却留下一些运动没有使用——你的自由暗中把你留住!"表明他对社会停滞,没有自由的苦闷。"先知所预言的可怕门槛/漂流者的祈祷,情人的哭泣/""一个疯子高速飞跑,冲向栏杆。"人们怀疑、恐惧、哭泣、流离失所、自杀,一幅萧索凄凉的景象如实地反映了那个年代的悲哀,这与《荒原》中的场景有何不同呢?"在暗处你的影子变得十分清晰",说明在诗人看来,只有闭目想象中的美国才是明亮的。"《桥》看来需要称为梦幻诗,其中的黑暗比光明更真实。"[23]诗人的这种情绪在长诗的结尾《阿特兰蒂斯》中又再次表现出来:阿特兰蒂斯既是真实的,也是传说中的西方一座沉没了的岛屿、消失了的城市。诗人把它与"华夏"即东方的象征等同表示目的地,暗示美国的伟大随时可能泯灭消失,也表示诗人的目的尚未达到。

《桥》问世两年后,诗人的最后一首诗《破塔》发表,其中有这样一句:"是我走进了这破碎的世界/追寻梦幻的情侣",表明他对现实的彻底失望。两个月后,从墨西哥返美途中他投加勒比海自沉,年仅三十二岁。克莱恩的《桥》是一首苦涩的赞歌,诗中的主人公——诗人本人是一位悲剧人物,这不能不是对工业社会的美国精神文明的讽刺与批判。

克莱恩的诗歌创作受多方面的影响,他继承了以惠特曼、爱默生、狄金森为代表的美国文学传统,注意向不同流派及同时代作家学习,汲取他们的长处但又不机械模仿,是一位有独特见解和创造性的作家。他想通过《桥》回答《荒原》,表现不同的思想与特点,但又注意向艾略特学习,表现出许多共同点。《荒原》以荒原的拯救,渔王寻找圣杯为主题和线索,由五个独立的篇章组成。《桥》则以布鲁克林桥为中心,以歌颂城市、美国为主题,由序诗和其他八个部分组成。渔王寻找神话的圣杯以拯救荒原,桥则是具体的事物,不是寻找而来,而是需要人们去建造,两者既相同又不同。《荒原》的"组织颇像一部纪录片,初看起来似乎散乱,但一个个镜头、意象、场面、对话片段叠加在一起,就形成一种整体感"[24]。《荒原》和《桥》都用了意象、场景叠加的方法,一首诗中同时出现很多突兀并无必然逻辑联系的事物,各篇章之间也是如此。有的评论家认为《三支歌》与主题无关,其实不然,三个女人唱不同的歌,代表不同类型的女性,表现诗人的婚恋观,与主题相符,应视为长诗的重要组成部分。被称为美国现代四大史诗的《诗章》《荒原》《帕特森》《桥》都用独立、平行互不衔接的章节组成长诗,用散乱的意象组篇,用的是意象并列复合的手法,这是 20 世纪初以庞德为首的"意象主义"诗歌运动的延伸与发展。

克莱恩在序诗中说:"我想到电影,场面壮观的技巧。"表明在《桥》中,他要把电影蒙太奇手法作为主要创作方法,这在《桥》中的每首诗里都有体现。如在《舞曲》中诗人写四季循环,一会儿想到冬王、冰河女人,一会儿想到巫师、王妃、水、山茱萸、旋风……任想象野马般驰骋,是意识流手法的运用。艾略特提出为观念寻找"客观对应物"来暗示和象征。长诗中的桥、哥伦布、波瓦坦的女儿、凡·温克尔、奎克山、隧道、快车、阿特兰蒂斯岛……都是诗人用以唤起情绪,表达观念的客观对应物,不过这些对应物多从美国历史和宗教神话故事中挑选出来。

克莱恩受法国象征主义的影响,特别受梦幻诗人阿瑟·兰波的影响较大。兰波写梦幻诗,提出"要混乱感官求得灵光"[25],要创造一种"不管从什么角度来理解都行"[26]的诗歌语言。克莱恩高度评价说:"兰波是我们文明社会将见到的最后一位伟大诗人。"[27]刘易斯认为"'梦幻'在《桥》中自始至终是一个关键词,一个关键成分"[28]。《美国梦幻诗》的作者也说:"《桥》是一部梦幻诗。"[29]照艾尔弗雷特·卡津的解释:"梦幻是艺术作品中直接和可感触的人的整个想象。"[30]梦幻就是想象中的、虚幻的并不真实存在的东西。克莱恩认为想象、幻觉才能真正"给上帝一个神话"。他强调以个人的经验(意识)为基础,用有感情力度的材料显现精神灵光,或曰"观念""绝对的美"。他说:"关于桥的想法当然是一种特别基于精神信仰之上的形式","那些形式、材料、变迁发展简直是世界上不存在的"。所以评论家们说,《桥》是"现代意识的史诗"。

克莱恩的诗歌理论强调诗歌的性质、方向,对读者的作用,特别强调创作过程,认为创作过程就是"观念的实体化",而真实世界只是表现意识的跳板。他强调选材和表达要多生联想意义,少些逻辑(字面)意义,提出了诗歌创作的"隐喻的逻辑"原则。实际上这就是想象的、与梦幻类似的想象的逻辑。它与所谓的逻辑推理相反,是错乱的推理,意识和思想不遵循常理而延伸扩张。这与一般的象征手法的一物暗指另一物,"托物喻志"和"借景抒情"已相去甚远。《桥》中许多象征是多元、变形的,可以有多种释义,有的甚至是模糊、含混,互相矛盾的。《桥》难懂、费解的原因就在于此。比如桥本是连接两岸使交通方便的一个实体，逢水架桥是司空见惯的现象，在诗人的想象中它是"华夏"即中国或东方的印度，又喻为一个未来的理想社会。因是钢铁缆绳桥，又暗指物质文明、机器时代；桥是人建造的，它又是人的创造力的象征。序诗中说它是"完美的曲线"，象征生死轮回和四季循环，具有宗教色彩。像"幻景"又使它显得神秘。"太阳随着你走"，显然它又成了神明。把它说成"竖琴"，它便成了"音乐"一支歌或诗及后面所说的"知识"，成了艺术美的象征。它是"祭坛"，又成了死亡的处所。"天堂，你的奖赏"又是基督和天国的象征。"把神话借给上帝"，神话指人间的奇迹进步是可见、可知的；上帝是不可见、不可知的，因此，有人把这行诗解释为从已知到未知，从可见到不可见。又如隧道本是地下通道，引用布莱克的话作该诗的背景："寻找西方的路，正通过愤怒的大门"，它便成了地狱的象征。在"万福·玛丽亚"中，"火焰之手"是仁慈和蔼之手；在"隧道"，它是集合人的痛苦的吻的地狱之手、死亡之手。同样的意象在不同的场所有不同的象征意义，体现了克莱恩"隐喻的逻辑"原则。这种创作方法是《桥》的一大艺术特色。

除了象征和暗示，矛盾修饰法的运用在长诗中也多处出现，前面说的"痛苦的吻"即是。序诗中海鸥飞翔与被锁是矛盾修饰法。"自由神像"本是自由的象征，但金属铸的神像被永远固定在海港，它是没有自由的。"运动却没有使用"，"拂晓"与"白昼降落"，"在暗处你的影子变得十分清晰"都是矛盾对立的意象。肯定中有否定，正面积极中包含否定、消极，反映了诗人对社会的认识与态度，又表现出一种神秘朦胧的美。这样的例子还有前面提到过的华夏即美洲与沉没了的阿特兰蒂斯岛，一个真实，一个已不存在，也许将来会出现，是矛盾修饰法。以此结束全诗，表现了作者既抱着希望又忧虑苦闷的心理。"克莱恩说长诗每个部分表现它独特的两重性问题。"[31] 评论家罗森斯塔尔说："《桥》表达了人的状况的痛苦的二重性……他真正的成功在于他记录了这种复杂的感情状态……"[32] 克莱恩使用矛盾修饰法也是兰波所主张的"明确与含糊相结合"的诗风的运用。

克莱恩的《桥》是一部雄心勃勃，包含了美国历史文化、宗教神话，反映了现实生活的长篇抒情史诗，是现实主义与浪漫主义结合，运用多种技法写成的一部现代主义杰作。国人对它的介绍研究甚少，加强对它的研究很有必要，定能让我们发现许多新鲜而发人深省的东西。

注释：

［1］［3］［4］［13］［16］［20］［30］　Hart Crane, *A Collection of Critical Essays*（Englewood Cliffs N. J.：Prentice-Hall Inc., 1982），p.1, p.172, p.133, p.43, p.43, p.126, p.179.

［2］［5］［17］［18］［28］［32］　R. W. Lewis, *The Poetry of Hart Crane：A Critical Study*（Princeton：Princeton University Press, 1967），序言，p.87, p.243, p.243, p.231, p.222.

［6］［8］［9］［23］［25］［29］　Hyatt H. Waggoner, *American Visionary Poetry, Chapter 10, Hart Crane*.（Boston：Louisiana State University Press, 1982），p.86-87, p.83, p.68, p.75, p.84, p.71.

［7］Sister M. Bernetta Quinn, *The Melamorphic Tradition in Modern Poetry*（New Brunswick：Rutgers University Press, 1955），p.130.

［10］［12］［15］［21］［27］［31］　Brom Weber（eds.），*The Complete Poems and Selected Letters and Prose of Hart Crane*（New York：Doubleday & Co., 1966），p.219, p.252, p.221, p.232, p.232, p.231.

［11］赵毅衡：《美国现代诗选》，外国文学出版社，1985，第236页。除序诗译文外，文中《桥》的诗句译文为笔者所译。

［14］Hart Crane, *Modern Poetry*. 中译选自《美国文学简史》（下册），董衡巽等著，北京：人民文学出版社，1986，第71页。

［19］［33］　Hyatt H. Waggoner, *American Poets*（New York：Dell Publishing Co. Inc., 1970），p.504, p.173.

［22］鲁迅：《鲁迅全集（卷四）》，人民文学出版社，2005，第262页。

［24］艾略特：《四个四重奏》，裘小龙译，漓江出版社，1985，前言第12页。

［26］赵乐生主编：《外国现代派文学辞典》，吉林文史出版社，1986，第244页。

（本文曾发表于《外国文学研究》1994年第4期）

美国黑人民族的首要代言人
—— 诗人兰斯顿·休斯

洪振国

摘要： 兰斯顿·休斯是美国20世纪20年代兴起于纽约"哈莱姆文艺复兴"运动（1919—1940）的卓越领导人之一，被誉为"哈莱姆桂冠诗人""黑人民族的代言人"。他大胆表达对自己黑人身份和美国身份的认同，在强调黑人民族性的同时强调民族是国家的一部分，强调民族梦和美国梦的一致性。他是现实主义的社会诗人，写中下层人民的疾苦，为他们受到不公正的待遇提出申诉和抗议。30年代后，他写思想激进和革命诗，被誉为无产阶级作家和革命诗人。他用简洁明快的黑人口语即兴创作，汲取民间口头文学的长处，在诗中引进布鲁斯、爵士乐等黑人音乐的要素，诗歌极具音乐性。他把黑人的口头创作提高到文学艺术水平，创造了新的诗歌形式，大大丰富了美国文学，对非洲及世界文学产生了积极影响。

关键词： 美国黑人民族　民族　国家认同　抗议　革命　新的诗歌形式

1926年当休斯的第一本诗集《疲惫的布鲁斯》出版时，"新黑人运动"的主要领导人阿兰·洛克即宣称："从诗集中，黑人群众听到了他们自己的声音。"受黑人群众欢迎的顿巴则说："这就是我们的代言人。"[1]20世纪20至40年代，杜波依斯、阿兰·洛克、维切尔·林赛、理查德·赖特等作家、学者对他（休斯）的作品进行评论，称他为"黑人民族的代言人"。[2]

《柯克斯书评》(一个美国书评杂志)在1959年版《兰斯顿·休斯诗选》出版时评论说:"兰斯顿·休斯三十多年来一直是黑人民族的首要代言人,已无需向美国公众赘述了。"[3]

当1927年休斯的第二本诗集《给犹太人的漂亮衣裳》出版时,雷蒙德·史密斯说:"他(休斯)已被认为是美国黑人的桂冠诗人。"[4]《华盛顿邮报》也载文说:"《给犹太人的新衣裳》中有充足的证据说明这位曾经当过侍从的年轻黑人,正顺利夺取保罗·劳伦斯·顿巴'黑人民族桂冠诗人'的宝座。"[5]

当1942年诗集《哈莱姆的莎士比亚》出版时,奥古斯特·德莱恩说:"卡尔·范·维克特很久以前已欢呼兰斯顿为'黑人的桂冠诗人',说他的诗回荡着黑人痛苦与欢乐的兴奋悸动。"[6]

休斯是一位多才多艺、有创新能力的作家、诗人,他在四十多年的文学生涯中,出版了诗集、戏剧、长短篇小说、自传、散文及译著等三十多部。对于他的诗歌、小说,有评论者说,百分之九十以上是关于美国黑人方面的内容。他热爱自己的民族,美国黑人也热爱他。他是名副其实、当之无愧的"美国黑人民族的代言人""黑人的桂冠诗人"。他的创作,有以下几方面的特点。

一、黑人身份的认同

兰斯顿·休斯认定自己的黑人身份,从他在自传中记载的一件小事可以看出。1919年当他从父亲的所在地墨西哥返回美国、在圣路易斯买冰淇淋时,店员问他,你是墨西哥人还是有色人种。休斯问他什么意思,店员答道:"如果你是墨西哥人,我就卖给你;如果你是有色人种,我不提供服务。"休斯说:"我是有色人种。"于是店员转身走向别的顾客。[7]

休斯坚定地认同自己的黑人身份并成为美国黑人民族的代言人,首先有其家庭的影响。他1902年2月1日生于密苏里的乔普林一个黑人家庭。他四岁时父母离异,父亲远走他乡。1914年以前,他主要跟随外祖母在堪萨斯州的劳伦斯生活,随后,他才到俄亥俄州的克利夫兰,与母亲和继父一起生活。外祖母的第一任丈夫谢里登·利里在1859年参加约翰·布朗组织的一次袭击联军军火库时，在弗吉尼亚的哈珀渡口牺牲。约翰·布朗是白人，在南方武装黑奴，试图建立独立的黑人州。他把自己的一生和一家献给了黑人的解放事业，最后被敌人绞死在绞刑台上。外祖母的第二任丈夫兰斯顿·查尔斯也是一位热情的废奴主义者。美国内战前，他在领导一次著名的营救逃亡黑奴的斗争中被捕。查尔斯的弟弟毕业于奥柏林学院，当过国会议员。外祖母讲述家庭及黑人争取自由解放斗争的故事，对年幼的休斯有着潜移默化的影响。休斯崇敬、缅怀英雄，曾在诗中写道："也许/你会记得/约翰·布朗——/哈珀渡口/今日闹鬼/不朽的袭击手们/再次光临小镇。/"[8]

休斯受到黑人领袖马丁·路德·金的影响，仿照他的《我有一个梦想》，写了许多有关梦想的诗，如《坚持梦想》《梦的变奏》《我梦想一个世界》《推迟的梦的蒙太奇》等，激励黑人要有理想，要为理想的社会而奋斗。

杜波依斯是休斯的恩师，仿照他1899年所写的《黑烟之歌》中的"我是黑烟皇帝/我是黑人/"，休斯写了《黑人》一诗，开头和结尾两节都强调"我是黑人"。诗中的"我"代表的不仅是休斯本人，还有全部非裔美国人。这对当时那些瞧不起黑人，恨自己是黑人、黑皮肤，甚至冒充白人的人是一个批评，也为黑人群众树立了一个好的榜样。

从休斯与父亲和赞助人的矛盾与斗争中，我们可以看出他对黑人身份的认同和对自己道路的选择是坚决和充满信心的。1919年休斯去墨西哥探望父亲，同他住在一起。他发现父亲是个贪婪的人。他憎恨、蔑视穷人，看不起黑人同胞，尤其是穷苦的黑人。他要求儿子学工、经商，瞧不起诗人，特别讨厌儿子要成为诗人。休斯宁可得不到父亲经济上的帮助，也要坚持写诗，走自己的路。他回到克利夫兰后，写了不少诗，《黑人谈河流》就曾获奖并发表在杜波依斯主编的《危机》上，使他在"哈莱姆文艺复兴"运动中崭露头角，为他获得非官方的"哈莱姆桂冠诗人"奠定基础。

1927年休斯从林肯大学毕业后，得到赞助人夏洛特·梅森夫人对他经济上的慷慨支持。但由于休斯不愿按赞助人的西方传统的文学模式写作，以及因对黑人态度的不同而跟赞助人产生矛盾。在创作小说《不是没有笑声》时，他们因分歧严重而分手。休斯与父亲和喜欢的赞助人分手，他感到非常痛苦而病了两场。

二、黑人民族历史、文化的认同

历史上有过 15 世纪的 "三角贸易"。奴隶贩子从欧洲出发，乘船到达非洲，用各种卑劣、残酷的手段把黑人从非洲不同的国家强掳到美洲，卖给美洲的种植园主当作奴隶使用，然后把美洲的黄金和工业原料运往欧洲。1619 年，第一批黑人被运往弗吉尼亚的詹姆斯城后，便被源源不断地运往美洲各地，被当作奴隶、会说话的工具，强迫劳动，过着非人的生活。直到 1862 年林肯宣布《解放黑人奴隶宣言》，再到美国南北战争结束废除奴隶制度，黑人的情况才有所好转，但或明或暗的种族歧视依然在社会上严重存在，黑人在政治、经济、文化教育等方面仍得不到与白人同等的待遇。社会上普遍认为黑人没有文化，没有历史，是低等民族，也有不少黑人有低人一等的自卑心理，因此发掘黑人民族的历史、文化，提高民族自尊心就显得尤为重要。

美国黑人学者杜波依斯 1913 年号召黑人文艺复兴，以增强黑人民族的历史、文化感。他在《文化艺术中的黑人》一文中说："世界上任何一个民族积累的比较丰富的大量资料，都没有今天黑人民族掌握的更多，并且他们逐渐意识到这一点。"[9] 达尔文说："非洲是人类的摇篮。"[10] 这说明只有更好地认识非洲历史，才能更好地认识人类和世界。

杜波依斯还说过："不用怀疑，15 世纪非洲黑人群众的文化水平比同期的北欧人的文化水平要高。""其实，在欧洲殖民者尚未入侵西非之前，那里就有极丰富的口头文学。"[11] 美国埃里克·吉尔伯特著的《非洲史》在说及 15 世纪后半叶欧洲人的发现时说："非洲容易打交道的国家及社会，与同一时期的欧洲社会有许多共同点。除欧洲人的海军和火器技术之外，双方的技术水平大致相等——双方都拥有铁制品加工技术的前工业社会。"[12]

1923 年，休斯在一艘沿着西海岸航行的商船上当水手，到过沿岸很多地方，游历过塞内加尔、尼日利亚、刚果等非洲国家。这是他的一次非洲寻根之旅，使他对非洲历史、文化有了更多的了解。他在《非洲》一诗里称非洲为沉睡的巨人："沉睡的巨人，/——在你的微笑里，/有霹雳和闪电……/有暴雨……/雷声。/奇迹/和年轻的/惊喜。/你的每一次迈步都是/你的双腿/新的大踏步前进。"[13] 休斯寄望于美国黑人在经历过磨难之后,迈开大步前进。休斯在《黑人谈河流》这首诗里谈及四条古老的河流:幼发拉底河和尼罗河是人类古老文明的发祥地,尼罗河是世界最长的河流;刚果河是非洲流域面积最大的河流,养育了黑人民族;密西西比河是美国黑人最先从这里进入美国各地。这四条河流都先于人类的历史而存在,"比人类血管中流淌的鲜血更古老"。这首诗表明,黑人种族像古老的河流一样有着悠久的历史和灿烂的文明,对增强黑人的民族自豪感和民族认同感有重要意义。

休斯在 1954 年出版的《美国著名的黑人》和 1955 年出版的《美国著名的音乐家》两本书,介绍美国黑人的成就和他们为美国所做的贡献。1956 年休斯与弥尔顿·梅尔特泽合编,出版了 360 多页的插画版《黑人历史》。这本书图文并茂,包括铜版、印刷、木刻、照片、绘画等各种重要事件及重要人物的图片一千多幅。该书记载了黑人从 1619 年从非洲被强迫运到北美开始直到书稿完成之日为止将近 350 年的历史。文字说明由休斯主笔。该书提供的资料,对读者了解美国黑人的历史背景及生存状况有很大的帮助,这本书也是美国黑人家庭必备的图书之一。

三、国家与民族的双重认同

休斯热爱黑人,但他多次声明他不恨白人,原因也与他的家庭和学校受到的教育有关。"他的曾祖父与外曾祖父都是肯塔基州的白人奴隶主,而他的曾祖母与外曾祖母则是被主人'临幸'的黑人女奴。"[14]休斯在自传《大海》中说:"我的家庭不是典型的黑人家庭,我的祖母没有做过洗衣或服务性工作。她一直生活在奥伯村,说一口标准、流利的英语,不带地言口音。她看上去像个印第安人。我母亲是个从事报业工作的人,曾当过速记员。我父亲住在墨西哥。我小时候就学会不恨所有的白人,并且从那以后,对我来说,我到过的每一个国家和每一个民族的大多数人,总的来说,我认为都是好的。"[15]休斯在克利夫兰中心中学,这所白人和多国移民学生混杂的学校读了四年至高中毕业。他是班上两个黑人中的一个。他除了与同学有距离,但从未面临种族偏见和美国生活方式方面的冲突。同学们认为所有的黑人都能歌善舞,有节奏感,所以一致同意选他当班级诗人。在一个以白人为主的群体里能得到对他黑人身份的尊重被选为班级诗人，不仅对他日后成为大诗人，而且对他对白人的看法及对国家的认同与归属感都有影响。

休斯在自传中还提到一件事。毕业前的一个夏天，他在父亲所在地的墨西哥教英语。前来代替他的是位白人女士。她觉得居然有黑人什么都能教，简直不可思议，于是问道："我想你是美国人？"休斯回答说："我是美国人。"女士说："哦，我的意思是你是美国白人！"休斯无奈，咧嘴一笑。[16]"休斯不否认他的双重性和双重意识：即他是黑人，也是美国人。"[17] 1931年休斯到南方演说，演说开始时，他总要先表明自己的美国身份："我在位于国家地理中心的堪萨斯州长大，所以说，我是正宗的美国人。"[18]

惠特曼写了《我歌唱美国》一诗，休斯也仿照写了《我，也，》："我也歌唱美国，/我是那黑得多的兄弟。/……我，也，是美国。/"他把国家看得高于民族，不计较白人的傲慢与偏见。他在《白人》一诗中写道："我不恨你们，/你们的脸也很漂亮。/我不恨你们，/你们的脸也闪耀可爱的迷人的光。/可是你们为什么折磨我，/哦，强壮的白人，/你们为什么折磨我？/"[19]在《兄弟》一诗中，休斯写道："我们相连——你来自西印度群岛/我来自肯塔基/你和我是亲戚/你来自非洲/我来自美国/我和你是兄弟——"[20]休斯强调国家与民族的一致性，强调民族平等，和睦相处，甚至不同国家、不同民族的人都是亲戚、兄弟和朋友，表明他是一位有胸怀，有国际视野的诗人。

四、为黑人代言，为他们受到不公正待遇抗议

休斯前期的诗大致可分为两大类："一类是有关种族、文化方面的，一类是公开的抗议。"[21]种族歧视是一座大山，它无处不在，压得人喘不过气来。我们从邹仲之先生译的《兰斯顿·休斯诗选》摘引的诗句中可见一斑。

"种族歧视包围着我/……当人们谈论自由——又对我种族歧视/"[22]这表明美国奢谈民主自由，其实种族歧视到处存在。举例说："在南方，

我的老家，/白人和黑人/不能挨着坐。/在南方的火车/有一节黑人的车厢。/在公共汽车里我们给安排在后边——/可是旋转木马/没有后边！/给黑孩子骑的木马/在哪里？"[23]"我是你儿子，白人！/你是我儿子！见鬼去吧！/"[24]就因为孩子是黑人女子所生，是棕黄色，亲生父亲不认自己的儿子。"我是那黑得多的兄弟。/当客人来了/他们要我在厨房吃饭。"[25]黑人没有社会地位，被认为是低等民族，不能与白人平起平坐。

黑人举步维艰，在贫困线挣扎。大多数黑人受教育程度不高，只能洗衣、刷痰盂、当侍从，干肩扛手提的杂活，非常劳累，收入低微，常常处于失业状态。"我是一个做苦工的奴隶，/我干了活可还挨打受虐待——/我的孩子被卖走了，丈夫也被卖了。/我得不到应有的安全、尊重和爱。"[26]"嗯，我累得要死。/今日早晨从五点就一直在走。/从南到北，在这个活人的城市/他们就是没活给你干。/……等你到那儿，一千零一个人/……假如我们不能要得更多，那就五毛钱干一天。"[27]

没有正义，没有自由，没有希望。"正义是个盲目的女神，/是她的绷带遮盖了两个溃烂的疮/那也许曾是两只眼睛。"[28]正义是个有眼无珠的女神，在美国没有正义可言。美国黑人在今年旷日持久的示威游行中高呼："没有正义，就没有和平。""走在这条难民路/我必须乞讨？我必须偷盗？/我必须说谎？我必须下跪？/像沉默的厌战的绵羊受驱赶，/我们必须在路上流浪流泪？/这世界可愿意听我的呼吁？/"[29]美国黑人像被驱赶的牲畜，发出最后的怒吼！

"我的梦——/明亮得像太阳。/后来一堵墙/在我和我的梦之间/升起。/遮暗了，/隐藏了，/我梦里的光亮。/"[30]"我累了，累了，/我实在厌倦了。/——生活是这样叫人厌倦。/他会要了我的命。"[31]这便有了自杀者留言："平静/清凉的河面/向我索要一个吻/"[32]

黑人受迫害，没有人身自由。"在南方向南的路上/（痛断了我的心肠）/他们把我爱的黑皮肤姑娘/吊死在十字路口的树上。/"[33]三K党对黑人极尽迫害之能事："他剜我的脑袋/把我揍趴下。/然后他们在地上踢我。/"[34]这同2020年5月25日美国非裔男子乔治·弗洛伊德被白人警察用膝盖封喉长达八分钟致死是同一类性质的暴行，所以引发几乎全美多个大中城市的抗议示威游行。休斯一百多年前抗议过的悲剧，今天在美国重演，说明美国的种族歧视问题依然严重，不但没有解决，甚至有愈演愈烈之势。正如休斯所说："从奴隶的锁链到死刑的绞索／到约克维尔的子弹，／从1619年的詹姆斯敦到1963年：／奴隶解放方宣言发表100年了——／100年没有解放。／"[35]

休斯的抗议诗是一种痛苦、哀伤、含蓄、情感压抑的诗。正如克林米克斯所说："休斯的诗如《混血儿》《南方》《当我长大》《小丑》等，读起来苦涩，但并不残酷，就像水面的涟漪下面隐藏着深沉的痛苦和悲凉的渴望，敲击着人们的心弦。"[36]在《小丑》一诗中。小丑说："眼泪是我的笑／笑是我的心痛。／"黑人唱歌当哭，忍痛强作欢笑，何其悲惨。

五、休斯的激情与革命诗

20世纪三四十年代，休斯的写作内容因国内、国际形势的发展变化以及他自己的经历而有所改变，创作进入了一个新的阶段。美国1929年开始的经济大萧条、工厂倒闭、大批工人失业、民不聊生，使三K党对黑人的迫害更为猖獗，种族矛盾加剧，黑人受到更大的生存压力。另外，1932年发生了"斯考茨勃罗案"——九个无辜黑人男孩被误判强奸两个白人妇女面临极刑。休斯参加了此案的营救工作，得到了美国共产党的帮助，这加强了他与共产党和左派人士的联系，对他产生了影响。他1931年访问古巴、海地，次年应邀访问苏联并在苏联旅居一年，使他对社会主义与资本主义社会有了比较，认识到应从阶级和阶级斗争的观点看待民族问题，产生了暴力斗争，甚至武装夺取政权的思想。在《黑人母亲》一诗中，黑人母亲讲述美国黑人三百年来悲惨的经历，号召："走出黑暗、无知、黑夜。／从尘土里高举起我的旗帜、／像自由的人民一样站立，支撑起我的信仰。／相信正义，任什么不能把你们推回去。／记住奴隶贩子的行径和鞭子。／记住斗争有多么艰苦，／你们要冲破障碍，永远向前进。"[37]这是休斯在号召黑人起来反抗压迫，冲破阻力起来斗争。在《新歌》中，休斯写道："只有我自己的手，／黑如泥土的手，／才能让我黑如泥土的身体得到解放。／啊，强盗，剥削者，杀人犯，／你们再也不能／用傲慢的眼神轻蔑的口气说：'黑人，／你们是我的仆人——／我，是自由人！'／起来！反抗！／黑人的世界／和白人的世界/将是同一个世界！/劳动者的世界！/[38]在《让美国再次成为美国》中，休斯振臂高呼："啊，让美国再次成为美国——/这国土从来不是——/但它必须成为人人自由的国土。/这国土是我的——是穷人的，印第安人的，黑人的，我，——/创造了美国。/——我们，人民，必须收回/土地、矿山、工厂、河流。/让群山峻岭和无边的平原——/让所有这些绵延万里生机勃勃的伟大各州——/再次成为美国！/"[39]要让美国再次成为美国，再次伟大，一百年前，休斯已经指明了道路：只有让美国真正属于人民，让人民掌握政权，而不是让美国掌握在少数垄断资本家和金融寡头手中。

阿诺德·兰帕萨德说："实际上，一开始休斯就了解并同情激进的社会主义……他在诗中写道：'我已厌倦了等待，/你呢？/等到世界善良，/美好和仁慈？/让我们拿起刀，/把世界分成两半——/看有什么蛀虫/啃食树皮。'"[40]休斯在《早安，革命》中大声喊出了要革命："早安，革命；/你是我一生/最好的朋友。/从现在起我们就同行。/[41]其实，休斯早在学生时代就同情激进的社会主义，因为他受到下面几方面的影响：①大学惠特曼和桑德伯格公社的影响。②一位犹太同学借给他一本讲述意大利革命者的小说《牛虻》。③受阅读《解放者》、社会主义号召和琼·克里斯托弗的影响。休斯对它们比参加合唱团和打篮球更感兴趣。[42]马加雷特·拉普说："也许休斯并不喜欢"无产阶级诗人"这个头衔，但他配得上这一称号。"[43]从某种意义上说，称休斯为革命诗人、无产阶级作家是不为过的。

六、休斯的诗歌创作理念与艺术特色

1. 社会诗人

休斯说："他最早的诗是社会诗,就在于那些诗是关于人民的问题，——关于所有人群的问题——而不是关于自己个人的困难。"[44]休斯从他的文学创作开始就深入到哈莱姆黑人区，与人民保持密切的联系。他长期居住在黑人区，与人民建立了深厚的感情。哈莱姆区是他创作的源泉。他说："作为哈莱姆人，他们的问题就是我的问题，他们的兴趣爱好也就是我的兴趣爱好。"[45]这说明休斯是一位社会意识和社会责任感很强的诗人。T.伯纳德·佩斯在《阿舍维尔时报》盛赞休斯的现实主义和情感的力量，他感到欣喜的是"人们不是读他的诗，而是唱它们、笑它们，祈祷它们"[46]。纳尔逊在《华盛顿邮报》上提醒："我们有些人不喜欢亚里士多德说的'诗是对生活的模仿'，R. E. 柯雷汤（R. E. Cureton）在《神谕》中肯定现实主义诗歌，认为休斯现实主义的主题有权在诗歌中得到赞扬。"[47]甚至理查德·赖特说："休斯开始把现实主义带到黑人文学而取代了我（赖特）作为文化大使的地位。"[48]休斯如实地反映社会生活，他的诗充满生活气息和黑人文化色彩，所以被称为"社会的记录"。

2. 真与美

R. E. 特纳在评论《给犹太人的漂亮衣裳》时说："休斯先生描写了真实。总的来说，这本书包含了对一些黑人类型的真实描写。"[49]休斯说："或许艺术家的使命就是向人民阐释美 —— 他们自身中的美。"[50]休斯的美学观"黑即是美"与莎士比亚的"真即是美，美即是真"的观点相似。莎翁在十四行诗105中说："我的诗 —— 只叙述一件事情。/'美、善和真'用不同的词句表现；/我的创造就在这变化上演绎，/三题一体，它的境界可真无限。/"无疑休斯继承了莎士比亚的美学传统。休斯"黑即是美"的美学观点是有针对性和现实意义的，它针对白人种族主义者以盎格鲁-撒克逊血统为高贵，以白色、白皮肤为美而歧视黑人，把黑人贬低为野蛮、低劣和丑陋的民族。休斯在诗中歌唱黑人美："夜是美丽的。/我的人民的脸是美丽的。/星星是美丽的。/我的人民的眼睛是美丽的。/美丽也属于太阳。/美丽也属于我的人民的灵魂。/"[51]当苏珊穿上红衣裳/一位女王从久远的埃及之夜/又一次走过来。/"[52]休斯在歌唱黑人外在美的同时也歌唱黑人灵魂的美。

3. 美与丑

休斯在《黑人艺术家与种族大山》中说："我们年轻的艺术家在创作中想表达我们黑皮肤的自我而不感到惧怕或害臊。如果白人高兴，我们也高兴，如果他们不高兴，没什么了不起，我们知道，我们美，也丑。"[53]在《火》一诗中："我不优秀/我不干净/我臭/我低劣，平庸……/我偷盗/我撒谎/我比埃及王/睡过的女人还要多。/"[54]休斯用一分为二的观点看待黑人既美丽也丑陋，还需要炼狱、需要灵魂的洗礼，这无疑是在提醒黑人要自爱、自尊、自强。随着新黑人运动的开展，哈莱姆的夜生活显得热闹起来。夜总会、酒吧到处可见，成了文艺复兴的一大副产品。这在休斯诗中也有反映，如《哈莱姆的夜总会》《夜总会新来的女孩》等诗篇即是，但休斯理解他们："他们怀着一个想法，抓住现在这一刻寻欢作乐，尽管害怕明天，明天一片黑暗。"[55]有人批评休斯诗中描写了色情、低级庸俗的东西。休斯回答说："他们没有看到这样一个事实，我写的每一首有丑行的诗，都是对所描写的丑陋的抗议。"[56]也有论者公正地说："休斯先生没有阻挡对他民族的公正的批评。他写黑人最好和最坏的一面，也相应地、非常公正地写白人最好和最坏的一面。"[57]休斯敢于揭短，指出存在的问题，知耻而后勇，是有勇气和信心的表现。

4. 痛苦与欢乐，失望与理想

《华盛顿邮报》评论说："休斯用敏捷灵巧的手笔写民族成员的欢乐与痛苦，美与丑。"[58]在《痛苦》一诗中："你能理解/啊，理解/一个善良女人的哭喊，/就为了一个没良心的男人。"[59]人生不是为了受苦而是为了欢乐而生。休斯在《梦的变奏》中写道："张开我的臂膀/在阳光下的大地/旋转、起舞/直到夕阳西下。"《理想》是一首励志诗："坚持梦想/假如梦没有了/生活就像折翅的鸟/不能飞翔。坚持梦想/因为梦想失去/生活是荒芜的田野/覆盖冰霜。/"《黑人历史简报》说："休斯漫游过的世界所有地方都令人悲哀、令人消沉，他寄望有一个光明的明天，他仍然能笑。"[60]又有论者说："休斯的诗充满意义，像伟大的诗一样充满感情，渴求实现他的人民的无言的愿望。"[61]休斯的梦想就是要建立一个自由平等、人民做主，没有歧视和各民族团结和谐的社会。尽管休斯的梦是一个推迟的梦，实现它还有很长的路要走，但他仍然坚持，充满信心。

5. 诗的超越

阿诺德·维姆珀森说："休斯的诗在表达黑人被动的痛苦和愤怒后有所超越。"他又说："诗的超越是在诗中悄然加入黑人的美和历史的内容。"[62]休斯的诗，几乎每首都有黑人之美和非洲历史的内容，不过这种内容不是直叙而是悄然加入，或者说它含蓄、不直接言说而读者却可意会。《黑人谈河流》写了与非洲黑人有关的四条古老的河流，最后一句"我的灵魂变得像河流一样深沉"即表现了历史的内容，也表现了黑人灵魂之美。休斯写非洲鼓、布鲁斯、爵士乐，在《非洲舞蹈》中有"低沉的鼓声嗵嗵／你的血液沸腾／"，在《诗》中有"丛林里嗵嗵的鼓点会在我血液中敲打／丛林里狂野灼热的月亮都在我灵魂里闪耀／"，在《思乡的布鲁斯》中有"思乡是痛苦的事，／为了不哭出来／我张开嘴巴笑起来／"，这些诗句既有非洲元素，又彰显了黑人的性格魅力。

休斯认为诗人应坚持他的客观性和艺术距离，认为保持距离产生美。他在1950年的美国非洲文化协会上鼓励黑人作家："走出自我，然后向后看，你会发现多么有人性，而你又是多么美丽、多么黑。"他在演说中还强调："艺术超越种族。从一般意义来说，无论何时何地，优秀的艺术超越国度、种族或者国籍，并且超越肤色。如果你是个优秀的作家，最终，无论你是白人黑人，对读者而言，都没有什么不同。"[63]休斯在这里强调艺术性、特殊性和普遍性，强调地方性时也强调世界性。所以，埃塞·菲尔普斯说："兰斯顿·休斯是一个黑人，但他也是一个世界性的诗人。"[64]

6. 民族风格的艺术形式

1923年，休斯发现布鲁斯和爵士乐是最有意义的表现黑人民族的艺术形式，开始把它们运用到诗歌创作中。布鲁斯是美国南方黑人奴隶在种植园劳动，为了解除身体的疲劳和心中的忧愁和烦恼而吟唱的一种忧伤的歌曲或呼叫，又称为悲歌。布鲁斯是口头、即兴吟唱，有传统固定的模式，即每首三行、四拍：第一行为歌者所见、所想之事；第二行重复第一行，或稍有变化；第三行多是对前面内容的回应。休斯稍作改进，把每节扩展至六行，使内容更丰富。休斯用规范的美国英语和自由体写诗，保留黑人的口语，既有黑人民族的特点，又能让一般读者看得懂。如用 yer 或 ye 代替 you, fer 代替 for, ma 代替 my, flying 和 crying 中的 g 省略, of 中的 f 省略，用较粗俗的缩略语 ain't 代替 I'm not, I've not 等。爵士诗不像传统的布鲁斯有固定的形式。它是自由诗的一种，与爵士音乐某些性质相近。布鲁斯诗相对比较低调，一般较哀婉，大都是口头吟唱；爵士诗配乐歌唱，要表现音乐的节奏和乐器的气势。休斯在第一本诗集《疲惫的布鲁斯》中，主要写日常生活和社会信息方面的题材，只对爵士诗做了些尝试，如《猫和萨克斯管》《布鲁斯幻想曲》《黑人舞女》等。他的第二本诗集《给犹太人的漂亮衣裳》是使用本地题材和方言口语写成，布鲁斯占到大量篇幅。集中的前八首和最后九首全按严格的布鲁斯民歌方式和形式写成。

　　休斯将黑人的音乐引进诗歌，采用方言、口语、对话，语言简单朴素，内容接近黑人的生活，把黑人的口头传唱提高到文学的水平。正如阿诺德·兰帕萨德所说："休斯喜剧性地成功挖掘到了布鲁斯形式的精髓，在创作过程中，把这种民族形式提高到了文学艺术的水平。"[65]这是一种新的文学形式，打破了黑人文学要按西方的模式写诗的套路。这同著名的黑人诗人卡伦"坚持黑人诗歌应该遵循英美诗歌的传统，不要一味滥用黑人的土语方言或宣传种族斗争"是背道而驰的。休斯创造的这种形式的诗歌很好地表现了黑人民族的智慧和创造能力，让人读后有"两种美国文学，两个美国"的感觉。[66]

　　休斯是被美国视为国宝一样的现代诗人，与惠特曼、庞德、艾略特等著名诗人同在全美电视广播节目中介绍。他向惠特曼学习，用自由体写诗，也一样歌唱美国。惠特曼的《自我之歌》歌颂美国，也歌颂自我。休斯诗中的"我"代表的是整个黑人民族，少有个人的成分。休斯向庞德学习，诗中运用意象、象征手法。艾略特强调"传统与个人才能"，艾略特的传统多为引经据典的书面传统。休斯的传统是名不见经传的口头文学传统，他使用口语对话即兴创作，语句简短，有很强的音乐性。

前面几位诗人使用长句、复合句，语言或也通俗，但并不口语化，即使使用口语对话，也是中产阶级知识分子使用的语言。休斯汲取现代大诗人的长处，另辟蹊径，独树一帜。玛格丽特·拉肯认为他的诗堪比苏格兰诗人彭斯的诗，与他有许多共同之处："彭斯在诗中抓住了三件事：方言、语调的抑扬顿挫和人民性格，所以他比所有美丽的苏格兰人更像苏格兰人。"[67]休斯也抓住了这几件事，并且"休斯把一种真正新的诗歌形式贡献给了英语语言"[68]。

惠特曼说："一个民族的最高检验竟是自己所生产的诗歌。"[69]休斯把美国黑人的方言、口语和民间音乐引入诗歌，创作出了一种新的诗歌形式，丰富了英语语言文学。他的诗是黑人民族的最高检验。休斯是民族的，也是世界的；他的诗是美国的，也是世界的。

注释：

［1］［4］［7］［9］［15］［16］［17］［18］［44］［63］ Harold Bloom（eds.），*Langston Hughes — Modern Critical Views*（New York：Chelsen House Publisher, 1988），p.45, p.45, p.571, p.51, p.57, p.57, p.54, p.54, p.49, p.48.

［2］［41］［50］ 罗良功：《艺术与政治的互动：论兰斯顿·休斯的诗歌》，上海外语教育出版社，2010，第4页，第93页，第39页。

［3］［5］［6］［20］［36］［43］［46］［47］［48］［49］［56］［57］［58］［59］［60］［61］［64］［66］［67］ Tish Dace（eds.），*Langston Hughes, The Contemporary Reviews*（Cambridge, New York：Cambridge University Press, 2009），p.607, p.89, p.283, p.397, p.52, p.102, p.6, p.6, p.14, p.104, p.9, p.9, p.89, p.34, p.16, p.612, p.612, p.101, p.5.

［8］［21］［40］［42］［53］［54］［62］［65］［66］ Helen Vendler（eds.），*Voices and Visions*（New York：Random House, 1987），p.355, p.21, p.370, p.370, p.379, p.93, p.366, p.376, p.272.

［10］［11］ 董衡巽，朱虹，施咸荣，等：《美国文学简史》，人民文学出版社，1986，第114页，第115页。

［12］埃里克·吉尔伯特，乔纳森·T.雷诺兹：《非洲史》，黄磷译，海南出版社，2007，第179页。

［13］［14］［19］［22］［23］［24］［25］［26］［27］［28］［29］［30］［31］［32］［33］［34］［35］［37］［38］［39］［51］［52］ 兰斯顿·休斯：《兰斯顿·休斯诗选》，邹仲之译，上海译文出版社，2018，第316页，第1页，第25页，第180页，第182页，第82页，第38页，第117页，第113页，第17页，第161页，第76页，第61页，第46页，第85页，第191页，第344页，第118页，第125页，第134页，第23页，第15页。

［45］［55］ Arthur P. Davis, "The Harlem of Langston Hughes' Poetry,"［N］.www.jstor.com. Vol.No. 3, 1981, p.276, p.277.

［69］ 沃尔特·惠特曼：《草叶集》，楚图南、李光野译，人民文学出版社，1988，第1225页。

（本文于2020年9月完稿）

伊丽莎白·毕肖普的创作观及梦幻诗

洪振国 曾超

摘要：伊丽莎白·毕肖普是美国杰出的现代诗人。她在诗中明确表示，艺术来源于生活、模仿生活，旨在表达思想；写诗是一个由客观到主观、物质到精神，思想和现实相互交融、渗透的动态的过程，并提出了她的"动态诗学观"。她认为写诗要观察事实的细节，沉入或者潜入未知，以及诗歌本身要能表达诗人的感情，诗要新颖，要能给人以快乐，使生活可以忍受。她的梦幻诗具有超现实主义性质，但她又不是一位超现实主义诗人。她把梦作为一种题材和写作方法，表现社会意识，是她未实现的愿望的满足。她的梦幻诗中，半梦和半醒的状态交替出现。她开发潜意识，认为意识和潜意识是并不割裂的，但理性才是主要的、可靠的。

关键词："动态诗学"创作观　梦幻诗　伊丽莎白·毕肖普

伊丽莎白·毕肖普被认为是继艾米莉·狄金森、玛丽安娜·摩尔之后，美国最重要的一位女诗人。她生前只出了四本薄薄的诗集：《南方与北方》（*North and South*）（1946）、《一个寒冷的春天》（*A Cold Spring*）（1955）、《旅行的问题》（*Questions of Travel*）（1965）、《地理Ⅲ》（*Geography* Ⅲ）（1976）。差不多每十年一集，连同磁带上的诗作，发表87首，收录在她《诗全集1927—1979》中的诗也不足一百首，但是她被选为美国艺术与文学院院士，获得过古根海姆奖、普利策诗歌奖、美国国家图书奖、国家书评奖，担任过美国华盛顿特区图书馆诗歌顾问，被誉为"诗人的诗人"，与埃兹拉·庞德、T. S. 艾略特、威廉·卡洛斯·威廉斯等人并列为20世纪美国最伟大的诗人。毕肖普在诗坛享有盛名，以质量取胜："在言辞的数量方面，她证明了越少即是越多。"[1]近些年来，评论界对她的诗从不同的角度进行评说，笔者认为她的创作观，即她对诗歌创作的理论与实践和她写梦境的诗独具特色，值得我们深入研究。

一、伊丽莎白·毕肖普的创作观

毕肖普拒绝系统谈论诗歌创作理论，虽然她经常对其他作家发表意见，但很少发表诗评或诗歌理论。对其他诗人的评价、她自己的创作观，多见于她给朋友的书信中，而且她认为"理论仅能在解释其他诗人的诗作时，作为依据或用于对自己诗歌的回顾或想望"[2]。她反对死搬教条，把诗歌搞得索然无味，认为写诗要依情况而定。从她的创作和给朋友的书信中，我们可以窥见她以下几方面的观点。

1. 艺术来源于生活、模拟生活。

毕肖普在1972年发表的题名为《诗》（Poem）[3]的诗中谈及舅公描绘新斯科舍的画时说"我们的洞察力一致／洞察力是个太严肃的词——／我们的观察，两方面的观察一致：模拟生活的艺术和生活本身。／"（Our visions coincide — "vision" is too serious a word — our looks, two looks/ art "coping from life" and life itself /），提出了"洞察力"，从两方面观察，即从艺术和生活本身观察；明确提出艺术模仿生活，来源于生活这一重大的文学理论和原则。艺术模仿论是欧洲文学史上两千多年前古希腊时期形成的、经久不衰的文学原则，它是现实主义反映论的蓝本。虽然其含义发生了很大的变化，但主要表现为：①文学作品要表现、呈现现实。②文学作品本身是一个实体，并不仅仅是对事物的反映，重要的是对精神和心理的反映。毕肖普重提艺术模仿生活、来源于生活，并运用于创作实践，充分显示了她写作的客观、现实主义态度，这在美国现代诗人中并不多见。

毕肖普在《谈话录和课堂笔记》中说："你们应该在自己的诗歌中更

多地运用具体的事物——那些你们每天使用的物品……那些环绕你们的事物……"[4]她主张诗歌要写具体的事物,还说:"我总是在我的诗中写真实的事物;就像《鱼》这首诗,那完全是按照发生的事实写的。那时在基韦斯特,我确实像诗中所写的那样钓到了那条鱼。那是一九三八年。噢,我只是改了一个事实。诗中写的是鱼嘴上留着五个鱼钩,实际上只有三个……"[5]

她写生活中的具体事物,不仅在《鱼》这首诗里是这样,而是贯穿于她所有的作品中。她在1978年4月27日给杰罗姆·马扎罗的信中说:"噢,我把极其大量的事物,忘了的,或者几乎忘了的、昨晚的梦、过去、现在的经验集合在一起,用它们写成一首诗。我的诗的背景或描写是几乎不变的普通事实——或者写作时,尽可能地接近事实。"[6]

评论家们也认为毕肖普诗的主题和内容都贴近现实。邦尼·科斯特洛在介绍毕肖普时说:"她的诗是她所看见的事物的记录;在这些事物中,铭记、组建经验的希望能得到表达、检验、修订……"[7]维多利亚·哈里森也说:"然而她的作品,无论怎样都是世界对她日常生活影响的记录;战争、阶级、种性、女权主义、同性恋写进她的作品,不是自白,也不在一个较大的政治框架内,而是作为普通事物之间的日常关系。"[8]1978年3月23日,《基督教科学箴言报》记者亚历山大拉·约翰逊(Alexandra Johnson)访问毕肖普时问:"你的诗有一个特点让我很喜欢,就是化腐朽为神奇,使寻常的事物显得不寻常,让我们对日常熟悉的东西再重新用心关照。就你个人所想,这是你写诗的目的吗?"毕肖普回答说:"我从不试着想在自己的诗里特别做些什么——我只想愉悦自己。对我而言,最大的挑战是尝试用浅白的语言表达深邃的思想。晓畅和简洁是我着重的。我喜欢尽可能用简洁的方式呈现复杂或神奇的理念……"[9]她的诗作来源于生活、模拟生活,是为了给人以快乐和更好地表达深邃的思想。

2. "诗歌,简单地说,也就是运动。"[10]

毕肖普在《诗》中还写道:"生活和对生活的记忆如此紧密,它们互相渗透,哪个是哪个?"(Life and the memory of it so compressed, | they've turned into each other. Which is which？）

记忆是保持在大脑里的、经历过的、过去的事物的印象，是一个识记、保持、回忆、再认知的过程。它是人脑的活动，是一种基本的心理过程，兼有感性认识和理性认识的特点。记忆和生活本身相互渗透，表明创作是一个由客观到主观、物质到精神，主客观交融、相互渗透的过程，是一个运动的过程。这也就是她提出的"动态诗学"。

毕肖普在对杰勒德·曼利·霍普金斯诗歌有关节奏的评注中阐述了她的动态诗学观，她认为赛马、跑步、划船是身体的运动，是有节律安排的。她写道："诗歌，简单地说，也就是运动、有序地展现、检查、安排和重复的思想活动。"她还说："诗人在纸上写诗就像打移动靶（移动的泥鸽）一样，这使他想起，诗不是突然出现的，而是移动、变化着的思想，或一连串的思想的记录。"[11] 毕肖普去精神病院探望埃兹拉·庞德后所写的《拜访圣·伊丽莎白病院》（*Visits to St Elizabeths*）[12] 是一首很典型的动态诗。全诗共 12 节；从第 1 节 1 行到第 12 节的 12 行，每节递增 1 行。

这是那疯人院。|

这是那躺在疯人院床上的 | 男人。|

这时间 | 这悲惨的男人 | 躺在疯人院里。|

这是那躺在疯人院里的 | 多嘴多舌的男人 | 用来报时的 | 手表。|……

每一个诗节，诗人都重复前面一个词，仿佛在随着诗歌的写作不停地重复、修正，然后又出现新的词，模拟着在创作时的思维过程。诗人的目的不是像超验主义诗人所推崇的，去证明一个静止的、固定的"真理"或"精神"，而是记录创作过程中思想的流动。只有这样，诗人才能在诗中既能客观地描写所见、或所记忆的事物，又能让读者看到诗人认识世界的过程。诗中主体和客体同时存在，没有什么是静止的、完成的；一切都是暂时的，可以被修订的。毕肖普所追求的这种主、客体在诗中并存，同时发出声音的动态诗学，跟俄国理论家巴赫金的"复调理论"有异曲同工之妙。不过，巴赫金认为诗歌是作者的声音占据权威、统治地位的文学体裁，在诗歌中只有一种声音，那就是诗人自己的声音。小说中却有可能存在复调——作者与主人公都能发出声音，各种不同的杂语共存在一个时空里。而这种从不同角度发出的声音互相关照、互相补充，逐渐构成一个完整的视角。毕肖普在诗歌中运用不同人称和多种视角，他相信画家戴维·霍克内伊所说："用单一的视角会是死路一条……视角固定，时间停滞——因之空间被封冻、僵化……视点固定就没有运动，你实际就不在那儿。"[13] 运用多视角是毕肖普的动态诗学的重要内容，是她追求的主、客体互相关照的诗学，目的在于打破传统诗歌中诗人独白的局面，又避免了现代派诗歌中像艾略特诗中过于客观、理性，以至于诗歌失去情感的现象出现。诗歌的动态性、未完成性以及复调的特色，都已超越了现代派诗歌而走向了后现代。难怪最早研究毕肖普的学者中，邦尼·科斯特洛认为："毕肖普可以称得上是早期后现代主义作家。"[14]

3. "大量观察，眼睛盯着事实和细节，飘然地沉入或者潜入未知。"[15]

毕肖普对达尔文非常敬佩，称赞他对大量事物潜心观察、思考、超越事物，发现未知，并认为这个过程也应该是艺术创作的过程。1964年1月8日，毕肖普致函为她写传记的作家安妮·史蒂文森，信中推崇达尔文在观察、研究时进入物我浑忘的境界，并指出这是艺术创作不可或缺的要素："我无法相信人是彻底非理性的——而我是多么佩服达尔文！读他的文章，我所钦服的是见识到他那优美而具体的论述如何建立在锲而不舍的大量的观察上。他的全神贯注几近于无意识，是那么自然——接着，豁然开朗，突然放松，忘记用语言表达。人们可以感受到他从事的事业的新奇，仿佛看见一个孤独的年轻人，他的眼睛凝注在事物真相和微小的细节上，飘然潜入未知的世界。我们求之于艺术品，在艺术品中所体验到的是同样必要的东西：浑然忘我，完美地专注。（就这层意义而言，专注永远是一种'逃逸'，你说呢？）"[16]

在《鱼》(The Fish)[17]这首诗里，诗人对钓到的、受了伤的鱼的皮肤、身上黏着的藤壶、鳃、大鱼骨和小鱼刺、眼睛及挂着鱼钩的嘴唇等作了细致的描写，使读者随着诗人的视角参与感知，有如身临其境。在诗的结尾处，诗人笔锋一转："我瞪着眼睛看了又看，/胜利装满了/这租来的小船。/船底的一堆水，/油水铺开成彩虹，/围绕着生锈的引擎，/伸向锈成橘红色的戽斗，/伸向太阳晒裂的坐板，/伸向带链的桨架，伸向船舷，一直到/一切都成了彩虹，彩虹，彩虹！/于是我把鱼放进了大海。"天上出彩虹是《圣经》创世纪篇中诺亚方舟故事中的事：洪水中，上帝把彩虹放在云彩中，表示对地上一切有血有肉之物所立的记号。当船上的人因彩虹而得救，上帝保证："我与你们立约，凡有血有肉的，不再被洪水灭绝，也不再有洪水毁灭他们。"[17]诗人的仁爱之心，因见彩虹油然而生，于是放走了鱼。这显然是一则宗教、道德故事。诗人虽说不信宗教，但她出生在新英格兰一个信奉基督教的家庭，必定会受到影响。不过，她的作品多处表现她对道德的关注和对普通人的关爱与同情。彩虹的出现，使用了诗歌从外景向内心转化的超现实主义手法，给诗赋予了新的内涵，具有超验主义特点。毕肖普承认受到英国浪漫主义诗人华兹华斯和美国诗人爱默生的超验主义思想的影响，她在给洛威尔的信中说："我发现我至少是个小小的女华兹华斯。我不知道还有谁显得像我这样热爱自然。"[18]在给安妮·史蒂文森的信中说："我也感到洛威尔以不同的方式，两人都是超验主义的诗人——但你可能不同意。"[19]

《弗罗里达》(*Florida*)[20]这首诗，按照诗人的说法，是描写弗罗里达南部一个狭长的珊瑚岛平淡的景象，是一首写实的诗："该州有最美的名字，/它浮在含盐的水里。被红树根缠结。/一串串牡蛎生长时，树根将其托起。/死了，白色沼泽布满残骸/……"该诗写自然界的美与丑、生与死，又写到被埋葬的印第安公主的裙子，把历史与现实连在一起。结尾处写天黑后，"鳄鱼叫了五声：/友谊、爱情、婚配、战争——和一个警告——/从印第安公主喉咙里/呜咽发出。"这和艾略特在《荒原》中雷霆的话："舍予（献身）、同情、克制"颇为相似，具有警世和道德意义。毕肖普从表层细节描写，于冥冥的夜色中把人带入神秘深层的未知领域，令人深思，产生遐想。

4. "不管怎样，诗表达思想是带有感情的。"[21]

毕肖普强调对客观事物的描写，并认为物质高于精神，以至于好友梅·斯文森曾说她的十八首诗中没有感情，与诗人本人分离[22]。但是毕肖普认为："诗中的客体必须带有诗人的感情。它们，并且不是外加的感情使得诗成为动情（并有智性）的作品。假如诗人想支配这种关系，或者使之个人化，那他就过分了。"[23] 毕肖普虽然受到华兹华斯的影响，但从这段文字可以看出，她并不同意华兹华斯"诗歌是强烈感情的自然漫溢"的诗歌理论。毕肖普也受到艾略特的影响，他的非个性化和换喻的风格引导她把注意力向外，但她并不赞同艾略特的"诗歌是逃避感情，不是表现个性，而是逃避个性"的理论。她也不赞成自白派那样直白，甚至无病呻吟。在"垮掉派"诗歌兴起的西海岸住过后，她告诉韦斯利·韦尔说：我讨厌自白诗，而且他们很少有什么有趣的东西可自白。"[24] 毕肖普认为诗歌要带有感情，但不是外加的，而是通过诗中的客体表现出来的，即她所说的从物质到精神，也就是我们常说的景中见情，寄情于物的创作方法。她的诗都贯穿了这一原则。在《加油站》（*Filling Station*）[25] 这首诗里，诗人是旁观者、叙事者。她讲述马路边一个小小的加油站给她的印象："噢，这小小的加油站！/可它脏呀！/油渍、油气弥漫，令人心烦。/所有黑的黑得透明，/当心火柴一点即燃！"在短短六节诗里，脏字出现了三次，油渍一词用了四五次。这个父亲、儿子经营的场所实在太脏、太乱，没有给她留下好的印象。但当诗人发现那块用线绣上雏菊的桌布后，却深有感触地说出了"有个人爱我们大家"。这个人是谁？是一位母亲、妻子，还是上帝？诗人把读者引向深入，让人联想，同时表达了诗人的感情。

《一门艺术》（*One Art*）[26] 采用法国16世纪的田园诗体（法文：villanlle）写成：全诗六节，共十九行。前五节，每节三行，最后一节四行，通篇只有两个韵，讲生活中有得、有失：小至丢失了母情的表，大至丢失了两座城、一个洲、两条河，诗人也不觉得这就是灾祸，认为不难掌握。但在诗的最后一节讲到失去"你"时，诗人故意用玩笑的口吻，并做了一个手势说："虽然失去的艺术不是太难于掌握，/尽管，可能它看起来（写下来)像灾祸。/"诗的前四节都说失去的艺术不难掌握,不是灾祸。但最后说到失去"你"时,诗人的举止、语气却有些异样,在失去的艺术"不难"之前加了一个"太(too)"字,又说它可能像灾祸。从这里可以看出,对诗人来说"失去你"是灾祸,是难于掌握的。可见这个"你"在诗人心目中的地位。据《一门艺术的草稿》(*The Drafts of 'One Art'*)[27]的作者布雷特·坎德利什·米勒在文中说:"此诗写于1975年,正值诗人生命中最后八年的情人、伴侣、管家和秘书爱丽丝·梅特费塞尔中途要离去,同时也引起她对在巴西共同生活了十六年的已故情人洛塔(Lota)及其他朋友的怀念,处于精神危机之时。"此诗共修改了十七次,修改的过程是她极力控制痛苦外露、慢慢接受现实的过程。故有论者说《一门艺术》是一首挽歌。诗人没有哭丧着脸、悲痛地写这首诗,而是尽可能地控制感情,通过对比,显现"你"的价值和重要,从而表现对"你"的深情厚谊。诗中写的都是事实,也表达了诗人对母亲的追忆和对故土、旅游、侨居过的地方的眷念。

5."让生活可以忍受,使我们自己保持新颖、温柔和灵敏。"[28]

毕肖普在给安妮·史蒂文森的信中说:"我的看法是悲观的。我认为我们仍然是野蛮的——但我想,尽管如此,我们应该快乐,有时甚至要及时行乐,使我们自己保持新颖、温柔和灵敏。"[29]生在一个生活优裕的家庭,但精神、情感方面的缺失,以及她所处的时代和亲身经历,使她看见生活的残酷,从而对穷苦人产生同情。她认为诗歌应该给人快乐,使生活可以忍受,性情得到陶冶,变得温柔、灵敏,这是她写诗的目的,同罗伯特·弗罗斯特在《诗歌造成的形象》里所说的"诗歌始于快乐,止于智慧"[30]是颇为相似的。不过,毕肖普常使用一种怪异、梦幻般超现实的手法,使诗歌显得新奇,以达到她所追求的效果,如《人蛾》《野草》就是这样的诗篇。在《人蛾》中:"从建筑物的裂缝里洒下月亮的碎片,/人的影子只有他的帽子那般大小,/影子在他的脚下像个圆圈,/只有玩偶站得下。/他成了一个倒立的大头针,/针头被月亮吸引。"在这里,城市居民变成了人蛾,颇像卡夫卡《变形记》中的主人公。在谈及《人蛾》

时，洛威尔说："有探索性，像卡夫卡一样有原创性……"[31]《野草》中的我梦见自己死了，一株幼嫩的青草从心胸冒出，也使人联想起作家埃德加·爱伦·坡的怪诞、恐怖小说《莉盖娅》中的主人公起死回生的故事。

在毕肖普早期的作品中，不乏这类新奇、怪诞、超现实的作品，如《睡在天花板上》《爱人躺着睡觉》《站着睡觉》《沙洛特的绅士》《瓦里克街》等梦幻诗。仅举作者1935年到巴黎后写的《睡在天花板上》（Sleeping on the Ceiling）[32]为例："天花板上多么安静！/这是协和广场。/小小的枝形水晶吊灯/灭了，喷泉在黑暗中，/公园里渺无一人。" 梦中，天花板成了巴黎的协和广场（路易十六被处死在这里的断头台上）。"下面墙纸在脱落，/种植园关上了门。/那些照片是动物。" 墙纸成了种植园，照片成了动物居民。梦中顺序颠倒，室内大小改变，事物变大，人物变小。梦者为了见昆虫拳击手，缩小成昆虫大小，拿着网和三叉戟去战斗。诗歌成了希腊、罗马神话，昆虫拳击手代表黑暗中的恶棍。它很像一首嬉戏的儿童诗，表达了深邃的思想，也给人带来快乐。

二、伊丽莎白·毕肖普的梦幻诗

《哥伦比亚美国文学史》在论及毕肖普的诗歌时说她"许多诗具有白日梦的品格，有些诗实际上旨在记录梦，比如《野草》《克鲁索亚在英格兰》，并且梦字以变换的形式在她的《诗全集》里出现不少于37次"[33]。毕肖普不仅在早期的诗集中记录梦，在最后一本诗集《地理Ⅲ》中，也有像《麋鹿》《克鲁索亚在英格兰》和《五段台阶上》（Five Flights Up）等写梦的诗。毕肖普对写梦情有独钟，笔者以为有以下几方面的原因和特点。

1. 试图从弗洛伊德的潜意识理论和超现实主义中寻找一条创作的新路

毕肖普开始诗歌写作时，弗洛伊德的"精神分析法"和他1899年出版的《梦的解析》对欧美心理学、文学、哲学等领域已产生深远的影响。他的潜意识和关于梦的论述引起她的重视。加上20世纪二三十年代，在英美现代派大师庞德、艾略特、乔伊斯等人的成就面前，年轻的诗人必须进取、创新。毕肖普除了注重写实、细节描写和使用意象外，还想开发潜意识和梦幻领域，试图从意象主义和超现实主义的结合上闯出一条新路。毕肖普长期旅居国外，不属于哪个流派，她的创作独具一格。

毕肖普在谈及《瓦里克街》时对安妮·史蒂文森说："无论何时，只要我有幸能有，我会使用梦料，并且这种特别的梦几乎全是仅仅重新安排一下。"[34]她在1955年7月致函桑玛斯教授夫妇时指出："《在鱼屋》（At the Fishhouses）这首诗中有好些诗行是梦中所得，包括诗中的老人和两人的对话……"[35]无怪乎约翰·阿什利特别指出："毕肖普艺术的特殊成分——梦的存在，在美国诗歌中总是带有疑惑地被认为太弗洛伊德化了。"[36]

超现实主义是现代派的一个流派，起源于法国。从1924年法国诗人安德烈·布勒东发表第一个超现实主义宣言到20世纪60年代，它的影响波及欧美二十四个国家。宣言称："超现实主义……一种纯粹的心理无意识，旨在借助它用口头、文字，或者任何其他方式表达思想的真正作用，不受任何理性的制约，记录思想，不带任何美学的或道德的偏见……"[37]超现实主义强调非理性和对潜意识的开发，认为梦幻、下意识领域是文学创作的源泉，以拼贴不同平面与不同空间的现实呈现日常生活以外的现实（超现实）。它是以亨利·柏格森的直觉主义和弗洛伊德的潜意识学说为理论基础的。柏格森强调理性只能认识外表，只有直觉才能认识本质。弗洛伊德强调无意识是精神的真正实际。梦和艺术同源，艺术工作等于做梦。他们的理论对超现实主义都产生重大影响。

邦尼·科斯特洛说："毕肖普在她文学生涯的早期，为了寻求在诗歌中解决象征修辞与现实主义结合的问题，留意超现实主义。（比起诗歌，更为留意视觉艺术）"[38]他还说："毕肖普1934年大学毕业后去法国，就是为了探索超现实主义。"在法国毕肖普对阿什利·布朗说她阅读了大量超现实主义诗歌和散文，书室拥有多卷阿波利奈尔、波德莱尔、查尔·科比尔、雅各布、普鲁斯特、勒韦迪和兰波等人的作品。[39]

毕肖普对绘画艺术有浓厚兴趣，她不仅是诗人，还是画家。她参观在纽约举办的超现实主义画展，表现了她对超现实主义的继续关注。她的诗诗中有画，她被誉为"视觉诗人"，与她本人对超现实主义绘画艺术的爱好不无关系。她以诗论画的诗《纪念碑》就是受到马克思·欧内斯特木刻拓印（frottages）的影响，是象征和超现实的一种实验。她的《北方与南方》诗集中的许多诗篇具有超现实主义色彩。她善于向优秀的具有超现实特点的英美诗人学习，受艾尔弗雷德·丁尼生的《沙洛特的女郎》的启发，写成了《沙洛特的绅士》，受乔治·赫伯特 Love Unknown 的启发写了《野草》，都是成功的描写内心、具有超现实色彩的诗。

毕肖普与超现实主义的共同点是都对无意识感兴趣，其根本不同点在于毕肖普不接受意识和潜意识是两种分裂的力量。毕肖普的作品聚焦于客体，而超现实主义者只注重主体，对自然界本身不感兴趣。所以毕肖普不喜欢人们把她与超现实主义者捆绑在一起。她曾经说过："虽然多年前，我曾欣赏埃姆斯特的画册，我认为摩尔小姐错误地认为我受到他的影响，既然我很不喜欢他所有的绘画，我想我就不是一个超现实主义者，把我的名字同他的连在一起是一种误导。"[40] 也有论者说毕肖普是个半超现实主义者，她却说："半超现实主义者的诗吓坏了我，因为我感到它给心智分裂带来不负责任、不可理解的极大危险——而我要取得相反的效果。"[41] 毕肖普的诗中包含梦的特质，但其方法与目的与超现实主义有着根本的不同。超现实主义主张写作不受理智的支配，超越一切美学、道德的控制，甚至不要逻辑、不合语法、晦涩难懂。毕肖普的诗不是这样。她的诗有想象力、注意细节描写、语言明晰、表达精确、形式完美、有音乐节奏，把道德寓意和新思想结合起来。她认为在对世界的感知上，意识和潜意识之间是并不分裂的，写梦只是一种修辞手段。所以邦尼·科斯特洛认为："在她早年的诗中，梦和夜间的感受主要是修辞手段……叙述一段梦境，说明一个思想。"[42]

2. 梦是愿望的满足

日有所思，夜有所梦。梦是一种精神活动，与梦者的生活经历、思想活动不无联系。弗洛伊德认为："梦是愿望的满足，而且是一种（受压制的）愿望（经过伪装）的满足。"[43] 伊丽莎白·毕肖普 1911 年生于波士顿，出生八个月后，父亲即去世，母亲因过度悲伤致病住进了精神病院，于1934年病逝。毕肖普从1916年后就再也没有见过她的母亲。她在新斯科舍外祖父家度过了她的幼年。上学读书时，祖父母把她接到了波士顿。她的童年是不幸的，失去父母的痛苦在她内心深处留下了伤痕。她身无定所，四处飘游，家在她心中，她对母亲、祖父母、外祖父母的怀念萦绕于心。这在她的诗中均有所见。

《人蛾》（*The Man-Moth*）[44]这首超现实的梦幻诗是缘于报纸将manmoth（长毛象）误排为man-moth（人蛾），触发了她的灵感而写成的。人蛾是个想象的人物——一个侏儒。他夜间从人行道的地下开口处爬出来，向着月亮，沿着建筑物向上攀爬，失败后又回到地道。他渺小，没有安全感，充满了恐惧，害怕被抓住。他仅有的财富是他的眼泪：流下或者自己吞下，表现了城市人的痛苦和受压抑的心里。同时，诗也表现出女儿对母亲的思念。若将人蛾 man-moth 分别加上词头和词尾 woman-mother，就成了女人和母亲。月亮象征女性、母亲。人蛾从墙上努力攀爬，向着月亮，表明女儿想着母亲，要与她团聚。这当然是水中捞月一场空，表明了女儿内心的痛苦与惆怅。

在《一门艺术》中，有"我丢失了母亲的表"，也说明诗人对失去母亲的遗物感到遗憾。《在村庄里》的开头写小女孩听见母亲的狂叫声，不理解其中的含义。她的注意力完全被隔壁铁匠的叮当声所吸引。这样的回忆使她感到痛苦。《五段台阶上》是一首写梦境的诗：清晨，毕肖普置身爱丽丝的公寓中，放眼窗外，看见鸟儿起身，在枝头鸣叫，狗在院子里蹦跳。主人大声斥责，而狗一点不觉羞耻。诗的最后"昨日轻松地带来今天！这个昨天，我几乎无法扛起"表明毕肖普懊悔，感到羞耻。母亲住院后至死，她没能去看望她，已成为一块大石头压在心上，让她喘不过气来。

毕肖普在1970年给西雅图大学的朋友、英文系秘书多萝西娅·鲍伊的信中写道："我的生活经常因罪恶感而变得阴郁，我想那是与母亲有关。不知怎样，孩子们都是有自己的错误想法——或者是我这样想。对此，我却什么也不能做，而她一直活了二十年。这对我来说，一直是一个噩梦。"[45]毕肖普的这种负罪与耻辱感还在遗作《乡村老鼠》（*The Country Mouse*）中有记述。当好友爱玛问及她的父母时，毕肖普回答说："父亲死了，我不记得看见过他。母亲走了，留下我……她也死了……"这是她第一次说谎，为这次撒谎，她感到非常内疚。

毕肖普在诗文中也多次提及她的祖父母、外祖父母。除了在《大幅拙劣的画》谈叔祖父的画，在《诗》中讲到画时说："乔治舅舅，你的舅公，把它们赠给了我的母亲，/在他回英格兰时/你知道，他后来成了名，荣膺皇家学院院士……"《六节诗》(Sestina)[46]写外婆和孙女相依为命的故事：外婆伤心落泪，还勉为其难，念农历中的笑话给孙女听。

《哥伦比亚美国文学史》指出："洛威尔认为毕肖普的作品比玛丽安娜的更温和、更梦幻、更有同情心和更有个性。我发现'更梦幻'一词最为生动、有力……毕肖普的诗充满了渴望与失落，这毫不奇怪。诗中渴望有个安身之处（最后总是得不到），甚至诗里极其渴求的家，对她来说，其实是并不存在的。"[47]

毕肖普在梦中寻找她的家，以缓解她的乡愁和对亲人的思念，这样的诗篇不少。《站着睡觉》(Sleeping Standing Up)[48]像是一首童话诗。梦者白天的思念，变成梦中的思想（记忆）的森林。他开着梦的装甲车，危险、笨拙地前行，追踪着孩子们……诗的最后以"直到夜晚过去，也一直没有找到那房舍在哪里"结尾。显然，这里的房舍指的是新斯科舍的大庄村，诗人外公的家。《三月末》(The End of March)[49]与上一首诗的写作、发表相隔多年，但追求的是同一个梦。诗人与友人在达克斯伯里(Duxbury)的海滩散步，追寻着梦之屋："我想走到远处我那原型的梦之屋，/我的隐形的梦之屋……这天风太冷峭，/走不到那么远，/而且房子用木板封住了。/"《浪子》(The Prodigal)[50]是一首十四行诗，但最后一行的"家"字却破格没有押韵，突显游子心情不能平静，做出了决定："最后他决定回家。"《旅行的问题》(Question of Travel)[51]写旅行者羁留他乡的心情，诗人自问："想到回家的路途遥远，/是否该待在家里，心想这里……不，我们是否应该留在家里，无论它在何处？"

母亲精神失常后，住进了精神病院，毕肖普住在新斯科舍，由外祖父母照料。6岁时，爷爷奶奶把她接回波士顿。她12岁时，爷爷奶奶去世，由叔叔监护。她与外公外婆更亲近些，如诗中所说，她下定决心回家。20世纪40年代后，她终于如愿以偿，回到了他朝思暮想的新斯科舍和波士顿，圆了她的梦。

3. 觉醒和做梦在诗中交替出现

毕肖普对客观事物进行观察和描写的同时，也探索对潜意识的开发。她把觉醒和做梦两种状态同时写进诗里，与她对两者的关系的认识有关。1946年，在写给安妮·史蒂文森的信中，她称赞达尔文对自然界进行观察，达到物我浑忘的境界是艺术创作所必须的，她认为："意识和潜意识在艺术作品中的作用是并不割裂的。"[52]把意识和潜意识、醒和梦写进同一首诗，是她的重要写作手法，几乎贯穿在她所有的梦幻诗中。她的这种手法与威廉·卡洛斯·威廉斯所说的是一致的："艺术的目的是让醒着的头脑掌握无意识的力量，因此诗和梦必须交织在一起。"[53]

《麋鹿》(The Moose)[54]是一首典型的梦境与现实世界交织的诗，它实际上是描写毕肖普离别家乡十五年之后，于1946年重返新斯科舍的情景。这首诗从酝酿、经过深思、反复修改，到1972年定稿、发表，历时二十六年，真是到了语不惊人死不休的地步。毕肖普对诗歌写作严肃认真，一丝不苟，为我们树立了榜样。《麋鹿》是毕肖普的代表作之一，受到读者的喜爱，好评如潮。这首诗写毕肖普从新斯科舍乘长途汽车返回波士顿旅途的经历，全诗共二十八节。前两节用一个长句，描写富饶的家乡、美丽的海湾和田野，然后，一个旅人（即诗人）上车，同七位亲人相拥告别，表示这是一首告别家乡和亲人的诗。接着几节描写傍晚和夜间行车及沿途的乡间情景。诗人听见外公的声音，宛如在永生中交谈。谈话涉及许多陈年旧事和过往的人物，谈生老病死、世事变迁、人生百态，悲叹"人生如斯"。从二十三节起，公路上出现了一只麋鹿。至此，梦的场景转变到了现实世界。麋鹿的憨厚可爱驱散了梦中的悲情，给人们带来了欢乐与惊喜，表明生活还是美好的，也体现了毕肖普关于诗歌要"使生活可以忍受，使我们自己保持新颖、温柔和灵敏"的创作理念。每当梦幻离真实越来越远时，安排一个真实、具体的事物，又回到现实世界是毕肖普常用的手法。

毕肖普认为，过分相信非理性而无真实的依据是危险的。这种想法在她的《不信者》(The Unbeliever)[55]和《想象的冰山》(The Imaginary Iceberg)[56]中都有明确的表示。《不信者》中的"他"睡在航行在大海中的一艘船的桅杆顶上,眼睛紧闭,做着梦,但他意识到"我不能摔下去"。理性使他认识到现实的重要和存在的危险。在《想象的冰山》中,说话人开始时说:"我们宁愿要冰山,不要船,/尽管这意味着旅行的终结。"但水手需注意冰山在上下起伏,十分危险。说话人最后只有说:"再见,我们说,再见。船只驶了开去……"面对非理性,理性总是占上风。诗人认为"想象的冰山像灵魂,均被极少能看得见的元素自造而成"。作者的意思是过分相信想象的、看不见的(非理性)东西是危险的,靠不住的。她曾经说过:"我不相信,我们是全然非理性的。"[57]这说明毕肖普的梦幻诗与超现实主义一味强调非理性,认为创作不受理性的制约,离理性越远越好的主张是不同的。

4. 无意识中的社会意识

毕肖普继承了庞德、艾略特等人的诗歌创作的客观性原则,在诗歌中使用意象,重视社会问题的传统。她说过:"从政治上说,我认为自己是一个社会主义者,但我不喜欢社会意识的作品。"[58]他接着说:"简要地说,对社会问题和政治,我比三十年代更感兴趣。"[59]毕肖普的作品反映社会问题,只不过这种反映不是直接地披露,而是通过梦幻无意识、间接地反映。以下面两首诗为例:

《爱人躺着睡觉》(*Love Lies Sleeping*)[60]是毕肖普旅居法国时在巴黎写成的,反映大城市生活对人的负面影响。它是一首在醉梦状态下,用不同人称、不同视角写成的诗。说话人清晨睡眼惺忪地从床上往窗外望去。暗淡的月色、闪烁的霓虹灯下,这座城市像"一个大口瓶中的'化学花园',/颤抖又立起,/呈淡蓝、青绿和砖色/"。"化学花园"似是一个带有嘲讽的矛盾修饰语,比喻这个城市虽然美丽,但它是一个供试验用的、放有微生物的大烧瓶。各种颜色表明城市受到化学污染,居民们受到毒害。"接着,在西方,'嘣',冒出一团烟云,/'嘣',花球再次爆炸、开花。/并且,所有在工厂工作的工人,声音意味着危险,或者曾经是死亡,/在睡觉时翻转,/感到毛骨悚然。/"这首诗指涉了一个严重的社会问题,工业化使空气严重污染,事故频发,人民的生命财产得不到保障。诗中又说:"你会吃得很好,/吃他的心,吃他的、还有他的。"这说明城市不可靠,人际关系险恶,显示了诗人对社会的悲观与失望。

毕肖普曾在纽约的下段第七大道居住过,那里有日夜开工的印刷厂、制药厂。工厂的异味和嘈杂声,使她呼吸困难,很难入睡。《瓦里克街》(*Varick Street*)[61]这首睡梦诗真实地反映了纽约城环境污染,金钱万能、背信弃义,尔虞我诈的社会现象。全诗三节,每节最后的叠句都是:"并且我将出卖你,/当然出卖你、亲爱的,并且你也会出卖我。/"

《早餐的奇迹》(*A Miracle for Breakfast*)[62]写美国20世纪30年代经济萧条时期,人们从慈善机构领取面包、咖啡的场景:"六点钟,我们等着咖啡,/等着咖啡、赈济的面包,/会在阳台上发放,/像旧时的国王,或者像一个奇迹。/"说话者把赈济想象成圣餐,等待着像《新约》中耶稣出现,叫门徒将仅有的几个饼和几条鱼分发给几千个挨饿的民众,使他们都能吃饱的奇迹出现。[63]但是在诗的第四节:"我可以说,接下来,我看见并没有奇迹。/"

阿什利·布朗采访毕肖普时说:"这首诗具有动人的超现实主义品质。"毕肖普回答说:"噢,那是首有关大萧条的诗。大约在1936年,在排队领取赈济物资和男人们卖苹果后不久写成。那是我的一首社会意识的诗,一首关于饥饿的诗。"[64]毕肖普写饥饿,对饥民深表同情心,"因为她曾经和穷人一起生活过,实地了解贫穷者的状况……"[65]唐纳德·巴洛·斯托弗在《美国诗歌简史》中说:"正是人类伙伴热忱的同情才明显地构成毕肖普诗歌最令人喜爱的品质。这种同情使得她在对各类人嘲讽的同时,也使人们感到她对他们真正的爱。"[66]毕肖普对普通人的同情、恻隐之心,反映了她的道德观念,证明她是一个重视伦理道德的诗人。海伦·麦克尼尔说:"在一贯坚持的伦理道德含义上,也许她更像弗洛伊德。"[67]

另外,在《早餐的奇迹》这首诗中,耶稣没有出现,奇迹纯属幻想,可以证明她所说的:"关于宗教和这个通常的主题,自赫伯特时期以来,时代已经变了。我是不信宗教的,但是我以极大的喜悦阅读霍普金斯和赫伯特的诗。"[68]她在一个信奉宗教的环境中长大并受到影响,但"不信宗教",说明她对想象的、非理性的东西,较之客观现实,还是摆在次要的地位;也说明她只是把梦幻、非理性作为诗歌创作的素材和主题,用以表达思想观念，传达经验、智慧或哲理，说明她与当年法国超现实主义是根本不同的。她与同时代的诗人也有不同，对当时盛行的自白诗，她明确表示"不喜欢"。毕肖普的诗歌虽然数量不多，但有独创和超前性，无怪乎洛威尔感到："毕肖普的诗似乎属于下一个世纪。"[69]

毕肖普是美国历史上一位杰出的女诗人，在美国文学史上享有崇高的地位。她善于向优秀的英美及其他国家的诗人学习，继承英美诗歌的优良传统，又勇于创新。她关心社会，对普通人充满关爱与同情，坚持她的艺术和价值观。她写诗不受功利驱使，精益求精，寓意深刻，艺术完美。时至今日，她的这些品质仍然值得我们学习和借鉴。

注释：

[1] 伊丽莎白·毕肖普：《伊丽莎白·毕肖普诗选》，丁丽英译，河北教育出版社，2002，第24页。

[2][10][11][15][31][52][57][58][59][64][65][68][69] Schwartz, Lloyd, Sybil P.Estess (eds.), *Elizabeth Bishop and Her Art* (Ann Arbor: The University of Michigan Press, 1983), p281, p274, p274, p288, p197, p288, p288, p293, p234, p297, p294, p295, p397.

[3][12][17][20][25][26][32][44][46][48][49][50][51][54][55][56][60][61][62] Elizabeth Bishop, *The Complete Poems* 1927-1979 (New York: Farra, Straus and Giroux, 1988), p.176, p.133, p.48, p.32, p.27, p.178, p.29, p.14, p.123, p.30, p.179, p.71, p.93, p.169, p.22, p.4, p.16, p.75, p.18.

[4][5] 伊丽莎白·毕肖普：《谈话录和课堂笔记》，雷武玲译，《世界文学》2012年第3期。

[6] Besner Neil, "Where Rivers Meet," March 22, 2012, http://www.berfrols.com.

[7][13][14][18][19][28][29][34][36][38][39][42] Bonnie Costello, *Elizabeth Bishop:Questions of Mastery* (Cambridge: Harvard University Press, 1944), p5, p.14-15, p.5, p.8, p.8, p.46, p.46, p.27, p.27, p.26, p.26, p.27.

[8][21][22][23][24][45] Victoria Harrison, *Elizabeth Bishop's Poetics of Intimacy* (New York: Cambridge University Press, 1993), p.20, p.29, p.29, p.29, p.20, p.31.

[9][35][67] 伊丽莎白·碧许：《写给雨季的歌：伊丽莎白·碧许诗选》，雷珍珍译，木马文化事业有限公司，2004，p.419, p.157, p.397.

[16][63] Anne Stevenson, *Elizabeth Bishop* (New York: Twayne, 1966), p.66, p.1023, 1025.

[27] Miller, Bertt, Candish, *The Drafts of One Art* (Virgina University Press, 1933).

[30] Robert Frost, "The Figure a Poem Makes," *Criticism and Practice* ed by A. E, Dyson (New York: Macmillan Education LTD, 1986), p.188.

[33][47] LayParini, Brettc, Miller, *The Columbia History of American Poetry* (Columbia: Columbia University Press, 2005), p.350, p.350.

[37][53] 施咸荣：《浅谈美国超现实主义诗歌》，载《读书》，1982年第2期。

[40] Robert Giroux, *One Art: Letters by Elizabeth Bishop* (New York: Noonday, 1955), p.135.

[41] Lorrie GoldenSolm, *Elizabeth Bishop: The Biography of a Poetry* (New York: Noonday, 1995), p.123.

[43] 弗洛伊德：《梦的解析》，罗生译，百花洲文艺出版社，1966，第67页。

[66] Donald Barlow Staufer, *A Short History of American Poetry* (New York: Dotton Books, 1974), p.366.

（本文曾发表于《吉首大学学报学术专刊》2017年第38卷）

从罗伯特·洛威尔的诗歌创作和理念看他的创新精神
——纪念诗人诞生一百周年

洪振国　曾　超

摘要：罗伯特·洛威尔是20世纪美国最重要的诗人之一，大半辈子按照新批评的理论、原则写诗，颇有成就，成为新批评派的后起之秀，一颗上升之星。当新批评理论走向式微，不能适应创作需要之时，他努力探索、大胆实践，从客观主义的"非个性化"转向主观精神的发掘，创作出《生活研究》(*Life Studies*)这样继《荒原》之后最具影响力、具有里程碑意义的一部现代诗；开创、发展并超越自白体诗歌。他不断改革创新，他的创作生涯成了美国诗歌发展的一个缩影。本文通过对罗伯特·洛威尔的创作实践及创作理念的发展变化的介绍与论述，说明洛威尔是一位学者、研究型的诗人；他的创作受理论和观念的支配。他与时俱进、不断创新，值得我们学习，他的作品值得我们进一步学习和探讨。

关键词：自白派诗歌　新批评　《生活研究》　诗歌创作理念　创新精神

一、从洛威尔诗歌创作的发展变化看他的创新精神

罗伯特·洛威尔成长的岁月正处于20世纪三四十年代,新批评在美国蓬勃发展成为美国文坛和批评界的主流之时。为了跟上时代,洛威尔求学期间放弃在哈佛大学继续学习,投奔新批评派主将之一的艾伦·泰特(Allen Tate),后经他介绍入肯庸学院,师从泰特的老师、"新批评"的提出者约翰·克罗·兰塞姆。肯庸学院毕业后,洛威尔又入路易斯安那州立大学,在两位新批评界威望很高的导师克里恩斯·布鲁克斯和罗伯特·佩恩·沃伦的指导下读研,又与新批评的代表作家艾略特交往,深受新批评理论的影响。所以洛威尔说:"我这个诗人是在新批评的全盛时期成长的,新批评的技巧先入为主,迷恋过去,对其他语言感兴趣……"[1]兰塞姆在论文集《新批评》中赞扬艾略特等人的批评见解和方法,把以文本为主称之为新批评。艾略特强调客观性,认为诗人不能超越传统,提出"非个性化"和"客观对应物"的理论,主张通过意象、隐喻、神话、典故、象征等间接而非直接的方式表达思想。

洛威尔的第一部诗集《不一样的国度》(1944年),没有引起人们太多的关注。第二部诗集《威利爵爷的城堡》(1946年),它包括第一集的五首稍作修改的诗和新作三十首共三十五首诗,这些诗受到老一辈新批评诗人的支持与鼓励,发表后受到普遍欢迎,得到了艾略特、威廉斯等人的称赞。该诗集获1947年普利策奖,奠定了洛威尔作为重要诗人的地位,他被认为是院派的后起之秀、一颗上升之星,被选为1947—1948年美国国会图书桂冠顾问,即桂冠诗人。这些早期的诗工整,拘泥于音韵形式,内容多集中于宗教和暴力方面。此集中的两首诗——《爱德华先生与蜘蛛》和《南塔基特的教友派墓地》,就是这类诗中的佳作,后来被洛威尔收集在《生活研究》之中。第三部诗集《卡瓦纳家族的磨坊》(1951年)不及第二部诗集成功,而评论界又期望过高,致使他不得不重新考虑他的诗歌风格。洛威尔在回顾、反省旧作时曾说:"我感到我的旧作隐藏了它们真正要表达的意思,很多时候涂上了一层僵硬的、不可穿透的外壳,风格似乎隐约、意象堆砌,像有意要为难读者。"[2]洛威尔在事业有成、成为有名诗人之后,不故步自封,勇于自我批评,不断探索,改革创新,

从而取得更大成就。洛威尔的第三部诗集发表后,长达八年没有新的诗集问世。在此期间,美国文坛新的文学团体和流派,如黑山派、纽约派、垮掉派等十分活跃。以威廉斯为首的反学院派的声势不断壮大,新批评渐渐走向衰败。金斯伯格的《嚎叫》(Howl),斯诺德格拉斯的《金针》(Heart's Needle)相继发表,震动文坛。1957年洛威尔西海岸之行时,朗读旧作,不像垮掉派诗人那样受到听众的欢迎。他回顾说:"当诗歌朗诵被金斯伯格升华之时,我仍然朗读我的旧的、许多"二战"期间发表的新批评的宗教、象征诗,我发现没有引起评论——听众听不懂,而且朗读时,我自己也不懂。"[3]这使洛威尔寻求改革的决心更为强烈,西海岸之行成了他的寻求改革之旅。

另外,20世纪50年代,洛威尔本人的遭遇如十年内父母相继去世、第二次婚姻遇到困难等,致使他精神病发作,需住院治疗,医生建议他写些童年和家人的往事以排遣精神压力,以达到治愈的目的。上述种种原因促使他于1959年发表了《生活研究》。

《生活研究》从内容到形式与新批评的要求迥然不同,有个人隐私和常人回避的内容。泰特首先表示反对,并劝洛威尔不要发表此诗,甚至连威廉斯也感到有些惊愕。罗森瑟尔宣称"《生活研究》显然是自白风格"这一轻蔑性的标签,虽然遭到洛威尔的反对与拒绝,但自白派一说便一直沿用下来。不过,大部分读者和评论界对诗集表示欢迎,并给予高度评价。评论家斯坦利·库尼茨(Stanly Kunitz)称它"也许是继艾略特的《荒原》之后最具影响力的一部现代诗"[4]。也有评论家认为:"该诗集是自白派形成的标志之作,是美国诗坛里程碑式的诗集。至1995年,该诗集已再版28次,改变了美国诗歌的面貌。"[5]西尔维娅·普拉斯第一次读《生活研究》时认为"诗的风格有了决定性的变化",并说:"对罗伯特·洛威尔的《生活研究》带来的突破,我感到非常激动。他在个人感情经验方面的热情的突破,我认为已部分地打破了禁忌。"[6]评论家珀洛夫(Perloff)认为:"洛威尔脱离教会后写的《生活研究》是伟大的分水岭:新的诗通俗、有自传性,用语随意并且口语化,语音模式几乎偏向口语化。"[7]评论家劳伦斯·克拉梅(Lawrence Kramer)认为:"《生活研究》出名有两点:第一,它标志着与早期诗歌果断的决裂,那些早期的诗曾确立了洛威尔作为重要的现代模式最好的诗人的地位;第二,它批判了现代主义作家非个性化的主旨理想。它似乎是代表了当年(1959)露骨的自我揭示而跨入了'自白模式',并引领了六十年美国诗歌的这个派别。"[8]

《生活研究》是自白派的代表作,用第一人称剖析自我,表达对社会的不满。《生活研究》中的诗,自由诗和格律诗混杂,并有大篇幅的散文,记载了许多诗人家庭和个人的事情,语言较通俗易懂。它拓宽了文学创作的领域,从着重客观描写转向人物内心感情的挖掘与揭示,宣告了新批评理论的过时和艾略特的"非个性化",大量使用隐喻、神话、典故、象征等手法支配文坛的结束,标志着美国诗歌进入了一个新的时期。洛威尔也成了后现代主义诗歌的先驱之一。

1961年,洛威尔发表了译诗集《模仿》(*Imitations*),这是一部零散的欧洲古典和现代作家的翻译诗集。在该书的导言中,"洛威尔说他的翻译应该只算得上'模仿',而不是严格的翻译,因为他并未拘泥于原作,而是想把原作者或许现在想说而没有说的写了出来"。该诗集获1962年博林根诗歌翻译奖。同年,洛威尔还翻译了17世纪法国诗人及悲剧作家让·拉辛(Jearl Racine)的诗剧《费德拉》(*Phedre*),它近于意译,略带伊丽莎白时代色彩。洛威尔在译诗时标新立异,不忘创新,其精神可嘉。

1978年才出版的、翻译希腊悲剧诗人艾斯奇勒斯(Aeschylus)的《奥雷斯蒂里》的诗,风格比起自传体的《生活研究》有巨大变化,说明他向欧洲经典作家学习,一直在探索诗的写法。

1964年,洛威尔发表的《献给联邦烈士》是一本杰出的诗集,受到读者普遍欢迎,特别是其中的题名诗更受欢迎。该诗集用像《生活研究》中最后部分的那种较自由、较个人化的风格写成,有历史人物,无自白成分。诗的主题是历史中的个人,可以默读,也可高声朗读,很有新意。

1964年,洛威尔还开始从事戏剧写作,出版了三个独幕连续剧剧本《古老的荣誉》(*The Old Glory*)。该剧本是霍桑和麦尔维尔的三个短篇小说的改写本。该剧在曼哈顿的美国剧演出剧场、纽约的格林威治村及其他地方公演,大受欢迎,被认为是重要的文化事件。罗伯特·布鲁斯泰恩说:"该剧是文化诗的杰作。"[9]演出获得巨大成功:1964—1965年戏剧节上五次获百老汇以外优秀演出奖,并获优秀剧本奖。[10]洛威尔比他同时代的诗人更能以现实的眼光观察和描写历史中的个人，所以波伊里尔（Poirer）称他为"我们最忠实的历史学家"[11]。洛威尔对原作推陈出新，将小说改编为戏剧，也是一种大胆的尝试。

1967年，洛威尔发表了诗集《大洋附近》（*Near the Ocean*），他又回到用比较正统的音韵格式写诗，表明他对音韵的重新审视。

《笔记》（*Note*, 1967—1970）是一部用自由体、不押韵的十四行诗写成的史诗，又被认为是诗体小说，主人公是诗人本人，涉及社会、个人精神生活，与历史、自传交融，是20世纪60年代下半叶人们生活的记录，是洛威尔最具创造性、被认为是《生活研究》之后最好的诗作[12]。洛威尔认为无韵体的十四行诗是一种合适的形式，希望用这种形式把即刻发生的事，包括政治事件和个人的事，与个人的情感、知识、梦想等交织在一起，这也是洛威尔后期诗歌的主题。洛威尔在他的《杂录》一文中说："用无韵体十四行诗写了六年，这些五音步抑扬格的诗最能表达他自己的思想，往往结构和高潮也最自如。他获得从未有过的机会，或者不再有机会能抓住奇妙多变的顷刻并使之入诗。"[13]

1973年由洛威尔的《笔记》派生出的三部曲——《历史》（*History*）、《利齐和哈里特》（*Lizzie and Harriet*）和《海豚》（*The Dolphin*），由102首新诗组成，大部分是近似的五音步抑扬格无韵体诗，获1974年普利策诗歌奖。

1977年的《日复一日》（*Day by Day*）是洛威尔最后一本新诗集。这是一本半回忆半小说的诗集，是诗人逝世前完成的；同时也是挽歌，写诗人的痛苦，家庭、妻子和孩子，写生病的可怕和恢复健康的愉悦，非常优美动情，是表现过去和现在的一幅快照。诗人放弃了用十四行诗形式，重新回到自由诗体。该诗集获1977年美国图书批评界诗歌奖。

从洛威尔的创作过程不难看出，他摆脱新批评的影响，放弃旧的创作思想和方法，经历了一个漫长，甚至是痛苦的过程，才有了《生活研究》的突破。可贵的是，在其后的岁月里，他并没有停止探求和创新的步伐。他的"自我入诗"，自传式地把诗歌串起来，在创作方法上又向福楼拜、托尔斯泰等人学习，并努力做到现实主义和浪漫主义相结合。他又继承惠特曼、威廉斯的自由诗的传统，采用通俗的语言，使诗与散文结合，做到内容和形式的统一。继《生活研究》之后,他扩大创作题材和内容,写历史和个人、过去和现在。他向欧洲经典作家和诗人学习,推陈出新,创作形式也不断变化,从而引领美国战后诗歌进一步向本土化、民族化方向发展。"他的创作生涯也成了美国现代诗歌发展的一个缩影。"[14]

二、从洛威尔诗歌创作理念的发展变化看他的创新精神

笔者从搜集、阅读过的有关资料中归纳出洛威尔的几个诗歌创作观念,我们可以从他这些观念的更新与变化中窥见他的改革创新精神及他的创作与理念的关系。

1. 诗歌创作的主体是人。

洛威尔在总结他的诗歌发展道路时写道:"兰塞姆称他自己的批评论文一书为'世界的主体'(the World Body),诗是世界的主体,它接纳整个人类。"洛威尔则说:"我们提出,任何人——整个人类都要在诗中得到呈现。"[15]这与巴人在《文学论稿》中所说的"文学就是人学"、爱默生1838年在《神学院献词》(Divinity School Address)中说的"人就是一切——自然界的全部法则就在你自身"是一致的,他甚至说:"人的存在就是神的存在的一部分……"[16]这表明文学要反映社会生活,人是社会生活的主体,也就是文学创作的主体。

洛威尔特别敬佩莎士比亚,认为"莎士比亚是理想的诗人"[17],因为莎士比亚写人、讴歌人。他在《哈姆雷特》一剧中说:"人类是一件多么了不起的杰作……在行为上多么像一个天使!在理智上多么像一位天神、宇宙的精华、万物的灵长!"[18]莎士比亚认为人具有神性,把人提高到了神的地位。洛威尔认为诗歌创作要写人,反映人类生活,他是这样主张,也是这样做的。他在诗中写自己、家庭、亲戚朋友、历史人物。他的《生活研究》被认为是一部美国诗歌关于核心家庭的诗集,造成了美国自白派这一流派的出现。

1964年,在接受《纽约时报评论》采访时,洛威尔说:"在《生活研究》

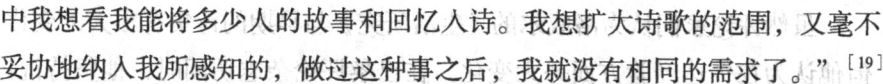

中我想看我能将多少人的故事和回忆入诗。我想扩大诗歌的范围，又毫不妥协地纳入我所感知的，做过这种事之后，我就没有相同的需求了。"[19]

洛威尔在诗中写人，着重写人的思想感情、心理活动，反映社会生活。《黄鼠狼的时辰》一诗充分体现了这一点，所以帕洛夫说："洛威尔从本质上讲，是一位人道主义诗人，对外部世界，他只在探索到与人的内心有关系时，才会引起兴趣；不是物质环境本身，而是居于其中的真实感受才是他的兴趣所在……"[20]

2. 写诗不只是为了让人高兴，而在于传达经验。

洛威尔中学时期的老师埃伯哈特（Eberhart）对他大学期间写的诗颇有微词，并告诉他："诗应该使人高兴。"（Poetry is supposed to please.）洛威尔反驳说："流行诗和科普一样没有价值。"[21] 洛威尔认为："莎士比亚不是一位思想意识形态的，而是一位经验和悲剧诗人。"[22] 洛威尔相信爱默生的话："一个人的经验是所有人的经验。"[23] 所以他用自传形式写自我、写经历过的痛苦与灾难，同时也就反映了他同时代人的经验；他认为这是比劝说人们把事情做得更好，或者让世界变得更美好的更好的办法。洛威尔把诗歌看成是经验的艺术而不是形式的艺术，他同意爱默生的主张："诗歌的内容和形式有机地统一，内容先于形式……一首诗不是由格律，而是由主题构成的。"[24] 他在后期的诗中采用自由体或韵律不那么严格，用词也通俗易懂，就是为了更好地传达经验，是因为内容的需要。他在一次访谈中说："他不能把他新的经验放到严格的格律诗的形式中去。"[25] 洛威尔曾认为六音步十二音节为一行的亚历山大格式的诗很好，但是他后来说："……有些亚历山大格式的诗非常出色……但我认为这种诗体已渐趋呆板、生硬，不能把我的经验写进这紧凑的格律中。"[26] 为了传达经验，他放弃了亚历山大格式，寻求更合适的形式，向散文学习。他认为在传达经验方面，"托尔斯泰是个很完善的例子：他的小说是意象的，涉及所有的经验，而看起来内容和形式没有冲突"[27]。洛威尔认为艺术来源于生活，艺术反映生活经验，生活和艺术是不可分的，他说过："在美国，艺术家的生活成为他的艺术，他在艺术中重生，没有艺术，他很难存在。"[28]

虽然评论家们认为洛威尔的《生活研究》与早期的诗集有很大的变化，但他认为在传达经验方面并无变化。在巴黎评论杂志访问时，他坚持说："……然而对生活的洞察与我在《威利爵爷的城堡》中表现的没有根本的变化。我并没感到我的经验有大的变化……非常相同的是——斗争；光明与黑暗的斗争，经验的流变，而道德观似乎是非常相同的。"[29]可见洛威尔一贯坚持诗歌要传达经验的主张。洛威尔是个内省的诗人，他将对外界的观察和对社会的批评转向对人内心思想的审视。所以布鲁姆说："洛威尔最好的作品的魔力在于他如何传达引起共鸣的感触，引发他诗歌下面的经验架构看不见的东西。"[30]洛威尔阅读过弗洛伊德所有的著作，"洛威尔岂止阅读弗洛伊德的著作，而是狼吞虎咽"[31]。他遵照弗洛伊德学说的原理，对人进行精神分析和心理描写，他的作品经验架构下面有深层次的东西，是值得细读的。

3. 没有感情不能成为诗人。

当来访者说及斯诺德格拉斯的《金针》时，洛威尔说："很难想到一位较令人喜欢的诗人，他的散文也很美妙，哦，近乎多愁善感。若他不敢多愁善感，他就成不了诗人；我的意思是，他的灵感就在于此。"[32]骚客即诗人，诗人是情感丰富的人。写诗受喜怒哀乐的驱使，洛威尔认为情感有真实和虚假之分，那些夸大了的，不是自己切身的感受，是虚假的情感。洛威尔在《生活研究》中把自己摆进去，用第一人称写自己的生活经历、心理和情感的变化，有对童年的回忆的诗《我和德弗罗·温斯洛舅舅在一起的最后一个夏天》，有对父母的怀念与追思的《洛威尔指挥官》，有对不幸婚姻生活描写的《夫妻之间》，还有写因精神病住院的《在蓝色中醒来》及写狱中生活的《回忆西大街与普佩克》等，无不充满真情实感。他说过："写诗的所有问题就是把你真实感觉到的写回诗中。"[33]艾略特认为："诗歌不是感情的放纵，而是感情的脱离，诗歌不是个性的表现，而是个性的脱离。"[34]洛威尔的观点与艾略特的诗歌理论显然相悖，表明他不迷信权威，敢于开拓创新，从而把美国诗歌向前推进一步。

《生活研究》又被认为"是一本了解自我的《奥德赛》史诗，是诗人对难于忍受的、被压抑的过去和受压抑而疯狂的现在的认真思考与交锋"[35]。这本诗集是个性的彰显，而不是个性的脱离，而它显现的个性与情感是放在社会和历史的层面之中的，所以它表现的个性和情感就具有普遍性和社会意义。劳伦斯·克拉梅（Lawrence Kramer）说："这种思想感情不仅是洛威尔本人的痛苦，显而易见是与他的时代的痛苦紧密相连的。"[36]《黄鼠狼的时辰》就是这样一首有代表性的诗。

4. 写诗的几种选择。

第二次世界大战前夕，战争的阴云密布。洛威尔回忆起那个年代，发现写诗有三种选择：第一种是公众想要的那种冲淡了的模仿19世纪的诗，实际上，它已全无生命力，难有人选择；第二种是卷入社会政治活动的诗，像前期俄国马克思主义者激励人们具有某种信仰的诗；第三种是出自叶芝、艾略特和洛威尔的某些朋友，如泰特、兰塞姆等人的诗。洛威尔自称属于第三种。[37]洛威尔强调诗歌的知识性和传达经验，所以不选择第一种19世纪浪漫主义诗人的写法。他虽然关心政治，但也不选择第二种写法，而是选择以兰塞姆、艾略特为代表的新批评、学院派的重形式，大量使用隐喻、神话、典故、逃避个性和个人感情的艰涩难懂的诗。洛威尔的《生活研究》之前的诗集的模式和风格就属于这一类。

1957年洛威尔的西海岸之行，接触到垮掉派诗人金斯伯格等人，聆听了他们的诗歌朗诵。金斯伯格反当时主流文化、惊世骇俗的《嚎叫》效法惠特曼的风格，语言来自口语，符合自然呼吸的节奏，能吟唱朗读，受到听众欢迎。而洛威尔的诗不够口语化，受传统韵律的约束，朗读效果不好，听众听不懂。这对他震动很大，使他决心要改变诗风，另辟蹊径。

1960年3月在《生活研究》被授予国家图书奖时，洛威尔发表了他的诗论，略带讽刺地说："有两类诗在竞争：一种熟的，另一种生的。熟的诗极其内行，好像是常常苦心策划，要让毕业生在研讨会上品尝、消化；生的诗是大片滴血的、没有经验的经验，端出来给午夜的听众。另一种诗歌只能研读，另一种只能高声朗读；一种学究气十足，另一种充满丑闻、让人震惊。"[38]洛威尔用餐饮词汇谈论诗学，一方面是因为金斯伯格的诗中有很多饮食方面的内容；另一方面，1939年菲利普·拉海（Philip Rahy）的文章《白种人和印第安人》用以界定美国文学中的两极，洛威尔认为"生"与"熟"也是两个极端，对拉海的说法做了些修改、补充。洛威尔觉察到他以前有些诗"过熟了"。他显然受到金斯伯格"生诗"的影响，但他只承认金斯伯格对他有间接的影响。他认为他后期的诗歌创作主要受威廉斯等少数人的影响，不过，新的"生诗"可能对他写《生活研究》有一定帮助，但他不承认自己是"生派"诗人。他说："我没有转化为垮掉派，我也清楚地知道，最好的诗没有必要是高声朗读的诗。许多伟大的诗只能读给自己听。"[39]

洛威尔探索写诗的新路，取各家之所长，大胆试验，但仍无十分的把握。他说："当我写完《生活研究》，我给自己留下了一个悬而未决的问号，我仍然悬在那儿，不知它是一条绞绳，还是一条生命线。"[40]《生活研究》取得了巨大的成功，受到了几代人持续的肯定与欢迎，得到了评论界的高度评价。实践证明，他当初的选择是正确的，是"一条生命线"。

5. 散文写作多方面好过诗歌。

诗歌是一种较高级的文学创作样式，要求高度集中、概括，语言精练，形象性强。诗是具有音律的文学，要押韵和分行。因受音韵的限制，写景状物、抒情和表达思想不能像散文那样自由和酣畅淋漓。庞德认为"文学是充满意义的语言"，"伟大的文学简直就是最大限度充满意义的语言"[41]，强调文学的表意作用。洛威尔强调表达思想和传达经验，他说："写《生活研究》时，要摆脱把技艺放在诗歌创作首要地位的信条。"[42]他发现散文在表意方面有优越性，所以他说："散文写作多方面好过诗歌。"[43]散文与韵文不同，不讲韵律，不重排偶，不分行排列，通过某些生活片段及事件的描述，表达作者的思想感情，揭示其社会意义，篇幅可长可短。小说也是一种不押韵、不分行的散文文体。洛威尔向托尔斯泰、福楼拜、契诃夫学习并说："我感到诗歌最好的风格不是许多英语诗歌的风格，而是那些像契诃夫和福楼拜的散文风格的诗。"[44]散文更侧重纪实性，受限于真人真事的抒写，虚构的可能性被压缩到最低程度,是写实的方法。所以洛威尔认为:"托尔斯泰是现实主义作家。《生活研究》的突破不在于令人兴奋的自白内容,而在于用了托尔斯泰的现实主义传统,要用散文的非常简洁的描述语言把人的丰富多彩的生活经验写入诗中。"[45]洛威尔最崇敬的威廉·卡洛斯·威廉斯其代表作——著名的长诗《帕特森》就是诗与散文的结合体,全书246页中,共有诗102首,散文100余段。[46]洛威尔模仿他,将《生活研究》分成四部分,其中三部分是诗,共23首。第二部分《91号利威尔大街》全由散文写成,占了全书83页中的40页之多,提供了家人及家庭的背景材料,大大增强了诗集中诗歌的效果,成了该诗集的核心部分,足见他对散文文体的重视。

洛威尔是诗人、剧作家、翻译家,他一生饱受精神病的困扰与折磨,先后住院治疗20多次。他坚持创作,善于学习,是一位学者、研究型的诗人。他的创作受到理论和观念的支配。他与时俱进、不断创新,对美国诗风的转变和诗歌的发展做出了杰出贡献。2017年是洛威尔诞生一百周年,时值我国开展全民创新活动、科学文化及各项事业迅猛发展之时,学习洛威尔的创新精神,对他的作品作进一步探讨具有现实意义,也是对诗人最好的纪念。

注释:

[1] [3] [9] [10] [15] [17] [21] [22] [31] [32] [37] Ian Hamilton, Robert Lowell: *A Biography*(New York : Random House, 1982), p.57, p.231, p.310, p.315, p.85, p.85, p.59, p.85, p.201, p.254, p.85.

[2] [42] Harold Bloom (eds.), *Robert Lowell* (Chelsea : Chelsea House, 1987), p.81, p.82.

[4] [11] [13] "Robert Lowell, " accessed Jan 04, 2014, https: //www. poetry foundation. org/bio/robertlowell, p.3, p.4, p.1.

[5] [19] 廖文武:《美国诗坛的一座里程碑》,《当代文坛》2005年第5期:第101页,第99页。

[6] Eva Brunner." I was Stufed Toucan: Poetic Self-Positioning in Robert Lowel's Life Studies, " *Copas—Current Objectives of Post graduate American Studies*, (2012) : 2.

[7][12][20][26][27][29][33][43][44][45] Marjorie G. Perlof, *The Poetic Art of Robert Lowel*（New York：Cornell University Press, 1978）, p.2, 前言, p.147, p.86, p.86, p.2, p.86, p.85, p.86, p.86.

[8][35][36] Steven Gould Axelord, Helen Deese, *Robert Lowell: Essays on the Poetry*（Cambridge: New York and Cambridge Press, 1986）, p80, p50, p80.

[14] 王卓：《论罗伯特·洛威尔诗中的"自我塑造"》，《山东外语教学》2004年第3期：第105页。

[16] 董衡巽、朱虹、施咸荣，等:《美国文学简史》，人民文学出版社，1986，第68页。

[18] 《莎士比亚全集（9）》，朱生豪译，人民文学出版社，1991，第9–49页。

[23] Helen Vendler（eds.）, *Voice and Vision*（New York：Random House, 1987）, p.434.

[24][28] 杨仁敬、杨凌雁：《美国文学简史》，上海外语教学出版社，2008，第96页，第443页。

[25] George McMichael, *Anthology of American Literature*（London：Collier Macmillan Publishers, 1980）, p1575.

[30] Mark Rudman, *Robert Lowell: An Introduction to the Poetry*（New York：Columbia University Press, 1983）, p.8.

[34] 李赋宁：《艾略特文学论文集》，百花洲文艺出版社，1994，第11页。

[38][39][40] Frank Kearful, "Alimentary Poetics, Robert Lowell and Allen Ginsberg," in *Browse Literature Partial Answers*, http: //muse. jhu. edu/article/394963.

[41] Ezra Pound, *A B C of Reading: Chapter Two*. 1934, p.12.

[46] 洪振国：《论威廉·卡洛斯·威廉斯的诗歌创作（下）》，《五邑大学学报》1993年第4期：第1页。

（本文曾发表于《吉首大学学报（社会科学版学术专刊）》第38卷第1期）

论西尔维娅·普拉斯的抗争精神及其诗歌艺术

洪振国

摘要： 本文论述美国当代重要女诗人西尔维娅·普拉斯如何被沉重的社会、家庭压力逼迫至死，论证她的抗争精神及其社会意义，分析了作为现代、后现代派诗人西尔维娅·普拉斯的高超诗艺。

西尔维娅·普拉斯是一位勤奋而有才气的当代美国诗人，八岁发表诗作，中学时在杂志上发表过诗歌和短篇小说。十七岁前，仅向一家杂志她就投稿45篇。1950年，她以优异的成绩考入史密斯女子大学并获奖学金，当时已小有名气，被誉为小作家。次年，她成了全美女大学生小说竞赛奖的两名得主之一，被选为《仕女》杂志的客座编辑。之后，她两次获史密斯诗歌奖。1956年获富布莱特基金支持，赴英国剑桥大学攻读学位，与当今英国桂冠诗人特德·休斯邂逅，结婚后生一儿一女。1962年夏与休斯分居，次年2月11日在煤气灶上自杀，年仅三十一岁。

普拉斯是一位多产作家，擅长绘画，短暂的一生中发表了近300首诗，《诗集》获1982年普利策诗歌奖。1963年，自传性长篇小说《钟罩》问世，她的《家信集》《日记》分别于1975、1982年出版。诗人之死在英美引起很大震动与反响，使她成了传奇人物，吸引了越来越多的读者、研究者。1973年英国皇家莎士比亚剧团仿其诗作《三个女人》写了剧本《西尔维娅·普拉斯》并搬上舞台，由三个不同的女演员扮演普氏，使得她名声斐然。在美国，电视、广播、书刊对她广为宣传、介绍，她的名字几乎家喻户晓。评论界已公认她是美国当代杰出的诗人之一。

一、普拉斯的抗争精神

普拉斯是一位才华出众、事业获得成功的诗人，但同时又是一个内心极其痛苦、生活上不幸的女人。她的父母均为波士顿大学教师，八岁丧父，失去父爱。母亲望女成凤，未再婚嫁，一心要把未竟的事业寄托在女儿身上。在这样的境况下，普拉斯养成了刻苦攻读的习惯和寡欢、孤僻的性格。她的生活正如小说《钟罩》里的主人公埃丝特所说："我平生告诫自己，我要做的实际上也如此，就是学习、读书、写作，拼命工作。我做得非常之好，门门课都得优秀……"[1]但是就在1953年，普拉斯自云"我感到创作、社会及经济上的成功如潮水般上升……"[2]的时候，她却垮了，身心憔悴，住进了精神病院。

住院期间，她失眠"一个月不曾合眼"，接受电震治疗，承受着极大的精神和肉体上的痛苦。她挣扎，也像母亲说的那样去关心帮助更痛苦的人以减轻自己的痛苦，但仍无成效。特别是不能读书和写作更使她痛心疾首。这一年她两次自杀未遂。普拉斯在1958年12月27日的日记里对自杀解释说："我常常感到她要利用我作为她的自我延伸……"在另一篇日记中又写道，"母亲懂得我为什么自杀吗？因为我不能写。无疑，我感到不能写是因为她要拿去私用，这就是全部原因。"[3]小说《钟罩》的女主人公也说过同样的话，所以评论家苏珊·巴斯内特说："我们可以把《钟罩》作为一本母女冲突的小说来读。"[4]其实，我们可以认为她的自杀是对母亲的"爱"及其"控制"的一种反抗，正如D.H.劳伦斯的小说《儿子和情人》中保罗对其母莫尔太太"过分的爱"及"控制"的最后的抗争与逆反心理一样。

普拉斯是一位敏感、关心社会、政治，勤于思考的诗人，她的自杀有着深刻的社会原因，是对黑暗、恐怖的美国社会的无言的反抗。1953年夏秋之交，正是美国政府对卢森堡夫妇进行电刑迫害，参议员约瑟夫·麦卡锡施展淫威、大肆叫嚣对共产党人进行清洗搜捕，艾森豪威尔执政之时，这些在《钟罩》中都有所反映。后来在谈及《钟罩》时，普拉斯这样描写当时的美国社会："一个黑暗、绝望、幻灭的时代——像只有人类理智进了地狱一般一团漆黑——象征性的死亡和麻木昏厥——然后才是缓慢的再生和精神的复苏。"[5]她深感社会的窒息和重压，在1958年的一篇日记中还写道："美国的最大的过错——它的这一部分——是它的压制的气氛：要求顺从。"[6]《钟罩》一书的封底上有这样的评述："一个企望用电震法治愈一个敏感、探究的年轻艺术家的社会，她对自身地位的寻求成了可怕的走向癫狂的乐曲。"评论与自述说明她的自杀是一个柔弱女子对美国社会的绝望与对其压迫的反抗。

普拉斯证明自己执教于史密斯大学时是位优秀的教师。洛伊斯·艾姆斯在对她的自传评述里写道："……在那里，西尔维娅被同事们评估为史密斯英文系最好的两三个教师之一。"[7]但为了潜心写作，她于1959年放弃教学随特德移居英国，靠打临时工维持生活。只是1961年后得到一点有限的尤金·F.萨克斯顿研究基金的支持。1960年她的诗集《巨人》出版，第一个孩子——女儿弗雷达出生，接着便是流产、切除阑尾，又再次怀孕，1962年生下儿子尼古拉斯，此时，她早已开始第二本诗集《爱丽尔》的创作。与此同时，她还赶写《钟罩》，并于次年出版。除此之外，她还写有《日记》，并有诗作源源不断发表。她作为妻子、母亲、作家，压力与负荷是够重的了。普拉斯自己描写这段生活时说："我觉得自己像一件时刻不停的、听其使用的、非常高效的工具和武器……"[8]

1962年至死前，正是她富于灵感，下笔有神的创作高产期，也是痛不欲生，个人悲剧达到顶点之时。1963年2月11日晨，普拉斯开煤气灶自杀身亡。

《狂怒的神》一文的作者阿尔瓦雷斯在解释普氏之死时说："她的死即是一种未达目的的救命的呼叫，又是她驱除她在诗中唤起的死神的最后的孤注一掷。"[9]

普拉斯的自杀，并不像有的评论家说的："她悲观厌世、自虐、自毁，视自杀为艺术、为游戏……"恰恰相反，她热爱生活。她中学时的一位朋友写道："西尔维娅似乎不能坐等生活的来临……她冲着前去迎接生活，开创前程。"[10] 1963年10月，特德·休斯在《邂逅》的注释中说："不可能有其他任何人比她更热爱生活，更能得到幸福。"

自杀前七天，她写了最后一首诗《边缘》以告别人世。诗中讲一个完美的女人死了，世界不必悲哀，这原是习以为常的事。这首诗赞美死的庄严与沉寂。但在同一天，她还写了另一首名为《气球》的诗。诗里有这样几句："这些移动的，/红的、绿的、轻的气球，/让心儿快乐，/像希望，或自由的/孔雀，在星空展翅飞翔。/在这里，诗人仍在为希望、为生命的流动而欢呼，表现出即使在生命的最后时刻，心中仍充满强烈的生的欲望。"

普拉斯之死与丈夫的不忠、爱情和家庭的破裂有关。巴斯内特说："婚姻的破裂导致她1963年在伦敦的住宅里自杀。"[11]公众认为，诗人的死因定会在她最后的诗作与日记里披露，可是，"她生命中最后几个月的日记，直写到自杀前三天，都被特德·休斯给毁了……"[12]此事引起众人猜疑与愤怒，美国著名女诗人艾德里安娜·里奇认为："特德·休斯在编辑出版普拉斯的作品时删节一事构成了这样一个事实，即普拉斯实际成了受压抑、迫害，最后被逼至死的妇女的象征，她的丈夫是罪魁祸首。"[13]

普拉斯对妇女处于依附地位，对受夫权及社会的压迫深感不满，在许多诗篇里进行了揭露与控诉。在《爸爸》一诗中，她称父亲（暗指丈夫）为法西斯，描写在铁蹄下的妇女过着暗无天日的生活，其中有："没有上帝，只有敢字的纳粹旗，/黑沉沉、天空透不过光亮一丝。/每一个女人崇敬一个法西斯，/皮靴踢女人的脸，好野蛮，/像你，有野兽般残忍的心。/"

普拉斯是一个有反抗精神的女性，反对把妇女贬为玩物和雕像。在《帏幔》和《拉扎勒斯女士》两首诗中，她号召妇女反抗、复仇，挣脱枷锁，解放自己。《帏幔》的最后几句是："我将挣脱——/从小小的、珠光宝气的、/他作为至宝而监护的玩物中。/女狮，/一声尖叫，在他沐浴时，/帏幔下、隐蔽处。/"女狮是女性力量的象征；"一声尖叫，在他沐浴时"，援引法国大革命时革命党领袖马拉洗浴时被夏洛特·科黛刺死的历史事件；"帏幔下，隐蔽处"指带着面纱及禁锢在深闺里的妇女的反抗，援引希腊神话中亚伽门农被受虐的妻子克吕泰涅斯特拉所杀。

《拉扎勒斯女士》的最后两节："上帝先生，撒旦先生，/当心！当心！/从死灰堆里，我披着红发升起，/像呼吸空气，我吞食男人。/"

她死不罢休,要复活,要从死灰堆里升起,大口吞食男人,表现了她为争取妇女平等权利而斗争的不妥协精神。她给了女权主义运动以鼓舞。所以巴斯内特说:"西尔维娅——女权主义者的先驱,她的作品表现了不能摆脱受压抑与受压迫情况下妇女的极大的怨恨。"[14]巴斯内特把普拉斯誉为战士,并说:"当50年代理想主义的破灭而变为60年代正义的愤怒时,随着对残忍的统治的世界性抗议,西尔维娅的声音和其他人的一起被认为是战士的呼声。当70年代妇女运动全面推动而震撼波及西方文化时,她的声音同其他的姐妹们的声音一起,因之被认为是愤怒的声音……"[15]评论家海伦·麦克尼尔说:"普拉斯已成了现代的图腾、愤怒的象征。"[16]

二、普拉斯的诗歌艺术

对普拉斯的诗歌艺术,评论家们众说纷纭,分别用了许多形容词加以修饰,诸如极端痛苦的、辛酸的、高深莫测的、狂热(暴)的、可怕的、扭曲的、自我放纵的,等等。有的评论家则企图用自白派、后浪漫派,甚至自杀诗人将其归类,虽然不无道理,但难免尽然和不失偏颇。普拉斯的《诗集》《日记》均在她死后由特德·休斯整理出版,其中多有删节,而且她临死前几个月,即最痛苦、艺术达到高峰时期的日记和大量诗稿都被休斯销毁,这对全面评价诗人无疑造成了困难。休斯也承认:"有些手稿中到处充满惊人、漂亮的语句,丝毫不比她最后定稿的诗作逊色,而全部印行将会是厚厚的一本……"[17]休斯销毁这卷手稿的理由仅为:"我不愿她的孩子们非得去读这些东西。现在那些日子里,我认为忘却对生者是至关重要的。另一卷后来不见了。"[18]鉴于这一情况,诗人艾德里安娜·里奇认为未有更多未发表的日记问世之前给普拉斯作传和对她进行评论都是靠不住的。巴斯内特说:"我发现很难接受那些随随便便的界说,他们对于一位有着复杂个性和多相的作家太过于压缩、过于简单化。"[19]笔者以为在现在情况下仍是可以对普拉斯进行研究的,除了认真谨慎,还有一个如何阅读理解其作品的问题。"特德·休斯建议把她所有的诗都作为单一作品的部分来读,那么所言及的方方面面始能产生明确的意义……"[20]

这个建议很有道理。普拉斯是一个思想复杂的作家,她的丈夫与她共同生活、朝夕相处了六年(间或分开时间每天最多不超过两三小时),尚且说:"也许,除了她活着的最后三个月,我从未见她向任何人显露过真正的自我。"[21] 她的诗中多并列的意象,时空交叠转换,变形、似是而非的东西多,有多层的含义,需慢慢品味。另外,全面了解诗人的创作发展过程,对理解其作品也是有帮助的。

普拉斯的诗歌创作大致可分为三个阶段:

第一阶段为 1956 年前,她写了 220 首诗,或更多一些(收入《诗集》的有 50 首),属于早期习作。这阶段的诗作(包括 1938 年部分诗歌)诗节、诗行、韵律较为正规,用词量大,结构复杂,虽不无佳品(有些收在《巨人》中)[22],但矫揉造作、模仿的成分较重,学院派气氛较浓,多为描写个人心智与惊喜之情的作品。

第二阶段为 1956—1960 年,此时诗人渐趋成熟,充满自信,用词量明显减少,诗句更简练,直接与口语化,往往使用通常事件作为抒发感情的跳板,感情更为强烈而有力度,比喻用典及内涵都较丰富复杂,很多被收在《爱丽尔》集中。[23] 这一阶段诗人受到特德·休斯的影响。

第三阶段为 1961 年晚些时至 1963 年作者辞世前 18 个月的诗作。这是诗人承受压力最大、痛苦最深的时期,也是创作力达到高峰之时。无论诗的主题或形式都有新的特点与突破,句法更直截了当,韵律更美,形象更生动含蓄,因而使她享有盛名。

普拉斯诗歌最突出的特点笔者认为有以下两点:

1. 以"自我"作为心理冲突的主人公,描写一瞬间的主观意识,描写资本主义社会中所遇到的种种矛盾,表达她的不满与失望、悲观与愤怒。

普拉斯受现代派诗歌理论的影响,主张诗歌应传授经验、表现主观意识,描写瞬间的,即"大门一开一合之间的"强烈感受。她认为诗歌的力量不在于包罗万象,而在于俭约和点上的冲击力量。这同现代派大师庞德、艾略特等人的主张是一脉相承的。

1958 年前,她较少用个性化强的第一人称写诗。为了表现主观意识和心理，之后，特别是1960年后，她诗中的说话人多为"我"。这样的诗篇，粗略统计，占这一时期的80%左右。普拉斯的生活充满矛盾，以"自我"作为心理冲突的主人公成了她诗歌创作的一大特点。《爸爸》《拉扎勒斯女士》《高烧103°》《十月的罂粟》《榆树》《话语》等都是出色的"自我"诗。

普拉斯的"自我"诗不像洛威尔《生活研究》那样提供足够的、有关作者的事实与信息，她只是在叙述、描写中制造情景，把读者带进未定的境地，通过形象向读者证实自我心理的真实性。诗人仅把说话人"我"作为媒介，通过"我"同读者交流、联系，使读者产生共鸣。不可简单地把诗中的"我"与普拉斯等同起来。她诗中的"我"究竟有多少能暴露作者本人？普拉斯《日记》一书的编辑写道："普拉斯并不是在写自传，了解这一点很重要……"有的辞典编纂者简单地把普拉斯列为自白派诗人，以《爸爸》一诗为依据，说她父亲是纳粹分子，母亲是犹太人。这是对普拉斯诗歌的误解。她父亲奥特·普拉斯并不像诗中写的是"法西斯、野兽、魔鬼、混蛋……"，而是波士顿大学颇有成就的生物学教授，更不曾像诗云那般虐待过她。她母亲也并非犹太人，而是奥地利人的后裔，出生在波士顿。普拉斯只是通过"爸爸"这个人物表现对丈夫、对男性虐待女性的愤怒。普拉斯在向BBC电台听众朗诵这首诗时说："这是一首表现说话的女孩恋父情结的诗。她的父亲死了，她想他是神。她的境况由于父亲是纳粹、母亲很可能有犹太人血统而复杂化。女儿身上体现了两个种族的结合和瓦解——她需得在摆脱此之前，把这则可怕的小寓言故事绘声绘色地讲出来。"[24]这是一首有多层含义的诗，反映了"我"恋父、恨父，恋夫、恨夫的矛盾心理。类似的诗还有《杜鹃花道上的厄勒克特拉》《养蜂人的女儿》等。厄勒克特拉是希腊神话里阿伽门农的女儿，杜鹃花道，即普氏父亲的墓道名——阿泽利亚。这首诗写父女关系。女儿前去祭扫父坟，它在路边，她想把他挖出，证明他是否真的死了，她表示要记住这个地方。普拉斯把神话与现实搅在一起，使此诗具有神秘色彩和多层意思。"养蜂人"显然是指普拉斯的父亲，但同时蜜蜂又成了性冲突的比喻。

普拉斯还善于把诗人的心理同社会、自然物融合，表现更为宽阔宏大的"我"。如她诗中多处谈及死亡，但绝不只是她个人之死。在《边缘》里，诗人写一个完美的女人死了，但同时也写了每一个像白蛇般蜷缩着死去的孩子。在《高烧103°》中写一个纯洁无瑕的女人死了，但也有这样的诗句："涂满油污的奸夫的躯体／像广岛的灰烬正在腐烂／罪恶，罪恶。／"诗人把"我"的痛苦、死亡和世人的痛苦、死亡联系在一起，个人的忧患便是时代的、众人忧患的一部分，"自我"也便升华为群体的、广义的"我"。没有博大的胸怀与对受苦者的同情之心，是做不到这种结合的。

普拉斯使用熟悉而又神秘的自然象征来表现自我也是很成功和具有艺术感染力的。她在月下观察宅旁高大的榆树，几经修改写成了《榆树》一诗。诗中的"我"便是榆树，它向人们诉说："我遭受过落日的暴行，／根部已枯萎焦黄……／月亮，也冷酷无情，要残忍地拖我走，／因为她贫瘠荒芜。／"最后诗人写行云飘过枝头后弥散，露出凶恶的脸："它阴险、酸溜溜的吻，／让人心灰意冷。／隔离、慢悠悠的过错，／他们杀，杀，杀。／"

诗人用拟人法，借榆树、月亮、行云表现妇女受到摧残及夫妻感情破裂后的冷漠与痛苦。同是以前那个夫妻共同观赏的月亮，主人公的处境、心情不同，它则变得冷漠、杀气腾腾。诗人用移情、物我合一的手法表现内心世界，既含蓄又有力。在《话语》一诗中，诗人把斧子比喻为笔，树液和马比成作品："树液是我的眼泪……／多年后话语枯竭，没有了骑手，／只有不倦的马蹄踏踏作响。／"这首诗表现了诗人大刀阔斧而又严肃认真的创作态度和对自己的作品充满信心。与狄金森《这是我写给世界的信》一诗表现相同的主题，但《话语》更气势磅礴、悲壮，形象奇特深刻，产生很强的艺术效果。普拉斯是个有男子气概的诗人，这首诗充分显示了这一点。普拉斯描写社会和自然的诗独具风格，《诗集》中这样的作品不少。

2. 诗中充满新颖的意象、神话典故及荒诞奇异的比喻和联想，以表现内心的力量与激情。

普拉斯是一位抒情诗人，她不着眼于对自然与现实的机械摹拟与描绘，而是借助自然与现实，通过形象、比喻表现深层的自我意识与情绪。她的诗色彩斑斓，有多层的含义，以上例句也能说明这一点。正如巴斯内特所说:"她的诗像万花筒,有一个中心意象,或一组意象及由其核心发射出的运动形式。"[25]上面列举的《榆树》即是如此。她1956年写的《冬景与白嘴鸦》也体现了这一特色。这首诗写一只孤零零的白天鹅在一池黑水里游弋,阳光照射池塘边结了冰的芦苇,诗人像白嘴鸦一样迈着大步,在冬夜里沉思。乍看起来,诗人仅在描写冬天的风景,但诗人将一只失偶的白天鹅放在有着结了冰的芦苇的一池污水中,构成一幅不协调的图画,显然是写纯洁的爱情遭到了破坏,一对鸳鸯被无情棒打得天各一方。接着诗人援引希腊神话,把太阳比作恐惧、象征死亡的独眼巨人。巨人长久而轻蔑地望着这片懊丧的景象,表现出诗人的悲哀。最后一节,诗人写"去年夏天的芦苇都结了冰,/正如我眼中的你,抹一层干霜于我受伤的窗——/","去年夏天"是指幸福、美好的时刻,"你"显然是指一个曾经是美好而负心的人。结尾提出两个问题:岩石上会产生安慰,使荒芜的心变绿吗?谁会步行在这冰凉萧瑟的地方?答案显然是否定的。虽然冬天会过去,春回大地又会一片新绿,但因痛苦而冷漠了的心不会得到慰藉。作者采用了比兴的手法,联想及思绪的引发随着一组意象的运动而展开。与其说这是一首自然诗,不如说是一首沉思与描写心理、情绪的抒情诗。

普拉斯站在女性的立场,通过一系列形象表现出对男性既崇敬又憎恨的矛盾心理。她诗中反复出现凶恶、霸道的男子形象,把他们比作"法西斯""巨人""动物园看守""牢卒""吸血鬼""新郎""父亲"等。在《爸爸》一诗中她既写了父亲的高大,"每个女人都崇敬一个法西斯",又诅咒他们为"魔鬼","把我美丽、鲜红的心咬成两半","吸血鬼,吸了我一年的血"。

在《给纯粹派艺术家的信》和《巨人》等诗篇里,她用巨人比喻男性,"巨人"成了"博大"的象征,诗中的"我"却"像一只爬行的蚂蚁","爬过巨人的眉宇"为他操劳、忙碌。但同时也批评"巨人把自己看成神使",把"我"当成"傻子",而他自己却支离破碎并不完美。普拉斯就是借助这些扭曲、怪诞的形象、比喻,含蓄而又略带讽刺地表达了她既崇敬男性的健与力,又憎恨其专横与霸道的矛盾复杂心理。

普拉斯的诗以女性为中心,使用了许多表现女性特征的形象、比喻。

月亮是她诗歌的中心形象。在她诗中，月亮直接出现了100多次，且功能各异。月亮缪斯是表现女性的作用、命运，以及诗歌意境的源泉。《月亮和榆树》《竞争者》都是把月亮比喻为女人的诗篇。

普拉斯还把"大海""潮水""血"，甚至"红色"作为女性的特征。她害怕独身、不育与衰老，写了《不育的女人》《寡妇》《勒斯波斯》等诗，表示对女子的同情。在《仁慈》一诗中，她赞美女性，表现了爱子之心："血的喷射是诗，/你交付给我两个孩子，两朵玫瑰。/"《割切》一诗这样开始："多么令人毛骨悚然，/是我的拇指尖而不是洋葱头/被切割，像铰链样粘连。/"诗人以日常生活为题材，写切菜这项家务劳动，是很有女性特色的。

普拉斯在诗里广征博引，引用神话、文学典故、圣经故事及其他来源。她诗中有上帝、圣母、爱神、太阳神、胜利女神等，也有撒旦及光怪陆离的神鬼。不过，她把他们都与现代生活和现代人的思想联系起来。在《帏幔》《拉扎勒斯女士》中，诗人引用了历史事件及基督复活、凤凰涅槃等宗教神话，以表现妇女的反抗与复仇。

普拉斯的神话形象一般能直接引起联想，生发一层新意。如《高烧103°》的第十二节："我的头是月亮，日本纸做的，/我金箔般的肌肤/无限柔嫩，无限昂贵。/"这使人联想到日本的纸灯笼和古代希腊演员迈锡尼佩戴的贴了金箔的人头面具。当说话者升天时，她成了一个苍白、无声的灯笼，放射出她自己的光和热。诗的最后，她超脱了这个箔金的假面和"老妓女衣裙"的色情关系的世界。由于情人的凝视与触摸，女儿身似乎成了她的一种压力与重负。这大概是这首诗背后的意思。

又如诗人临死前写的《边缘》里，孩子们蜷缩着死去，/每人趴在空的牛奶小罐前，/她把他们搂进怀里，/就像玫瑰合拢了花瓣……/从这里，人们可以推测，临终前，诗人曾想到过希腊神话中的米狄亚——一个受冤屈的女人，在乘四轮马车升天前将自己的儿子杀死。但诗人没有这样做，这里暗含着诗人对孩子的依恋与真挚的爱。由于诗人运用了神话意象，她的诗便超出了自白的性质而具有多种解释与含义。

普拉斯主要写短小的自由体抒情诗，语言简洁、口语化，不泛用形容词。从诗人的整个发展过程来看，诗人主要以个人为中心，描写资本主义社会中所遇到的种种矛盾，表达她的不满与失望、悲观与愤怒，运用表现法、荒诞离奇的比喻与联想，强调主观世界与感知的客观世界的关系，强调内白性，内心与心理的真实，运用的是现代派、后现代派的创作方法，因此她属于现代派、后现代派诗人。

虽然普拉斯的作品中有不少悲观、消极的东西，不足效法，但她对资本主义社会丑恶的揭露及对压迫势力的反抗精神，她的诚实与大胆，对艺术刻意求新与孜孜不倦的努力和追求，对我们是有一定的启迪和教益的。她的诗作形象生动，意境新奇，耐人寻味，发人深思，有很高的艺术水平，这也值得我们去借鉴。

注释：

[1] Sylvia Plath, *The Bell Jar*（New York: Bantam Book, 1971），p.26.

[2][5][7][8][10] Lois Ames, Sylvia Plath, *A Biographical Note*（New York: Bantam Books, 1912），p.208, p.205, p.209, p.215, p.205.

[3][6][18][21] Ted Hughes and Frances McCullough, *The Journals of Sylvia Plath*（New York: Ballantine Books. 1987），p.280, p.253，前言 p.xv，前言 p.xiv.

[4][9][11][12][13][14][15][19][20][25] Susan Bassnett, *Sylvia Plath*（Totowa: Barmes and Noble, 1987），p.81, p.154, p.19, p.23, p.151, p.2, p.152, p.120, p.91, p.40.

[16] Helen Mcneil, *Sylvia Plath*（New York: Radnom House, 1987），p.469.

[17][24] Sylvia Plath, *The Collected Poems*（New York: Harper & Row Publishers, 1981）p.17, p.293.

[22] *The Colossus*, 1960.

[23] *The Ariel*, 1965.

（本文曾发表于《五邑大学学报》1991年第5卷第4期，人民大学书报资料中心《外国文学研究》1992年第2期全文复印转载）

附 录

试论朱湘译诗的观点与特色

洪振国

朱湘（1904—1933）是在"五四"新文化运动的推动下走向诗坛的一位有才华的诗人。他不断进步，由自然诗人逐渐过渡到面对人生的社会诗人。他勇于探索新诗的形式，曾对我国早期新诗的发展有过重要影响。他认为新诗是一方未垦的膏壤，然而却有丰美收成的希望。尽管他的一生短暂、坎坷，充满凄苦与幽愤，他却始终孜孜不倦地在这块膏壤上深耕细作，创作和翻译了大量诗歌，在我国新诗史上留下了他的业绩。

诗人热爱祖国，生无媚骨，刚直不阿。他一生追求光明，但终为黑暗的社会所不容。虽为学者、教授，他却被生活逼得走投无路，精神抑郁痛苦之极；大革命失败后，他远离祖国，客观上又造成他与中国社会隔绝，未能看到蕴藏在人民中的力量，未能在暗夜中瞥见黎明的曙光，终于同他诗中所写的那样——"光明去了时我也闭眼"，于1933年12月5日，在船过李白投江的采石矶时，悲吟哀叹，纵入急流身亡。诗人的死虽是消极的，但却也是对黑暗社会的一种无言的反抗与抨击。诗人死时不足三十岁，恰是风华正茂、才情纵横的创作盛年，他的早逝实在是我国新诗诗坛的一大损失。

朱湘又是一位外国文学工作者和优秀的翻译家，近年来他的诗集、诗选陆续印行，这位几乎被遗忘的诗人正在为越来越多的人所了解。在罗念生教授的倡导下，经过一段时间的搜集揣摩，我已整理成《朱湘译诗集》

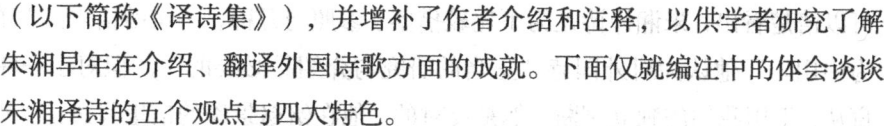

（以下简称《译诗集》），并增补了作者介绍和注释，以供学者研究了解朱湘早年在介绍、翻译外国诗歌方面的成就。下面仅就编注中的体会谈谈朱湘译诗的五个观点与四大特色。

朱湘在译诗方面的主要观点是：

1. 译诗是创作工作。

英国诗人本·琼森从希腊诗中译出的《情歌》成为脍炙人口的千古绝唱，无论哪一种英诗选本都要选入；英国诗人从琼森、弥尔顿、菲茨杰拉尔德到罗塞蒂都译诗，译得那样好，留下了深远的影响。朱湘对此倍加赞赏，因而一生和译诗结下了不解之缘。他的译诗活动和他的诗歌创作生涯几乎是同时开始的。当他十九岁正式从事诗歌创作时，便着手翻译丁尼生、布朗宁、雪莱和莎士比亚等著名英国诗人的诗作。他译作的数量，若包括中译英，估计不会少于他的创作。朱湘如此重视译诗，是因为他认为译诗和写诗都是创作活动，两者相辅相成。他曾经说过："译诗这种工作是含有多份的创作意味在内的。"这与意大利批评家克罗齐关于"纯文学的翻译，都不是翻译，而是创作"的说法是一致的。

朱湘在理论上和实践上都把译诗和创作视为同等重要，自觉地把二者有机结合，用毕生精力致力于译诗与写诗，译写交融，硕果累累，值得称道和效法。

2. 译诗是为了把外国的"真诗"介绍过来，以便进行比较、借鉴。

朱湘是一位热爱祖国、有理想、有抱负的诗人，他译诗是受爱国心所驱使。他在给罗念生、罗皑岚两位挚友的信中写过"为中国鞠躬尽瘁"，"为了祖国的光荣拼命写作"。他苦心孤诣在世界诗林中涉猎，把"真诗选择过来，不是为了译诗而译诗，而是为了祖国的光荣，为了我国新诗的发展，为了"翻一阕新声"。他在《说译诗》一文中指出："译诗是为了把西方的真诗介绍过来同祖国古代诗学昌明时代的佳作参照研究，因之悟出我国的诗中哪一部分是芜蔓的，可以铲除避去，哪一部分是精华的，可以培植光大，西方的诗中又有些什么为我国诗所不曾走过的路值得新诗的开辟。"

可以清楚看出，朱湘译诗是为了比较借鉴、参照与开辟，一句话括之："洋为中用。"他认为对外国诗"正当的研究与介绍是必要的"，但对于一味盲从，不用我们的独立判断，他是反对的。他在给赵景深的信里写过："外国人的好处我们尽管采用，他们的毛病我们自不必去学。"对外国文学持分析态度，取其精华、去其糟粕，朱湘是这样认识的，也是这样做的。在他的《译诗集》里绝无低下和不健康的东西，他认为作品的内容和社会影响值得每个译者在动笔之前着眼考虑。

朱湘是一位肯学习、勇于探索与创新的诗人。他很多诗作的题材、语言、格律等方面都大胆汲取了西诗的长处。他在《石门集》第三编中写了八十六首西洋诗体的诗歌，采用欧美的两行、四行、三叠令、四环调、十四行英体及意体等格式，虽然评论家们对此有不少异议和批评，但朱湘大胆探索、勇于实践和改革的精神是十分可贵的，应该给予肯定，没有强烈的事业心和满腔的热忱是不可企望的。

3. 译诗在一国的诗学复兴与发展上占重要地位。

新诗是我国文学命革的开路先锋，五四运动是以新诗开始的，是当时一批年轻诗人和上层知识分子，受了西洋文学的影响，为了打破传统旧诗的桎梏而掀起的浪潮。正如朱自清所说："旧诗已成强弩之末，新诗终于起而代之。"这股中外文学发展及复兴的历史潮流把朱湘推向诗坛，实践使他认识到外国诗歌的作用与影响，因而对译诗事业给予了高度评价。他说："从前意大利的彼特拉克（Petrach）介绍希腊的诗到本国，酿成文艺复兴；英国的萨里伯爵（earl of Surrey）翻译罗马诗人维吉尔（Vergilus）始创无韵诗体（blank verse）。可见译诗在一国的诗学复兴上是占着多么重要的位置了。"朱湘认为译诗关系着一国诗歌的发展，绝非可有可无，绝不可等闲视之。朱湘如此评价译诗的地位，这对从事译诗工作的同志来说是莫大的鼓励与鞭策。从某种意义上我们可以说朱湘的《译诗集》便是他为中国"诗学复兴"所做的努力和贡献。

4. 放眼世界，体裁多样化。

朱湘曾说过要"用世界的眼光去介绍"外国诗，他还说过："专研究一国的文学，不免眼光狭窄偏畸。"朱湘译诗虽有所侧重，但还是放眼世界，译不同国家不同时代的好诗。他的《译诗集》证实了他的观点。《译诗集》中共有十六个国家的八十八个作者（包括无名氏）的诗作一百一十六首（其中有长诗五首，散文诗三首）。这些诗大都是在世界文学史上有一定地位的名篇或名家的作品。用朱湘的话说，它们都是"真诗"。朱湘特别推崇英诗，所以选译了二十一个英国诗人和不同时代五个无名氏的诗共四十四首。他认为"英诗是诗神的嫡系"，应该"提起对国人的兴趣"。朱湘也很重视民歌，认为"民歌是民族的心声"，应该从民歌中汲取营养，所以他译了罗马尼亚民歌十四首。《译诗集》的诗最早的是公元前7世纪的作品，最近的是20世纪初的作品，真是上下五千年，源远流长。没有放眼世界，没有历史眼光，是不可能产生这样一部译诗集的。

不仅如此，朱湘还十分注意译诗的种类和体裁。他的译诗集中，诗的种类和体裁是比较多样的，其中有：史诗、抒情诗、叙事诗、牧歌、寓言诗、十四行诗、格律诗、自由诗，以及民歌、民谣、传说等。朱湘认为："抒情诗的偏重，使诗不能多方面发展，而诗的种类很多，哪一种都充满了丰富的希望，值得致力于诗的人的努力。"朱湘认为各种形式、体裁的诗，都是由它们各自的"含性"即内容所决定的，不同的时代有不同的侧重，我们应该尽力搜求、汲取它们的长处，以求新诗的发展。在翻译介绍外国诗歌时，像朱湘那样视野开阔，体裁多样，兼收并蓄而刮垢磨光，对进一步繁荣我国诗坛、译苑，无疑是大有好处的。

5. 译者要能"了解诗人"，"解释诗人"。

朱湘反对"对西方文学一知半解"，便在那里译诗或提倡什么。他要求译者能"了解诗人"，"解释诗人"，最好译者本人便是诗人。要做到对原诗和诗人有透彻的了解，融会贯通，把诗的神韵传达出来，译者除了要具备诗人的素质和条件之外，还得有坚实的中外语言文学基础和渊博的知识。朱湘能做到透彻了解，除了他中国古典诗词的功力很深之外，便是他懂得多种外语和广泛涉猎世界文学。朱湘曾于1927至1929年留学美国，插入劳伦斯、芝加哥、俄亥俄大学高年级攻读拉丁文、希腊文、古英文、英国文学、德国短篇小说、比较文学等课程。能用英文写诗、译诗，曾把辛弃疾的《摸鱼儿》和欧阳修的《南歌子》译成英文诗在芝加哥大学校刊《长生岛》上发表，他还翻译过希腊悲剧数种（未曾出版）。正因为他学贯中西，重视比较研究，所以他能了解诗人，深刻理解原诗。从朱湘身上可以看出，作为一个译诗工作者，除中文练达之外，至少必须精通一两门外语，还要具备多方面的知识，才有可能把诗译好。

朱湘的译诗和他的创作一样，都是经过刻苦锻炼的艺术品，他的译诗有以下几个方面的特色：

1. 着意传达原诗的意境，注意艺术效果。

朱湘是一个重艺术美的诗人，他汲取中国旧诗重意境的长处，译诗时特别注意悟出和开拓原诗的境界、情调和情绪，用诗笔点染，在读者面前展现出一幅幅情景交融的生活画面。他曾经说过："我们对译诗者的要求便是他将原诗的意境整体地传达出来而不顾枝节上的更动，只要这种更动是为了增加效力。"朱湘本人便是照这个要求来译诗的。试举歌德的《夜歌》为例，这首诗的英译是：

> Over all the hill tops
>
> Is quiet now.
>
> In all the tree tops
>
> Hearest thou
>
> Hardly a breath;
>
> The birds are asleep in the trees.
>
> Wait, soon like these
>
> Thou too shalt rest.

试论朱湘译诗的观点与特色

第一句有一种译法为：

> 一切的峰顶
> 沉静，

而朱湘译为：

> 暮霭落峰巅
> 无声，

朱湘用七个字把傍晚的山景勾勒得色相俱全，显现出了一幅静中有动的美丽图画。特别是"落"字很妙，可以说与贾岛的"僧敲月下门"的"敲"字，和王安石的"春风又绿江南岸"的"绿"字争妍比美；"无声"二字似乎也能更好表现当时歌德"向晚意不适"的沉寂心境。

最后两句可直译为：

> 小鸟在林中无声，
> 等着。很快，
> 你也会安静。

而朱湘译为：

> 鸟雀皆已展翼埋头，
> 不多时，你亦将神游
> 睡梦之中。

朱湘将鸟雀把头藏在羽翼下睡眠的神态描写得活灵活现，表现了他精细的生活观察能力；"神游"二字似乎还为歌德厌倦了官场生活，三年后出游意大利埋下伏笔。朱湘对原诗的枝节字句有所更动，如上述见解，他正是为了更好地传达诗的意境，增强艺术效果。

再举萨福的《一个少女》为例，该诗英译的第一节是：

> Like the sweet apple which reddens upon
> the top most bough
> A – top the topmost twig —
> which the
> Pluckers forgot, somehow—
> Farget it not, nay, but got it, for none
> Could get it till now.

朱湘译为：

> 好比苹果蜜甜的，高高转红在树梢，
> 向了天转红 —— 奇怪，摘果的拿她忘掉 ——
> 不，是没有摘，到今天才有人去拾到。

一般译为：

> 像那甜蜜的苹果，在高高的树梢，殷红熟透了。

两者相比较，朱湘的意境更丰富，诗意更浓：用"高高""向了天转红"几个字比喻一个美丽、骄傲、眼睛长在额头上的少女；"转"这个动词发力，立即使画中人活动起来，真是匠心妙笔。

这样的例子还有很多，在此不一一列举了。

2. 可能把抽象的叙述化为生动具体的形象。

形象化给人以直感和联想，是一切艺术的特点，诗歌更应如此。诗歌一般不像散文那样直叙，要用具体的形象感人。《译诗集》中这样的例子俯拾即是。如丹尼尔的《怪事》：

> Love is a sickness full of woes,
> All remedies refusing;
> A plant that with most cutting grows,

试论朱湘译诗的观点与特色

Most barren with best using

Why so ?

More we enjoy it, more it dies;

If not enjoyed it sighing cries,

Hey ho !

痛苦充满了爱情这病，

但是它不肯就医；

爱情这花越掐它越盛，

珍护时花朵转稀——

为何？

你去俯就时它偏远飏，

你冷淡时它又来身旁——

嗐呵！

这首诗讲爱情神秘莫测，难于理解，朱湘尽可能将原诗中抽象的词语译得具体，例如：with best using（好生对待）译为珍护，enjoy（欣赏）译为俯就，it dies（死亡）译为远飏。这些词语经朱湘处理后用在诗句里，就使如病、似花、充满痛苦欢愉的"爱情"更传神了。《给勒斯比亚》诗中的最后一节原文是："When timely death my life and / fortune ends, / Let not my hearse be vext with / mourning friends, / But let all lovers rich in triumph / come / And with sweet pastimes grace my happy tomb:" And, Lesbia, close up thou my little light, / And crown with love my ever — during night. / 朱湘译为："一旦死神光临了，不需朋友 / 来骚扰我的美梦，悲泪双流, / 我要一切的情人欢乐而来 / 到恋爱的坟上扮演着恋爱；/ 到那时，勒斯比亚，你拿这微光 / 封闭起，派'温柔'送我去夜长。/" 朱湘将 mourning friends（哀恸的朋友）译成"朋友悲泪双流"，将 And with sweet pastimes grace my happy tomb（以恋人的娱乐为我快乐的墓地增辉）译成"到恋爱的坟上扮演着恋爱"。悲泪双流，恋爱的坟上，扮演着恋爱都是以形象生动的场景，勾引起读者的直觉和联想。这是朱湘译诗的又一特色。

3. 原诗是格律诗，一般都照样译为格律诗。

朱湘是倡导新格律诗的诗人之一。他特别强调诗的"音乐美"，认为："诗无音乐，那简直与花无香气，美人无眼珠相等。"节奏和韵是格律诗不可少的要素，是诗歌音乐美的来源之一，所以在译格律诗时，他尽可能注意每行的节拍、顿数一样或基本一样，尽量保持原诗的押韵方式。我们查对了《译诗集》中大部分诗的原文，译诗与原诗的韵脚基本上都是一致的。其中彼埃特拉的《六出诗》就是一个典型的例子。译诗同原诗一样：第一节六行最后一个字 shade（影），hill（山），grass（草），green（绿），stone（石），lady（女郎），在后面六节各行行末重复出现，而且各行字数相等；莎士比亚的《十四行诗》，照原诗 abab，cdcd，efef，gg 押韵；弥尔顿的十四行诗，则基本上照原诗的意大利格式 abba，abba，cdc，dcd 押韵（后六行也可以用 cdc，cde）；像《老舟子行》这样的长诗，朱译也照原诗二、四行押韵；《圣亚尼节之夕》也基本上照原诗每节 abab bc bcc 押韵；即使是无韵的长诗《迈克》，译诗也做到了每行字数相同，以求其节奏美。有些译诗句子长短不一，但仍有一定规律，而不是忽长忽短，叫人读起来有紊乱、不调和之感。由于朱湘重视诗的音乐美，他的译诗一般读起来有匀称和节奏感，有些译诗具有音乐的旋律，甚至可以谱曲入乐。

译格律诗要受到很多制约，真有点像"戴着脚镣跳舞"，是比较难译的。但正如歌德所说："在限制中才显出能手，只有法则能给我们自由。"朱湘能在格律的制约下传达原诗的神韵，充分显示了他是一个有魄力、成熟的诗人和翻译家。

4. 语言力求朴实、优美。

朱湘译诗的语言清新优美，形象生动，色彩鲜明，艺术性很强。其主要特点是以日常精粹的白话为主体，兼收旧文字的优点。在《旧的大氅》《罗马尼亚民歌》等诗中可见一斑：通篇除了个别地方外，都是通俗易懂的群众语言。请看《旧的大氅》中老两口的对话：

> "好哥哥,这回你听我讲,
> 我们并不是装阔的人,——
> 穿起你那身大氅。"
> "老娘,你不须把我埋怨,
> 如今的世界不比从前。"

这完全是符合人物性格特点的生活中的语言。
又如《罗马尼亚民歌》中的《母亲悼子歌》里有这样一节:

> 扔下你的外衣,
> 扔在这里路边,
> 扔下你的镰刀,
> 扔在路的那边,
> 快点回家,回家,
> ——不要在桥上停了,
> 不要在井边停了,
> 也不要在十字路口停了。

这完全是一个农村妇女的语言,然而却充分体现了母亲对儿子的关切与思念。

朱湘的语言朴实还表现在译诗中很少用华丽的形容词,他是反对在"字眼上追求拥挤的"。他曾经说过:"诗里面用形容词就是一种最笨拙的方法,有想象有魄力的人是决不肯滥用它们的。"又说:"遇到不得已的时候,他们只是轻描淡写地用一两字带过去,决不让读者的注意力耗费在这种小的枝节上。"

朱湘早期是自然诗人,即便后来在描写自然景色时,也是朴实无华,像一幅幅轻描淡写的写意画。如《鹧鸪》:

> 夏天到了人间,
> 鹧鸪扬声!
> 谷田发芽,草地开花,

>　　林木也青青，
>
>　　鹧鸪鸣！

朱湘的译诗注意汲取我国古典诗词的优点，他把法国诗人魏尔伦的《秋歌》(Chansond'Automne)译成五言，把彭斯的《美人》译成七言，把很多其他诗译成长短句相间，如《爱神》。这些译诗使人读起来感到有如中国诗五言的简洁、七言的和谐和长短句的活泼。

此外，朱湘译诗中的语言还颇有中国古诗词的味道。如在莎士比亚的《晨歌》中有：

>　　让鸟语在枝头巧啭
>
>　　催起楼上佳人。

在济慈的《夜莺曲》中有：

>　　好似猿猴愿捞月
>
>　　好像灯蛾愿得到光明。

《行乐》中有：

>　　年年有葡萄新酿，
>
>　　花几岁岁发南枝。

《情歌》中有：

>　　捞水底明珠在手，
>
>　　妆点你如玉容颜。

《爱》中有：

>　　爱不可基于仪表轩昂，
>
>　　也不可基于眼珠面庞。

《美人》中有：

> 见了她不由心乱，
> 一直到海枯石烂，
> 抟美人不知几多，
> 天对她独眼细看。

从以上几个例子，不难看出朱湘在译诗里也注意继承中国诗词的传统，注意把新旧诗的优点糅合为一体。

以上谈了朱湘译诗的四大特色，但他的译诗距今毕竟已有半个多世纪，而且当时他还处于摸索阶段。当时的语言习惯和今天已多少存在差别。他对格律诗尽依原诗，每行字数相等，节句均齐，免不了要影响诗的思想内容和其他成分。他又强调译者在枝节上应有充分的自由，有时增添，有时省略，和原诗相去较远的地方也是个别存在的，为了音韵等方面的原因，间或使用生僻字、词也是有的。尽管如此，朱湘译诗的成就和贡献是不可低估的，他不失为一位优秀的翻译家。从他的翻译理论和实践中，我们可以学到很多东西，得到启发和教益。我们要学习他高尚的品格，学习他高度重视译诗事业，学习他勇于探索、大胆实践的精神和字斟句酌、刻苦锤炼的译诗作风，以翻译出更多更好的诗章，使我国诗苑译林更加绚丽繁荣。

(本文曾发表于《湘潭大学学报（社科版）》1985年第2期)

附：

对《朱湘译诗集》的评介摘录

柳无忌（柳亚子先生之子）（美国）曾任耶鲁大学教授：
"在这些年出版的书籍中，值得提出的有《二罗一柳忆朱湘》。"

(《诗人朱湘的复活》，载《读书》杂志1988年第12期)

"《朱湘译诗集》经洪振国整理校订注释，颇为可读。在后记中他指出朱湘是'一个有魄力、艺术上成熟的诗人和翻译家。他的诗作和他的创作一般，是经过刻苦锤炼而完成的。他的这种译诗的努力，为中国'诗学复兴'做出了一分贡献。"

"朱湘将被认为是中国新文学初期的大诗人之一，在文学史上占有显著地位。"

"在评价钱、洪二书和重读罗念生编《二罗一柳忆朱湘》"书里的文章，如赵景深、罗念生诸位，他们仍不遗余力地自己本人或协助他人把朱湘的诗、文、书信整理编印出来，使下一代的朱湘研究者有所依据。更有朱湘的爱好者如钱光培、洪振国等，能从这基础上把朱湘对于文艺的贡献发扬而光大之。这样，朱湘在中国复活了！"

（注：罗念生，中国社科院外文研究所研究员。赵景深，复旦大学教授，和朱湘、柳无忌是同学、好友。钱光培，中国社科院文学研究所研究员）

高健（山西大学教授）：

"其中特别值得一提的是《二罗一柳忆朱湘》"，钱光培的《现代诗人朱湘研究》，洪振国整理、加注的《朱湘译诗集》。"并引用其"后记"中的评介。

（《朱湘的译诗成就及其启示》，载《外国语》1993年第5期）

王远泽（湖南师范大学外国文学教授）：

"洪振国同志编著的《朱湘译诗集》是我国目前最完善的介绍朱湘译诗的集子……搜集整理、注释、评价，付出了辛勤劳动，体现了编者严谨的学风和科研功力，为我国广大读者提供了一份研究朱湘的珍贵、难得和具有较高学术价值的资料。"

（摘自对《朱湘译诗集》的评审意见，1987年）

易漱泉（湖南师范大学外国文学教授）：

"从编注工作看出洪振国同志不仅在外国文学方面有较渊博的知识，具有扎实的文艺理论基础，而且在中国古典文学方面也颇有功底。"

（摘自对《朱湘译诗集》的评审意见，1987年）

《亨利四世（下）》导读

朱生豪译　洪振国校注

莎士比亚参照爱德华·霍尔的《兰开斯特与约克两大贵族的联合》、霍林希德的《英格兰、苏格兰与爱尔兰编年史》和其他著作，以历史为题材共写了十部历史剧。这十部历史剧生动形象地展现了英国封建社会的形成及其由盛到衰共三百五十年间的历史，同时也从侧面反映了英国文艺复兴时期的社会政治生活和人道主义思潮。评论家们普遍认为《亨利四世》是"莎士比亚历史剧的高峰"。

《亨利四世》下篇于1598年春写成，1600年印行，标题是："亨利四世下篇，续至皇上驾崩和亨利五世继位，并附约翰·福斯塔夫和装腔作势的毕斯托尔的滑稽有趣的故事。此剧已由宫内大臣剧团公演多次。威廉·莎士比亚著。伦敦。"

从这个标题我们能清楚地看出上、下篇之间的关系。下篇讲亨利王派兵平定北方叛乱、他的病故及亨利王子继位，从而结束了亨利四世的统治，它是上篇的继续，上、下篇构成一个完整的历史故事。从情节结构和剧中人物来看，下篇也是上篇的继续和扩展，其情节都在宫廷、战场、街道、酒店间展开，主要人物是哈利王子、王室贵族及福斯塔夫一伙人。从标题我们也可以看出，下篇是一出完整的戏，它有独立连贯的故事情节、篇章结构，可撇开上篇在宫廷单独演出。标题还特别指出下篇附有福斯塔夫和装腔作势的毕斯托尔的滑稽有趣的故事，这表明恩格斯所说的"福斯塔夫式背景"占的比重很大,福斯塔夫的戏增多了,成了不可或缺的主要人物之一。另外桂嫂在上篇只是偶尔被提及,但在下篇几个场景里也成了"重要"人物。她和桃儿大胆泼辣的举动和粗俗的语言给观众留下深刻的印象。福斯塔夫招募的士兵霉老儿、影子、肉瘤、弱汉等单从名字就可看出是一些可怜又可笑的人物。又如通过两个浅薄虚荣、营私舞弊、吃喝玩乐的乡村法官夏禄和赛伦斯,特别是夏禄这个马克思所说的"不朽的形象",反映了基层官员的劣迹和下层人民的生活。这些都是有别于上篇而能特别吸引观众的。文学史家们把《理查二世》、《亨利四世》(上、下篇)和《亨利五世》列为莎士比亚历史剧的第二个四部曲,这也说明下篇是独立的。另外,因为合在一起太长,也不可能把上、下篇共十幕戏作为连台戏演出。凡此种种都说明《亨利四世》上、下篇是互相连贯而各有千秋的两出戏。

《亨利四世》上、下篇贯穿有两条平行的情节线:一条是主要情节,表现宫廷矛盾和贵族叛乱;另一条是以福斯塔夫式背景为中心而展开的次要情节。剧作者在下篇的楔子即序幕中,用四十行素体诗对上篇剧情作了简要介绍,起承上启下的作用。幕一拉开,上场的是一个衣服上印满舌头的谣言小丑。本来哈里王子在施鲁斯伯雷战场已经打败了霍茨波和他的军队,谣言却故弄玄虚,传播相反的假消息,妄图给人们带来更大的不幸。谣言小丑拿严肃的主题开玩笑,表明此剧是以闹剧、悲喜剧结合的方式展开的。

下篇有九场表现历史主线的场景。北英格兰最强大的皇室家族的长老诺森伯兰和他的弟弟、儿子潘西都曾鼎力支持柏林勃洛克推翻理查二世,并拥戴他坐上国王的宝座,称亨利四世。由于国王多疑、食言,没有满足功臣们的要求,造成朝廷内讧,诺森伯兰起而反叛,他在等待战场传来的消息。莫顿从战场归来向他澄清了谣言,证实暴乱失败、潘西被杀,并说约克大主教已征集军队开始行动,把叛乱变成宗教的"义举"。权衡利弊得失,诺森伯兰决定不去与约克会师,而退到苏格兰去。在约克郡高尔特里的森林里,国王的第三个儿子约翰·兰开斯特和威斯摩兰带领的军队与约克的叛军对峙,双方举行谈判。约克起草文件将他们的愤怒列为条款要求国王给予适当的补偿,兰开斯特对此作出了保证,并提议将士兵立即遣返乡里。但一俟约克的军队解散,威斯摩兰就翻脸不认人,当场将约克等首领逮捕。兰开斯特用诡计瓦解了这次叛乱。不久,国王中风卧床,听到有关诺森伯兰的叛军被约克郡的部吏一举击败的好消息,兴奋过度,以致本来十分虚弱的身体支持不住,濒临死亡,被抬入取名为耶路撒冷的寝室。哈利王子来到国王身边,以为国王已死,戴上国王枕边的王冠,随后去了另一间房里。国王苏醒后不见王冠,责备哈利迫不及待攫取王位。由于哈利平日逸乐放荡,与福斯塔夫等人在酒店里鬼混,不问国事,国王对他执政后国家的前途充满忧虑。王子机智坦诚地作了一番颇能自圆其说的辩解。继位后的亨利五世首先想到的是如何处置曾申诉辱骂过他并送他下监狱的大法官。他同意这位铁面无私、执法如山的大法官"继续执掌司法的天平和宝剑",主持公道,并表示要诚恳地服从大法官的贤明指导。亨利五世此举使四座皆惊,他前后判若两人,表明他要启用贤德之人,严明法纪,励精图治。他还斥退了福斯塔夫,以此向世人表明他已经丢弃了过去的自我,也同样丢弃了过去和他一起厮混的伙伴,丢弃了他放荡行为的怂恿者。亨利五世决心成为全新的有魄力、有尊严的英国统治者。福斯塔夫后来被捕入狱,落得个悲惨的结局。

从以上主要情节的概述可以看出,作者的主旨是强调国家的统一,反对分裂和动乱,强调法治和安定,拥护君主集权,拥护合法世袭、道德高尚的君主和清正廉洁的政治。这表达了作者和英国文艺复兴时期人们的企望和政治理想。

表现"福斯塔夫式背景"的第二条情节线在剧中也有九场,篇幅和比重约为全剧的60%。这些场景的中心人物是福斯塔夫,地点分别是街道、野猪头酒店和地方法官夏禄的家园。场景与第一条情节线穿插交错,紧张严肃的气氛迅即被缓解、冲淡,使人感到轻松愉快,情趣盎然。如第一幕第一场讲了施鲁斯伯雷暴动和潘西之死,诺森伯兰悲愤不已,约克大主教正集结军队发起再一次叛乱,战祸又起,形势紧迫。但到了第二场,大腹便便、外形可笑又会制造笑料的福斯塔夫一登场,几句俏皮话一讲就把观众给逗乐了。福斯塔夫嬉皮笑脸、针锋相对地同大法官的对话,表明了他对法律、权威的蔑视。他认为人生苦短,应多吃多喝,最后竟向法官借款一千镑,表现了他享乐人生的生活态度。他说国王中风,耳朵也会变聋,讽刺国王高高在上,听不见老百姓的呼声。他还针砭时弊,对当时的道德风尚、浪费人才加以指责批评，可见他又是一个颇有是非观念的人。福斯塔夫一伙人在酒店里吃喝玩乐、谈笑风生，真实反映了平庸、嬉戏、愉快的市井生活，这与充满斗争的宫廷政治和残酷流血的战争场面形成鲜明的对照。

第二幕第二场和第五幕第一、第三场写福斯塔夫与50多年前在法学院认识、一起胡闹厮混的夏禄和赛伦斯两个乡村法官。夏禄介绍些瘦弱、残疾的人让福斯塔夫收下当兵，他们趁征兵之机吃空饷、收受佣金。他们大吃大喝、花天酒地、互相利用，全不顾老百姓的疾苦。地方官员的腐败于此可见一斑。

全剧通过两条平行的情节线展开，这是本剧一个很重要的特点。它既展示了重要的历史事件和历史人物，又把作者创作与想象的活生生的情节加了进去，使剧本生动活泼、充满生活气息，巧妙地把历史和现实生活糅合在一起，更具深度和广度。

在人物形象的描绘上，剧作者采用了平行对照的手法，并注意人物心理描写。福斯塔夫是一个很复杂、塑造得很成功的人物，被认为与哈姆雷特、奥赛罗、李尔王同属莎士比亚人物创作的最高成就。据说女王伊丽莎白一世看过此剧，特别为剧中的福斯塔夫所吸引，下谕旨要莎士比亚在十四天内再写一个有福斯塔夫登场的剧本，莎士比亚于是编写了喜剧《温莎的风流娘儿们》。马克思在其书信和著作中，有两百多次提到莎士比亚，其中有三十二次提到福斯塔夫这个人物。福斯塔夫是个封建没落的武士阶层的典型人物，他在法学院读过预科，在第一公爵诺福克家里当过侍童，有知识、有文化。他还是个爵士，有武士的头衔。他游手好闲，贪杯好色，过着放荡不羁的生活，他是情欲与享乐的化身。他目无法纪，蔑视权威，拦路抢劫，什么坏事都干得出来。他吹牛、说大话，但又胆小怕事。他聪明、机智，百事不愁，乐观开朗，有把一切变成一场玩笑的本事。他善解人意，有人情味。"聪明人善于利用一切"是他的生活信条，他可以用他的聪明使你快乐。他可以诈死、争功、骗钱，把女人哄得服服帖帖。总之，他是一个可怜、可笑的喜剧人物，是一个人人都会喜欢的小丑。当然，福斯塔夫这一人物形象的意义远不止于此。他具有一定的思想内涵，具有时代精神、自由思想和要求满足物质享受的一面。他在人生目的、道德法律观念方面与君王正统思想观念相去甚远,他与亨利王、大法官,乃至哈利王子都是作为矛盾对立的一面而出现的。

剧中突出的平行对照的人物是哈利王子与霍茨波。这两个人物都是贵族少年。霍茨波血气方刚,脾气暴躁,争强好斗,骑在马上冲锋刺杀,勇猛异常,是个典型的封建武士。他大胆反叛亨利四世,是北部叛军的首领。但他有勇无谋,鲁莽行事,造成失败身亡的结局。哈利王子生性活泼快乐、无忧无虑。他向往自由的生活,与福斯塔夫一伙人厮混,从中取乐,更多地了解社会,但未深受坏的影响。他智勇双全,宽容大度,通情达理,善于用人,治国有方,是个有胆有识的政治家,霍茨波不能望其项背。

从另一个角度来看,"背信弃义"被认为是此剧的重要情节。亨利四世即位前逼迫查理二世交出王位,把他囚禁在伦敦塔内,后来手下替他杀了查理二世。照传统的道德观念,人们认为这是弑君,是有悖道德的行为。君权神授与合法继承仍是封建社会人们固有的观念。虽然亨利四世是有政绩的,但他的篡权夺位给不满的贵族和大臣的叛乱提供了借口,使他长期痛苦不安。临死前他曾指着王冠说:"他戴在我的头上,给了我多大的烦恼。"

约翰王子与约克大主教在战场谈判,签订了和平条约,但约翰王子背弃了诺言,将反叛的将领处死,还说是上帝奠定了这次胜利。虽然平息动乱、维护国家的统一是大局,兵不厌诈,但撕毁协议就是背信弃义,就输了理,不体面。相反,哈利王子在施鲁斯伯雷之战打败了潘西,俘虏了骁将道格拉斯,但没有杀他,还把他放了,后来便有了道格拉斯为亨利五世带兵攻打法国之事。两种不同的做法,两种不同的效果,相比之下,哈利王子在宽容、谋略、远见和气魄方面比约翰王子胜出一筹。

哈利王子是否会丢弃福斯塔夫,这是福斯塔夫颇为担心的事。当他得知哈利王子即位后,日夜兼程赶往伦敦,满以为这下子可以飞黄腾达了,哪知新皇上的第一句话便是:"我不认识你,老头儿。"福斯塔夫虽然吃了当头一棒,但仍未想到皇上会遗弃他。其实这两个不相称的"搭档"分手是必然的。哈利王子早就明确表示将要"抛弃这种放荡的行为,证明我自身的价值远在平日的言行之上"(见上篇第一幕第二场)。在下篇,他还向垂危的亨利四世保证会改过自新,实际上他主意早定,并没有打算与福斯塔夫等人同流合污。所以在合法继位的前夕，他向父王表示要用超乎一切的努力，不让王权从他手里失去。为了坐稳王位，维护其统治，他必须摈弃福斯塔夫。

莎士比亚善于将历史与现实结合起来创作出诗化的历史剧，《亨利四世》是一个很好的范例。他遵循以历史事实为基础的历史剧创作原则，但又不拘泥于史实，通过想象大胆灵活地进行创作。霍茨波生于1364年，历史上的施鲁斯伯雷之战发生于1403年，是年霍茨波三十九岁，是一员骁将；哈利王子生于1385年，在施鲁斯伯雷作战时不足十八岁，此前他可能从未上过战场。论年龄，他们是两代人，但作者却把两人写成年龄不相上下，而且是哈利王子战胜并杀死了霍茨波。其实霍茨波是在败退中被人刺杀，但不知死于何人之手。哈利王子浴血奋战，还从猛将道格拉斯的追杀中救出了亨利王，其实亨利王当时三十六岁，是跃马横刀、驰骋沙场的英雄。据历史记载，皇军的胜利应归功于国王的英勇。作者一方面把亨利王写得毫无作为，另一方面则把哈利写成武功高强的少年英雄。约翰王子小小年纪（当时只有十五岁）当了皇军统帅去平定约克大主教的叛乱，也不是事实；解决约克叛乱后（1405年）亨利王病逝，更与事实不符，实际上亨利王死于1412年。莎士比亚写历史剧，灵活运用某些历史材料就是为了突出哈利王子这一形象，为表现政治理想和人道主义思想服务。莎士比亚是最早的现实主义作家之一，他是把历史和现实结合起来、"古为今用"的典范。

莎士比亚又善于将诗与散文结合。本剧中几乎所有严肃的场景都用素体诗写成，其他部分，如滑稽、幽默的场面，几乎全是用散文体。据统计，在本篇3446行中，有1860行是散文。素体诗是不押韵的抑扬格五音步体诗，它比较正规、庄重，用它来写重要的历史场面和人物的讲话是很得体的。如威斯摩兰和约翰王子对叛军头目以及亨利王出场时的讲话都用素体诗写成。五音步、抑扬格的骈韵双行体在剧中用了84次，它常被用在讲话的末尾，如第一幕第一场诺森伯兰讲话的最后两句："Get posts and letters, and make friends with speed. / Never so few, and never yet more need./ "（赶快备马，赶快把信送走。/人太少，现在最需要朋友。/）篇中福斯塔夫等人，包括哈利王子和他们在一起厮混时的讲话几乎全是散文。篇中散文的语言也因人、因地、因时而有不同的风格，或文雅或粗俗，方言、俚语，甚至下流的话也不排除。莎士比亚使用语言，"……正像研究一种外国语一样，为了精通深谙起见，即使最秽亵的字眼也要寻求它的意义……"（见第四幕第四场华列克为哈利所作的辩解。）莎士比亚除了从书本中学习外，还从现实生活中学习人民群众新鲜、活泼的语言，他的语汇非常丰富和富有表现力的原因就在于此。和他同时代的大作家本·琼生说他"不属于一个时代而属于千秋万代"，莎士比亚所反映的生活和他所昭示的理想远远超出他自己的时代，他的作品是全人类的财富，在今天仍有现实启迪意义。学习、研究、继承这份全人类的艺术遗产是很有必要而且有裨益的。

《森尼布鲁克农场的丽贝卡》导读

洪振国译

　　《森尼布鲁克农场的丽贝卡》（1903年出版）是美国著名作家、教育家凯特·道格拉斯·威金（1856—1923）最受欢迎的一本著作。该书也是20世纪美国最畅销的图书之一，被翻译成多种文字，并被搬上舞台和银幕，由当年一批著名的演员主演。威金是一位有才华、多产的作家，除了演说和在报纸杂志发表的文章之外，她一共出版了十六部小说。由于长期从事幼儿教育工作，她主张尽早开发幼儿的智力，并使所有儿童都受到幼儿教育。她是美国幼儿教育改革的发起者和参与者之一。缅因州鲍登学院曾授予她文学博士学位，纽约幼儿园协会也授予她荣誉称号。

　　被称为"美国文学的林肯"的杰出的现实主义作家马克·吐温，曾称赞《森尼布鲁克农场的丽贝卡》是"一本美丽、动人，使人满意的书"。

　　该书以美国内战后的新英格兰地区的缅因州农村和小镇为背景，讲述一位贫穷但聪明、活泼、美丽，极有个性的十岁女孩丽贝卡受教育和成长的故事。丽贝卡寄居在两位姨妈家，她与刻板、守旧的米兰达姨妈之间的矛盾和冲突反映了美国内战后社会快速发展，新旧思想特别是新旧教育思想的矛盾与斗争。米兰达想用传统的观念把丽贝卡塑造成一个循规蹈矩的淑女，而丽贝卡却在社会环境的影响、学校教育和老师朋友们的帮助下，追求知识、理想、自由，成了一个爱憎分明、敢作敢为、乐于助人、充满爱心和有强烈责任感的人。她不但以自己的才智和人格力量改变了米兰达姨妈，使她变得开朗，感到生活的乐趣，而且凡是与她接触过的人，都会被她的天真活泼、富于想象力和具有同情心的性格所感染而喜欢她。她被美国人视为"一个世纪以来，美国女孩和女人的典范"，不是没有道理的。也无怪乎著名美国作家杰克·伦敦不无遗憾地说："为什么她（丽贝卡）没有能成为我的女儿呢？"

小说对村镇的学校生活、老师的循循善诱作了详细描写。从丽贝卡的母亲、两位姨妈，乃至被称为阿拉丁的亚当·莱德先生和杰里迈亚·科布夫妇对孩子教育的重视与帮助，特别是从对瓦尔汉学校学生毕业典礼盛况的描写，反映了家长及全社会对教育的高度重视。在某种意义上可以说，该书是一部真实、生动的教育诗篇。

小说对学校教育、人际关系、民俗风情、人们的宗教思想及文化生活诸方面的描写，反映了或者说再现了美国那个历史年代的状况。所以有美国读者说："小说中一幕幕的景象展现在眼前，使我们漫游，回到了一百多年前的美国。"从这个意义上讲，该书对人们了解过去的美国，重温那段历史是有价值的。

作者对一百年前的缅因州村镇上各类普通纯朴的人物生活的叙述和描写，对它的山川、河流、瀑布、小溪、农田、牧场，以及一年四季不同的气候、风物景象的描写，把人带入一个与现代喧闹的城市截然不同的世界，让人陶醉并流连忘返。村镇里的人虽然并不都很富有，但大都安居乐业。铁路、公路、住房正在兴建中，这从一个侧面反映了美国工业化起步后，农村开始发生变化，但仍然保持着清新、宁静的田园诗般的美丽。

小说对几个人物的爱情婚姻生活的叙述和描写，尤为美丽动人。丽贝卡的母亲奥里莉亚，年轻时爱上了村子里很有才华的、有着西班牙血统的音乐教师兰德尔，她不顾家庭的阻挠与反对，同他一起私奔。她生活拮据，得不到家庭的接济。丈夫死后，独自抚养七个孩子，过着劳苦贫穷的生活，但她无怨无悔。丽贝卡的简姨妈的情人在内战中受伤，她赶赴战场，与他见面，安抚他，让他在自己怀抱里安详地死去。她怀着对这段恋情的美好回忆而终身未嫁。

米兰达为什么脾气古怪，一辈子孑然一身，至今仍然是一个谜。作者多次提到她特别憎恨兰德尔，甚至因为憎恨兰德尔而迁怒于丽贝卡。书中曾提到一次村里举行盛大的圣诞节歌舞晚会，米兰达原以为兰德尔会来邀请她为一支庄严的曲子领舞的，结果他邀请的不是自己，而是妹妹奥里莉亚。

杰里迈亚·科布夫妇是一对善良的普通农民夫妇，文化程度不高，多年前女儿夭折，膝下无子，对丽贝卡关怀备至，把她当成自己的女儿一样呵护。他们终身相伴，白头偕老。他们的家庭婚姻生活是新英格兰地区广大农村夫妇的一个缩影与写照。

亚当·莱德是个有钱的单身汉，比丽贝卡大十七岁。自丽贝卡帮辛普森家卖肥皂来到莱德姨妈家，莱德买下了全部三百块肥皂，够辛普森家得到一盏宴会灯的奖赏后，他一直关心并暗中帮助丽贝卡。他无言地等待她长大，他们间纯洁、美好的友谊，看来有发展成爱情的趋势。下面的一段对话也可见端倪。丽贝卡说："我还不到十五岁，再过三年，我才成为一个年轻的女士，在你不得不放弃我之前，请不要放弃我！"亚当回答说："我不会的，我向你保证。"虽然作者还在多处暗示着发展这种关系的可能性，但还是含蓄地打住。所以有性急的读者发问："为什么作者没有写续集，交代莱德与丽贝卡关系的进展？"他们两人是忘年之交，年龄上存在差距，但他们间多年的相互理解、同情与支持建立起来的友谊，是可贵、美丽、动人的。作者在该书的扉页，援引威廉·华兹华斯的抒情诗《她是个快乐的精灵》中的几句为序："他的眼睛美丽，像傍晚时的星星，/他暗黑的头发，也美如灰蒙蒙的黄昏。/而她其他的丽质、神韵，/却来自五月和快乐的黎明；/一个舞动的形体和一个欢乐的形象，/隐于半路，让人吃惊并萦绕在心。"这也暗示了该书是一部描写友谊和爱情的诗篇。

整部小说以主人公丽贝卡为中心，按照时间先后开端、发展，进入高潮，最后结束，用传统的现实主义的手法，着重写实和细节描写。这是本书的一大特点，它的精妙之处也见于那些细节的描述。对生活和人物性格没有细心的观察与了解是不可能写得那样细致入微的。书的另一个特点是，故事情节主要在人物的对话中展开，人物的性格、心理也在对话中显示，因此，作者没有冗长的叙述和心理描写。用比较、对照的方法表现人物性格也是本书的一个特色。如丽贝卡和汉纳、丽贝卡和埃玛·简，丽贝卡和赫尔达·梅泽夫等人，性格上存在明显的差异和矛盾，更显出主人公品格的难能可贵。简姨妈和米兰达姨妈,她们的性格迥然不同。甚至,书中出现的两位教师,以及其他各种人物都有不同的性格特点。

微妙、含蓄是书的又一特点。亚当·莱德是被比喻为《一千零一夜》中的阿拉丁的一个人物。他很有钱,英俊潇洒,有许多漂亮女人任他选择,可他却经历漫长的岁月,等待丽贝卡长大,他们的结局将如何?米兰达为什么憎恨兰德尔?她为什么终身未嫁?这些问题都给读者留下了空间和余地去思考,表现出含蓄的美。

书中写到的一群天真活泼的孩子们,各有性格。他们的嬉戏、打闹,充分显示出他们的童真。贫穷的辛普森家的孩子们希望能得到一盏宴会灯,早熟的辛普森追求丽贝卡,被她的美丽迷住了,这些描写是十分生动有趣,为孩子们所喜闻乐见的。没有同孩子们长期生活在一起,笔下是写不出这些人物来的。

作品诗文并茂,语言流畅,用词简练精炼。作者很少用形容词,行文中见不到累赘、多余的词语,但表意明确。文化程度不同的人,用词、发音不同,偶尔还有生动、幽默的文字游戏出现。书中口语、俚俗语、古旧和过时的词语多有出现,并运用比喻和神话给作品增添了几分神秘的色彩。这一切都显示了作者高超的驾驭语言和艺术创作能力。

《森尼布鲁克农场的丽贝卡》是一部经典著作,是给孩子们读的,更是给家长和成人们读的。虽然它是一百多年前的作品,使用的语言与当代英语存在差别,一般读者阅读原文有一定困难,但小说的美丽、生动仍能给我们很多的教益和美的享受,使我们满意。

谈周流溪的译诗理论与实践

洪振国

摘要：周流溪译诗语言精练、流畅，音乐性强。他对译诗有许多经验总结。周流溪认为，译诗是一种"再创造"，译诗须态度严肃认真，译诗须与研究相结合，译诗须善于把握标准。周流溪的译诗理论与实践对翻译工作者，尤其是对译诗者具有一定的指导和借鉴意义。

关键词：《流溪诗外编》　译诗　态度　研究　标准

最近读了北京师范大学博士生导师周流溪教授《流溪诗外编》的英、汉两种译诗（世界语译诗除外），觉得很有特色。他的译诗理论和实践，对我们有一定的启迪和借鉴作用。

一、译诗须态度严肃认真

周流溪早年在吕叔湘先生门下攻读英汉语法对比专业的研究生课程，后又在美国进修语言学。在多年的外语教学与研究工作中，他成果丰硕，是国内知名的学者。周流溪从小喜读诗文，对中国古典诗词情有独钟，而立之年已成绩斐然。他在诗中说："人年三十诗百篇，学诗迷诗诗中仙。"（《流溪诗编》）《流溪诗外编》的作者简介中写道："《流溪诗编》是学比赶超古人之作。"表明此诗集是他"学诗""迷诗"的结晶和成果。

像周流溪这样勤奋而有天分的学者、诗人，写诗、译诗应是得心应手的，但他在实践中却体会到两者皆难。在《流溪诗编》中，他写道："新酒难醇，旧樽嫌小，正是诗难作。"在《流溪诗外编》的首页，周流溪引用了美国诗人罗伯特·弗罗斯特的一句名言："诗乃译中所失之物。"（Poetry was what lost in translation.）意即诗几乎是不可译的，特别是要把原诗的风格神韵在译诗中尽显是很困难的。他在译毛泽东诗词时说："毛主席诗词是革命的政治内容和高超完美的艺术形式的结合体……翻译时的困难是显而易见的……"虽然中英两种语言差异很大，但通过选用译文语言中与原文相对应的语法、句子结构和惯用法还是可以基本传达原文的内容和神韵的。所以周流溪并不同意"诗是不可译的"论调，即使困难，"仍要勉力而为"。

美国著名翻译理论家奈达曾说："翻译（特别是译诗）是一种'再创作'而不是'再生产'。"[1]意大利批评家克罗齐也说过："纯文学的翻译都不是翻译，而是创作。"[2]成仿吾在《论译诗》中说："诗译出来的结果也应当是诗。"[3]所以，译诗是艰苦的创造性劳动，必须严肃认真。《流溪诗外编》每首译诗都附有原文，便于读者对照。有的诗如《日本民歌》《春天来了》，不但附英译，而且附有日语原文。几乎每首译诗后都有注释或补记，其中，不少译诗是经过多次修改译成，有的还附有重译。诗集中译有毛泽东诗词近十首，可以看出译者反复推敲、字斟句酌的痕迹。译者严肃认真的学风和态度值得我们去学习。

二、译诗须与研究相结合

《流溪诗外编》的注释和补记不只是一般性的介绍，其中很多是译者深入研究的心得，具有学术参考价值。譬如在译毛主席《沁园春·长沙》中的"挥斥方遒"时，译者参照《庄子》中"挥斥八极"之"放纵"意，将"挥斥"译为"We flew high"（雄心大志、情绪高昂）；"方遒"意为正雄健有力，译者译为"Swept beyond our spheres"。又如译者没有将"谁主沉浮"照字面译为"Who controls the rise and fall？"，而是参照 *Kenkyushas New Dictionary of English Collocations* 译成"Who controls men's destiny？"既传达了原意，也让英语读者好懂。又如将《采桑子·重阳》

一诗中的"战地黄花分外香"译为"The golden flowers smell on the battle ground",没有将"黄花"译成"the yellow flowers",而是参照《英华大词典》译为"the golden flowers",有"秋天的黄菊"之意。又如译者在译《菩萨蛮·大柏地》时,引经据典,对"关山"两字做了大半页的注解,说明为什么要将它译为"the fortressed hills"(即"hills with fortresses on them")。又如将《清平乐·六盘山》中的"天高云淡"译为"The sky is high, the clouds are thin",而不是译成"The sky is high, the clouds are pale",因为"pale"有灰白、暗淡的意思,而毛泽东此处所描写的是"clear sky",是晴朗的天气,所以应译为"thin or light"(稀薄)。这样的例子还有很多,不一而足。这说明译者认真研究,查阅资料,把译诗和研究结合起来,力求"达旨",以准确地把握和传达原文的意思。

三、译诗须善于把握标准

在英译中国古诗的首篇,译者选译了中国《尚书·舜典》中的四句话:"诗言志,歌永言,声依永,律和声。""诗言志"是我国最古老、最基础、最权威的诗歌理论。选译它,就是译者开宗明义,表明对诗歌理论的重视,对什么是诗以及诗歌本质、起源的基本认知。将"诗言志"译为"Speaks poetry out the mind",准确地表达了诗所言之"志"即"思想",表达了"在心为志,发言为诗"的中国诗学理论。译者又在注释中引用苏轼的《书传》和郑玄的《诗谱序》,对"歌永言,声依永,律和声"作了解释,将它译为"Whose words are drawn into song / With rhythmical sound along / the chanting in tunes refined",表明诗歌与音乐、舞蹈是同源的,最初是"三位一体"的混合艺术。译者为这四句加的题目"Poetry and Melody"也很有概括力。译文一句和四句、二句和三句押韵,使译诗富于音乐性和节奏感。所以说,译诗本身也是一首好诗。

译者在《流溪诗外编》中提出了译诗的三个原则,进一步阐述他对译诗理论和标准的理解。

1. 译诗要尽可能以象征的方式，仿照原诗的形式（或风格）。

诗人的"志"，往往借助于形象及象征、比喻等修辞手法表现，诗人的"言"协乎声律。这些都是诗的艺术表现形式或风格。译者重视表现形式，译诗尽量仿照原诗。他在译古罗马诗人卢克莱修的四句诗及济慈的《初读查普曼译荷马诗》、拜伦的《哀希腊歌》等诗时就用了中国七言律诗的形式，如卢氏的"玄思方需未吟语，题新言拙竟如斯"，济慈的"查氏述之有声色，我始逢源味清幽"，以及拜伦的"清晨点兵兵无数，日落再寻在何处？……我为希人羞满面，我哭希腊泪飞溅"。这些诗句读之使人生幽思、怀古之感。又如周译毛泽东诗词，每首诗的行数、每行的长短都仿照原诗，虽未尽照原韵，但富于节奏和韵律，很好地表达了作者的雄才大略和革命情怀。又如译雪莱的《西风颂》，译者尽仿原诗颂歌（ode）高华的风格和热情的调子，依原诗意大利体的 aba，bcb，cdc，ded，ee 的韵式译出。译诗很有气势，仅摘录几句便不难看出西风是何等的猛烈狂暴："你的洪流滚滚而来，高天为之动摇／松散的游云像大地的凋败叶子／飘离海天之间林木交错的枝条／降雨和闪电的天使……从朦胧的地平线直至九重高天／他满头银丝披散上撩／像酒神的疯狂女祭司抖动发辫／你是残年的挽歌哀叫……"又如译者将"Good, better, best / Never let it rest/ Till good is better / And better best"这首《小诗》译为"好、善、精／工莫停／好上好／精又精"；把"Work while you work."译成一首劝导诗："当劳则劳，当逸则逸／凡所从事，全力以倾；半途而废，决然无成／每事专一，务求做好／时光虚度，不值分毫。"由于译诗象征性地仿照原诗的形式，又富于节律，所以读起来朗朗上口。他还译出诗的节奏和韵律，特别是译格律诗要受到很多制约，真有点像"戴着脚镣跳舞"，是比较难的，但诗若无音乐性，也就不成其为诗了。正如朱湘所说："诗无音乐，那简直与花无香气、美人无眼珠相等。"[4]由于译者对音韵有特别的研究，所以译诗很动听。鲁迅说过："诗需要有形式，要易记、易懂、易唱、动听，但格式不要太严。要有韵，但不必依旧诗韵，只要顺口就好。"[5]周译便是尽力朝鲁迅所指的方向努力，并做得较好。

2. 译诗要表现原诗的意象或气象（气氛）及语流的气势，多用并列句和复合句，少用简单句。

译者从雪莱的《西风颂》得到启示，认识到复合句比简单句更能表达诗句的磅礴气势，故将"独立寒秋，湘江北去，橘子洲头"译为"In the autumn cold alone I stand / On the tip of the Orange Island/ By whose sides the Xiang north flowing"，将"把酒酹滔滔，心潮逐浪高"译为"This wine pledged to torrent surging by/ With the waves my heart's swelling high"，给人以流畅而又气势雄浑的感觉。译者注重表达原诗的意象和气势，即传达原作的艺术特色和神韵，把原作的艺术境界表现出来，这是最难的。茅盾认为："作品的艺术特色……就是作品的风格和文采，即'雅'字。"[6]

3. 中译英要使用使英语读者易于接受的词语和表达方式，而不要生硬翻译。

翻译要考虑读者，要让读者看得懂。这就要求语言表达尽可能合乎所译语言的习惯，若找不到相应的成语典故可以变换方式来意译。译者将"收拾金瓯一片"中的"金瓯"译为"golden state"（金国土），而不是像其他几个译本译为"golden bowl"；又将"峥嵘岁月"译为"crowded years"，而不是"crowded years and months"；将"沉沉一线"译为"the railway line"；将"一枕黄粱"译为"fantastic dream"而不是"golden millet dream"。这样译，英语读者会好懂些。

英语诗中频繁使用人称代词，但中国古诗往往人称关系模糊，省去人称限定，意义更显普遍。如"轻舟已过万重山"中的"轻舟"，周译为"the darting boat"，而不是"my darting boat"。译者认为，在不损原意时，尽量省略人称代词是一个重要原则。

译者还认为把每个限定动词都照样译出不是很好，要多使用动词的非限定(即非谓语)形式。译者是这样译"欲穷千里目，更上一层楼"的："To run th' eyes o'er a thousand miles / Ascending yet a floor again."译文中这样的例子很多，再举两例："We set people on fire with a pen / Counting the once mighty lords for muck"（激扬文字，粪土当年万户侯）；"Mid the misty rain, in the opaque / Great Yang tze's locked, Tortoise holding Snake"（烟雨莽苍苍，龟蛇锁大江）。使用英语非谓语动词可使句子更简洁，更具有表现力。

综上所述，可以看出周流溪的译诗态度、观点，以及他在翻译实践中总结出来的原则、经验。这对翻译工作者特别是译诗者是很有帮助的。笔者认为，他发挥了学者、诗人译诗的长处，其译诗语言精练、流畅，音乐性强，符合信、达、雅的翻译标准。当然，周译也如他自己所说，并非十全十美，也有值得商榷的地方，如他认为在不损原意的情况下可以添加词句等，但这并不妨碍我们欣赏他诗歌的美。

注释：

[1] 谭载喜：《奈达论翻译的性质》，《翻译通讯》1983年第9期。
[2][4] 朱湘：《朱湘译诗集》，湖南人民出版社，1986，第338页，第342页。
[3] 成仿吾：《论译诗》，《翻译通讯》，1984年第8期。
[5] 黄新渠：《中国诗歌英译的探索》，《翻译通讯》，1986年第1期。
[6] 杨郁：《茅盾的翻译观》，《翻译通讯》，1983年第11期。

（本文曾发表于《五邑大学学报（社会科学版）》，2006年2月第8卷第1期）

外国文学教学及其改革的重要性

洪振国

随着市场经济的确立,外语专业以语言文学为主,缺乏有关专业知识的内容的教学已不能适应社会的需要。在已有语言文学专业的基础上增设金融、外贸等方面的课程,拓宽教学与研究的领域势在必行。近年来我们这样做了,已经产生了好的效果。但与此同时,部分师生对文学课在外语教学中的地位与作用产生了不同程度的动摇与轻视,时间、精力投入不够是个事实。

文学课必须开设,国家教育部 1990 年颁发的《高等学校英语专业高年级英语教学大纲》规定:"高年级除开设基础语言课外,还应开设用英语讲授的主要英语国家文学课程……"我们认为提高对英语文学重要性的认识,加大课程内容与教学方法改革的力度是搞好文学课教学的关键。

英语文学课有一定难度,得下大的功夫。不少学生认为它不像金融、外贸英语能立竿见影,毕业后有实用价值,所以学习的劲头不足,思想认识上产生了很大的片面性。文学是一种社会意识形态,是上层建筑,它是社会生活与经济生活的反映,又对其施以影响和作用。因此,文学的重要性是不言而喻的。任何国家及其统治阶级都重视用文学宣传其政治主张、社会理想和道德观念,培养本阶级的思想感情。我国历来主张"文以载道",除了文学的欣赏价值,还重视它的教化作用。孔子说:"不学诗,无以言。"即不读《诗经》就不懂得说话。《诗经》是我国古代的教科书,对教育人民、建立维护我国几千年的传统文化起了重大的作用。《中华人民共和国教育法》在第一章总则的第一条中就指出:"发展教育事业,提高全民族的素质,促进社会主义物质文明和精神文明建设……",强调从长期以来形成的"应试教育"转到"素质教育"。素质包括政治思想、道德、科学文化、心理多方面的素质,而文学课在培养、提高以上素质过程中是不可缺少的。美国诗人庞德认为"文学是充满思想的语言","伟大的文学是最高限度包含思想的语言"。优秀的文学作品给人以信息、思想及道德精神力量,其潜移默化的影响不可低估。文学的首要任务是告诫读者怎样生活、怎样做人。美国文论家杰克·卡彭特和比德·纽迈耶在合著的《小说的要素》一书中说:"读小说多的人对人类有较深的了解,因而可能有较好的人品。"[1] 读书与人品密切相关,文章与人品相关,所谓"文如其人"就是这个意思。英国现代作家约瑟夫·康拉德说:"道德上的发现应该是每一个故事的目标。"[2]《诺顿英国文选》在评论康拉德的航海小说时写道:"康拉德越来越将海洋及船上的生活环境……作为一种手段,用以探索人类经验中深刻的道德含义。"D. H. 劳伦斯也说过类似的话,他在《道德与小说》一文中说:"如果小说反映真实和生动的关系,无论何种关系,它就是一本道德的小说。"[3] 评论家们称惠特曼、劳伦斯既是伟大的诗人、文学家,又是伟大的道德家,因为他们希望社会生活建立在一种美好的人际关系之上。莎士比亚的作品之所以具有永恒的价值与魅力,在于他讴歌爱与真、善、美,鞭笞伪善与邪恶,充满了人道主义思想。

19世纪中叶的英国,随后是美国,以文学取代哲学作为文化教育的中心。一个半世纪过去了,尽管社会发生了很大变化,现今他们重视文学教育的传统仍然未变。近年来,美国为高中生规定的课外必读的20余本书目中,世界名著及美国文学作品占了15本之多。美国大学鼓励自然科学系的学生选修文科课程。耶鲁大学等的学生选修英文系的小说、诗歌课程十分踊跃,成百上千学生一起听文学课或文学报告是常见的事,学校组织学生观看有关反映美国历史及过往社会生活的电影、录像。该校美国学系要求学生观看根据斯坦贝克同名小说拍摄的电影《愤怒的葡萄》(此书被列为高中生必读书目),然后组织讨论就是一例。

文学是文化的重要组成部分,长期以来,美国大学的英文系的主要课程是英国文学,外加一点美国文学。把一个外国的文学作为自己民族文化的根基和传统是较特殊而又常见的现象,这与美国历史及民族文化形成的时间短暂,英美有着历史渊源有关,但也表明他们试图从文学中寻找民族文化及精神支柱的努力。这个国家还十分重视吸收其他国家如德国、法国、俄罗斯、中国等东西方文学的长处以丰富和发展本国的文学,以致使20世纪该国获得诺贝尔文学奖的作家达十人之多。庞德等英美诗人学习中国文学及古诗,学习日本俳句,从中得到启发,使得英美在20世纪初掀起了以意象主义发端的现代主义文学运动。这说明文学、文化可以跨越国界,说明了跨文化交流、相互借鉴的重要性。毛泽东同志在延安文艺座谈会上讲过:"我们必须继承一切优秀的文学遗产,批判地吸收其中一切有益的人和外国人,哪怕是封建和资产阶级的东西。"这一论断对我们今天学习和研究外国文学仍然具有指导意义。

20世纪七八十年代,我国外语教学引进了交际法,强调对学生语言交际能力的培养,重视文化知识的学习,将语言教学与广阔的社会生活和文化语景结合起来;美国则强调跨文化交际的语言教学。我国1990年的《高等学校英语专业高年级英语教学大纲》也明确规定要"充实学生文化知识"。外国文学是外国社会生活的反映,是接触最广义的外国文化的途径之一,有利于扩大学生的知识面和提高交际能力,仅举几例:约翰·高尔斯华斯的《福尔赛世家》与《现代喜剧》两组三部曲给读者提供了维多利亚王朝后期到20世纪20年代最完整的英国资产阶级从发展、兴盛到衰落的历史,呈现出广阔的生活图景。威廉·福克纳以美国南方的约克纳帕塔法县为背景的系列小说,记述、描写了南方盛衰的历史及新旧文明的冲突,被称为美国内战后南方礼仪、道德、风俗、习惯、信仰与价值观诸方面的百科全书。又如詹姆斯·乔伊斯的《尤利西斯》写三个人物十八小时在都柏林的生活经历,生活面宽广,涉及哲学、宗教、政治、历史、心理学,被评论家们称为现代社会的百科全书。乔伊斯也自称此书是"百科全书式的"。我们选学了三位作家上列作品中的章节与片段,让学生开阔了视野,长了见识。不少学生还就三位作家的作品撰写了毕业论文,其中评论《尤利西斯》一文很有见地,不失为一篇优秀论文。

文学与语言的关系如何曾使我们困惑,有的人把文学与语言对立起来,提出不要通过文学作品学习语言,这显然是错误的。文学是以语言文字为工具，形象化地反映客观现实的艺术……[4]语言文字是文学的工具，离开了赖以依存的语言文学形式，便没有书面的文学作品。就庞德的观点而言，文学即是语言，不过是提炼了的，饱含着思想情感、形象、技巧，更有表现力的语言罢了。所以说文学是语言的艺术。

文学作品的语言必须与人物性格、年龄、教育状况、场景相适应。人物的对话、独白、行为的描写必须表现人物的性格与心理，所以通过文学作品的语言学习能提高交际的能力与效果。文学的语言丰富多彩，培根说的读书"足以博彩"及孔子说的"不学诗，无以言"包含着不读书、不读文学作品的人缺乏深邃的思想和表达能力的意思。实践证明，多读文学作品能扩大词汇量，以及提高语感和口、笔头语言表达能力。

伟大的文学家无一不是语言文体大师，被誉为美国文学中的亚伯拉罕·林肯的马克·吐温也是语言文体大师。海明威说："所有的美国现代文学来源于一本书，即马克·吐温所写的《哈克贝里·芬》。"[5]他推崇的主要是马克·吐温的语言风格和文体。马克·吐温在该书中一反美国文学的浮华、雕饰及故作高雅的文风，大胆使用人民群众清新、活泼的语言，大量使用口语对话、方言、俚语，句子简练、明快、幽默、流畅，具有韵律和节奏，从而确立了美国大众语言在创作中的价值，开一代新风，留下了深远的影响。乔伊斯在《尤利西斯》中模拟了从英语问世以前的古盖尔语、古罗马的拉丁文到中古英语以至15世纪以来各阶段有代表性的散文文体总共30来种文体，并大量使用20世纪初的各种方言、俚语。学习、研究英语语言的人阅读《哈克贝里·芬》《尤利西斯》及其他文学名著，定能发现许多语言知识及语言微妙的变换。

文学课重要，在外语教学中占有重要地位，也表现在学生毕业论文的撰写上。毕业论文是本科学生的一门必修课，是学生大学阶段的学习总结，也是学生学术研究水平的初步反映。就我们所知，大部分学生的毕业论文多以文学为题，其中不乏优秀论文，但总的来说，论文的广度、深度还不够，质量有待进一步提高。

文学课的教学时数比以前大大减少，学生学习该课程的积极性也普遍下降。在新的情况下，要提高课程教学质量，就应抓紧教学改革，加大改革的力度。我们认为文学课的教改要注意以下几个方面：

1. 教改的问题是教员问题。

任课教师要充分认识所教课程在提高学生素质及外语语言文学修养方面的作用与重要性，充满信心，发挥主动性、积极性，动脑筋，想办法，探索教学的新路子和新方法。同时要注意调动学生学习的积极性，提高他们学习的兴趣和钻研精神。师生配合，调动两个方面的积极性，缺一不可。

2. 教学内容改革。

用什么教材，如何取舍，重点讲解哪些部分，既要考虑教学的系统性、科学性，又要考虑到可能性。大部分学生毕业后不单纯从事语言、文学翻译或研究工作，因此教学内容庞杂，求大、求全，选材偏难、偏深，都不能收到好的效果，但基本的文学知识、文学理论，对作者的简单评介及必要的背景知识也不能一概不讲，否则不能提高学生对作品的分析理解能力。这就要求教师了解学生的实际水平和需要，从实际出发制订教学计划。

3. 教学方法多种多样。

此时此地好的方法，彼时彼地未必一定好。教无定法，不能千篇一律，要视教学内容、学生情况而定，但一定要废止注入式、填鸭式的教学方法，改变"满堂灌"的现象，要多用启发式、谈话法、讨论法，改变以教师为中心为以学生为中心。要实行教学民主，多听取学生的意见，鼓励同学相互学习。我们一度讲得过多，把知识、观点硬灌给学生，学生活动少，处于被动、消极状态，课堂气氛沉闷。采用启发和讨论的方法则课堂活跃，效果好。采用此法，要把学生的预习纳入教学计划，或让学生在课堂快速阅读，然后，教师对作家、作品作简要的总体介绍，或出示短的诗文的中译，在学生对学习内容有大致了解的基础上再抓住重点，由浅入深、由表及里地进行分析讨论，领会作品的微妙、复杂之处，引出深层的主题思想和写作特点、文体风格，这样就能有好的教学效果。

4. 提高学生的语言表达能力。

文学课除了帮助提高学生对文学作品的分析鉴赏能力和文学修养，还有一个重要任务，即帮助学生提高语言表达能力。教师课堂要用英语讲解，一定要抓住语言教学环节；好的篇章、精彩的句子、段落及短诗不妨要求学生熟记、背诵或翻译，把文学、语言教学糅为一体。当前语言文学教学法在某些国家也颇盛行，就是要求学生预习时查生词，读课文注释，教师串讲课文时指出有表现力的短语、成语、俗语、俚语等。诗歌中常有倒装句和省略成分，指出这些部分，将诗句改写为通顺的散文，不但能加深理解，也是很好的语言操练。分析小说时，注意不同人物的语言特点和差异，语言如何表现人物性格，以及作家如何写景抒情等都有利于帮助学生提高语言表达能力。

5. 使用先进视听设备辅助教学。

一般高校都有设备先进的现代化语言实验室，许多文学名著都有电影、录像或录音。使用视听手段配合文学教学已有可能，也十分必要。它能使文学作品更直观、更形象，激发学生的学习兴趣，留下较深的印象，有利于教学质量的提高。文学教学不能，也不应停留在传统的一本书、一支粉笔的教学阶段上。许多院校在文学课的视听教学上取得了好的成绩和成功的经验，我们有很大的差距，要急起直追。总之，我们要提高对英语文学教学重要性的认识，加快改革的步伐和加大力度，把这门课的教学工作搞好。

注释：

[1] Jack Carpenter and Peter Neumeyer, "Elements of Fiction," State University of New York, W M C Brown Company Publishers. p.3.

[2] 侯维瑞：《现代英国小说史》，上海外语教育出版社，1986，第133页。

[3] D. H. Lawrence. *Morality and the Novel*, 1925.

[4] 《现代汉语词典》，商务印书馆，1985，第1205页。

[5] Lionel Trilling. *The Greatness of Huckleberry Finn*（New York: W W Norton and Company Inc., 1977）。

（本文曾发表于《五邑大学学报（社会科学版）》1996年第2期）

译诗二首

洪振国

1. 一门艺术

[美] 伊丽莎白·毕肖普

One Art

The art of losing isn't hard to master
so many things seem filled with the intent
to be lost that their loss is no disaster.

Lose something every day. Accept the fluster
of lost door keys, the hour badly spent.
The art of losing isn't hard to master.

Then practice losing farther, losing faster:
places, and names, and where it was you meant
to travel. None of these will bring disaster.

I lost my mother's watch.And look! my last, or
next-to-last, of three loved houses went.
The art of losing isn't hard to master.

I lost two cities, lovely ones. And, vaster,
some realms I owned, two rivers, a continent
I miss them, but it wasn't a disaster.

—Even losing you (the joking voice, a gesture
I love) I shan't have lied. It's evident
the art of losing's not too hard to master
though it may look like (Write it!) like disaster.

一门艺术

失去的艺术不难掌握
太多东西像有意失落
所以失去了不是灾祸。

每日有所失，丢了房门钥匙
虚度了时光，接受紧张困惑
失去的艺术不难掌握。

然后再失去，失得更快些
地方、名字，还有你想去的旅游地
这些事都不会造成大损失。

我丢失了母亲的表，瞧！我三栋喜爱的房屋
最后一或二栋也没了
失去的艺术不难掌握。

> 我丢了两座城，可爱的城，我拥有
> 更广袤的领域：一个洲，两条河
> 我失去了它们，但这不就是灾祸。
>
> 甚至，失去了你（玩笑声，我喜欢的一个手势），我大概没有撒谎
> 显然，失去的艺术不是太难而不能掌握
> 尽管，可能它看起来像（写下！）像灾祸。

伊丽莎白·毕肖普被认为是继艾米莉·狄金森、玛丽安娜·摩尔之后美国最重要的一位女诗人。她生前只出了四本薄薄的诗集（约十年一集），连同录音磁带共发表八十七首诗。但她曾获得过美国文学和艺术院院士、桂冠诗人等殊荣，还获得过古根海姆奖、普利策诗歌奖、美国国家图书奖等奖项，担任过美国国家图书馆诗歌顾问，被誉为"诗人的诗人"，与埃兹拉·庞德、T. S. 艾略特、威廉·卡洛斯·威廉斯等并列为20世纪美国最伟大的诗人。她的诗风朴实无华，诗艺精巧，重细节和心理描写，又被称为视觉诗人。

《一门艺术》是毕肖普的名篇。诗人采用法国16世纪的田园诗体写成。全诗六节，共十九行。前五节，每节三行，最后一节四行，通篇只有两个韵。

这首诗讲掌握失去的艺术。开篇说很多东西都是要失去的，人们天天有所失，以平常心对待，不难掌握，正确的态度是要面对、接受（accept）它们，而不是埋怨和惋惜。接着诗人作为角色进入诗行，她失去了很重要的东西（心爱的房屋、城市、河流、一个洲），这些物质方面的缺失，诗人能够担载。最后一节，在说到"失去你"时，诗人一改调侃、轻松的语气，用戏谑、自嘲、不怎么自信的声音说话，并伴随一个手势，在"不难掌握"前加了一个too，还说"写下！"，以缓解情绪，表明这个"你"对她至关重要，是亲爱的人。她的诗如画，诗人的思想感情跃然纸上，何等生动！尽管失去亲爱的人是痛苦的，诗人还是要艰难地去面对。

"我大概没有撒谎"，的确如此。诗人于20世纪50年代离开美国，在巴西（南美洲）居住了十八年，直至情人洛塔（Lota）死后才回美国，定居波士顿，任教于哈佛大学。诗中有一点淡淡的悲哀，无怪乎有评论说这是一首挽歌。当然对这首诗，也是仁者见仁、智者见智，还有其他的解说。

2. 给我亲爱的丈夫

[美] 安妮·布雷兹特里特[1]

To My Dear and Loving Husband

If ever two were one, then surely we.
If ever man were loved by wife, then thee[2],
If ever wife was happy in[3] a man,
Compare with me, ye women, if you can.
I prize thy love more than whole mines of gold,
Or all the riches that the East doth hold.
My love is such that Rivers cannot quench,
Nor ought but[4] love from thee, give recompense.
Thy love is such I can no way repay;
The heavens reward thee manifold, I pray
Then while we live, in love let's so persevere,
That when we live no more, we may live ever.

给我亲爱的丈夫

倘有两人是一人，那肯定是我们，
倘有丈夫被妻爱，你就是被爱的人。
倘有女人因丈夫而深感幸运，
你，女士们，同我来比比，若可能！
我把你的爱看得比全世界的金矿还要珍贵，
或者，比东方所有的财富价高千百倍。
我对你的爱如此热烈，大江大河不能熄灭，
只有你对我的爱才是我所愿得。
你对我的爱我真无法回报；

诸多赐福给你——我只能向上苍祷告。
这样，当我们活着时就彼此相爱，不渝坚贞，
即使我们死去，我们仍将永生。

注释：

[1]　安妮·布雷兹特里特（Anne Bradstreet, 1612—1672），美国文学史上第一个著名的作家，杰出的女诗人。在艾米莉·狄金森出现之前的 200 多年间，美国历史上未曾有女诗人超过她。她出生于英国一个殷实的清教徒家庭，16 岁与毕业于剑桥大学的西蒙结婚，两年后随父母、丈夫迁居美国，其父和丈夫先后当过马萨诸塞海湾殖民地的总督。她在一家农场安家，过着艰难、原始的生活，生育了八个儿女，在理家、尽贤妻良母职责之余，读诗、写诗。1650 年，未经她允许，她的姐夫（John Woodbridge）将其诗作带到伦敦出版，书名为《新近在美洲出现的诗神》（原文为 *The Tenth Muse Lately Sprung Up in America*）。Muse（我国译音称"缪斯"）为希腊神话中司诗歌、音乐、舞蹈各种文艺的女神，共九名，这里恭维安妮不愧为第十名缪斯。她的诗仿效伊丽莎白时代诗人的模式，但在内容与情感上有独特之处。她写健康和谐的家庭生活及对丈夫的深情，反映了 17 世纪新英格兰地区的殖民生活。在当年英诗繁荣及美国文学前所未闻的情况下，她在英国得到承认，该书被列为那个时代"最有价值的书之一"，显示了她在文学史上的地位。尔后，她的新作及修订过的早期诗作于 1678 年出版，思想内容和深度都有扩充与提高，被誉为佳作。这首诗写家庭生活、夫妻之爱，沉思、内省，感情炽热，语言简朴，脍炙人口，具有代表性，为各类选集收选。此诗用抑扬格五音步（Iambic Pentameter）和英雄对句（Heroic Couplet）写成，即每行十个音节，每两行押一韵。

[2]　在古英语、古诗中，thee 是 thou 即 you 的宾格；ye 是 thou 的复数、主格；thy 是 thou 的所有格即 your。

[3]　be happy in ... = rejoice in...，有……为……而快乐。

[4]　nor ought but ... ought = anything whatever，无论什么。Nor ought but = Nothing but ...，此句意为除了你的爱，没有别的能补偿。

（本文曾发表于《英语世界》1998 年第 9 期）

《哈克贝里·芬》的伟大何在

［美］莱昂内尔·特里林（Lionel Trilling）著 洪振国译

一

马克·吐温的《汤姆·索亚历险记》于1876年问世，同年他开始撰写一本自称为"另一本儿童读物"的新作，他对于这一新的尝试并不很以为然。他说，他着手写它，"与其说是有何意图，倒不如说是为了要有所事事"。他并没有沉湎于该书的创作——"只有到了一定的火候，我方能对它爱不释手。"他还说："半途即将它束之高阁，抑或是完稿后将手稿付之一炬，这都是有可能的。"该书的写作，其间停顿了长达四年之久，然后才提笔续写。1880年，马克·吐温翻出手稿往下写了一点，无可奈何，只得再次将它弃之一旁。马克·吐温的创作理论是"书乃自成"，并且深信，书要按其自身的逻辑和情节的发展而发展。他原想将该书写成《哈克·芬自传》，但是在创作过程中，故事本身不容许他按自传体写，所以吐温没有强自为之。

可是后来在1882年的夏天，马克·吐温感到浑身充满了文学创作的力量和激情。他在给朋友的信中说，这种创作力量之强烈是他多年来不曾有过的。他旷日持久，整日伏案，结果弄得筋疲力尽，以致不得不卧床一两天，一边抽烟，一边看书以消除疲劳，养精蓄锐。很难设想这股巨大的创作涌泉的冲动与作者那年早些时日重游密西西比河不无关系，也许这正是此次漫游所带来的直接结果。此次旅行的经历还使作者得以写成《密西西比河上》一书的第二部分。他满怀情思,深深眷恋在密西西比河畔度过的青少年时代,这一段峥嵘岁月立即成了马克·吐温一生中最幸福、最有意义的部分。人到中年,旧地重游,回首往事,浮想联翩,使得《哈克贝里·芬》的创作意境在作者脑海里复活,而且变得更新鲜、活泼。此刻已是瓜熟蒂落,水到渠成,作者很想将该书一气呵成。这种创作的激情并非作者主观努力的结果。他常有很多较次要的写作任务。这年夏天的头几周里,即使有《哈克贝里·芬》等着他去写,他也不得不把火一样旺盛的精力花在使人深感遗憾的那些第二流的作品上。但一经完成那些写作之后,往往也对自己的多产和创作力顿生满足之感。当他最终沉醉于《哈克贝里·芬》的创作时,他也怀有此感。

当《哈克贝里·芬》最终完稿、发表并广泛受到读者称赞、喜爱时,马克·吐温这才意识到这部曾经打算作为一本游记,备受轻视、冷遇、延宕并频频受到毁灭威胁的著作的价值和分量。这是他的代表作,也许他渐渐觉察到了。但是他却难以估量到本书的真正价值,没料想到它竟是世界文库中伟大的名著,是美国文化的重要文献。

二

《哈克贝里·芬》的伟大究竟何在?首先在于它有敢于讲真话的勇气和力量。马克·吐温觉察到《汤姆·索亚历险记》具有这种品格,所以他曾经说过:"这绝不是一本儿童著作,只有成人才会读它,它是专为成人而写的。"不过这倒反映了马克·吐温的说话风度,反映了马克·吐温明显带有恼怒情绪时的表达方式,同时表明他掌握事实的程度。但这并不代表他通常关于儿童著作或是对儿童的看法与观点。马克·吐温非常了解:只有孩子们对真实的价值看得更高。孩子们对整个成人世界全部的、自觉的要求莫过于真实无欺。孩子们好像认为在成人的世界里,大人们都合谋对他们撒谎欺骗。由于对此深信不疑(当然这并非毫无根据),汤姆、哈克和其他所有的孩子们增强了对道德的敏感性和对正义的持久关注,他们认为这才称得上公平、正直。但与此同时,为了自卫,环境也使他们变得世故老练，成为骗人高手。然而他们绝不像成人那样在主要和重大问题上编造弥天大谎，他们不自欺欺人。这就是为什么马克·吐温认为不能让汤姆·索亚超越儿童时代而进入成年期的缘由。汤姆一旦成熟，"他也定会像所有其他文学作品中的骑士一样招摇撞骗，读者也同样会对他深恶痛绝。"

有一点可以肯定，《哈克贝里·芬》的伟大之处，像略逊一筹的《汤姆·索亚历险记》一样，在于它首先是一本成功的儿童读物。孩子们十岁时初读它一遍，然后逐年翻阅，会发现它常读常新。所不同者，只是它会逐年变得博大精深。年少读它，犹如少小种树，新意的年轮会与年俱增而又不至于像树木那样单调乏味。所以我们可以推想，雅典少年从小就读荷马史诗《奥德赛》并与之一同成长。就大家所知，很少有其他的书能如此永葆艺术的青春而经久不衰。

《哈克贝里·芬》所反映的现实和《汤姆·索亚历险记》中的现实是不同类型的，它更激烈，更残酷无情，同时也更为纷纭复杂。而《汤姆·索亚历险记》则忠实地反映现实，书中所描写的事物和情感绝不会是虚假的，并且总写得淋漓尽致而又优美动人。《哈克贝里·芬》也像前者一样写真实，但它还侧重写道德情感的真实，它毫不隐讳地论及人的德性和抨击人心的邪恶与堕落。

也许探求《哈克贝里·芬》伟大之所在的最好线索要算 T. S. 艾略特所提供的。他与马克·吐温有所不同，可能正如密苏里人之间互不相同一样，T. S. 艾略特四篇四重奏的第三篇是以对密西西比河这条他童年在圣·路易斯所熟悉的大河的冥想开始的。诗的前面几行是这样的：

> 对于神灵我知之不多，
> 但我想这大河，
> 这奔腾的、褐色的大河，
> 他确有神性。

"冥想"继续写道：

> 河神几乎被城市居民，遗忘得一干二净。
> 尽管流水无情，

> 流走了岁月、愤怒和毁灭者，
> 却也留下些印记，任凭忘记。
> 他被机器的崇拜者，
> 轻视、抛弃，
> 然而，他却在等待、观望、等待。

《哈克贝里·芬》是一部伟大的著作，因为它写的是自然神，亦即一种自身具有坚强的思想和意志的大自然的力量。对于具有道德想象力的人，它似乎寓有巨大的道德意义。

哈克本人是河神的仆人，他近乎理解主义的神性。哈克居住的这个世界完全有条件适应这种神性。这个世界仪态万千，各种自然征兆和忌讳显示出多重意思，譬如说掠过左肩仰望月亮，太阳落山后抖动桌布，搬弄蛇皮等都是冒犯幽灵和普通神鬼的举动。哈克在道德、伦理方面与他所唯一知道的基督教的礼仪发生很大的冲突。哈克严格的道德生活可以说来源于他对江河的热爱，他对密西西比河的力量和美丽没有停止过崇拜与礼赞，他可以超出所知更好地表达自己，但这仅在他对河神作出回答与反响时才表现出他非凡的语言才能。每当经历过一段岸上的社会生活再回到河上，他总怀着感恩和如释重负的心情。每次返回，像希腊悲剧中的合唱里一定有赞美诗那样，哈克准会唱一曲以歌颂河神的俊美、神秘和充满力量，赞美他的浩瀚雄伟，而又慨叹人生的渺小卑微。

总的来说，河神是和蔼可亲的。大多数时日，河面上，白天，阳光灿烂；夜晚，长空宽广无垠。但是像其他的神祇一样，他也有危险欺诈的一面：他制造迷雾使人惶惑；他回声四起使人心意缭乱，远近不辨；他无数的沙滩使航船搁浅，暗礁使大船受致命伤而沉没；他可以把人们足下的大块坚土冲垮，把房屋卷走。正是大河给人的这种危险感使它免除其他浪漫小说在将自然与社会生活比较时那种伤感的调子和道德说教。

大河自身是神圣的，它不属于道德和仁爱的范畴，但它的禀性似乎培育了那些热爱它，并想做到上善若水的人们，给了他们好的德性。我们必须注意到这一点，马克·吐温没有把大河和人类社会决然对立起来。对哈克而言，水上生活的魅力和情趣大部分是与社会生活相连的，是与木筏、帐篷、吉姆分不开的。他并非为追求单纯的个人自由而逃避、离开瓦岑小姐、寡妇达格斯和他凶残的父亲,因为他发现吉姆配做他真正的父亲,正如同在詹姆斯·乔伊斯的《尤利西斯》一书中斯蒂芬·迪德勒斯发现利奥波德·布卢姆配做他真正的父亲一样。这个孩子和一个黑奴组成了一个家庭,一种原始的结合——一个神圣的结合体。

初读此书,哈克高尚,甚至是复杂的道德品质也许还不能被人们所把握,因为人们往往会被他的自我评价所迷惑,会对他自我吹嘘和标榜的享乐主义,以及他直言不讳宁愿孤独和讨厌现代文明等置信不疑。当然事实上,他的每一根汗毛都浸透了所谓的现代文明。他逃避社会只不过是一种手段,一种通向梦寐以求的理想社会的手段。富有责任感是哈克性格的核心和本质,也许这正是哈克的原型——马克·吐温少年时代的伙伴,一个名叫汤姆·布兰肯希普的人所具有的主要性格。他像哈克一样"突然逃出边境,仅仅是为了在蒙大拿做一名保安官,做'一个好的、备受尊敬的公民'"。

哈克的确是有能力过他说的已经享有了的那种简朴而幸福的生活,但是他的境遇和自身的道德品质使得他一点不像普通孩子那样无忧无虑。他经常为他人的遭遇而"坐立不安"。尽管他喜欢独来独往,孤寂之感经常缠绕着他,他仍能强烈地感到人们生活的悲哀。哈克特有的敏感性在故事的开头就有很突出的表现。

"我和汤姆两个来到山脊上,朝着下面那一片村庄望去,看见有三四处灯光一亮一亮的,说不定那里有害病的人。我们抬头看见满天星斗,亮晶晶的非常好看。村子旁边那条大河,足足有一里宽,真是又清静又神气。"看见远处三四点闪烁的灯光便认定那是看守病人的灯火,这充分显示了哈克忧他人之忧的高尚品德。

哈克的同情之心是敏捷、明快的。当看马戏的观众对那个佯装的醉鬼试着骑马而哈哈大笑时,哈克并不好笑,只觉得难过:"可是我并不觉得好笑……我看见那么危险,吓得浑身发抖。"当他在一条沉船上把一伙分赃不匀而互相格杀的强盗困住时,他首先想到的是如何找到人来营救他们,因为他想:他们虽然是些凶手,走上了这样一条绝路,也还是很可怕的事。"我心里想:说不定我自己有一天会变成个凶手,那时候我弄到这步田地,难道还会高兴吗？"但是他的同情之心绝不是感情脆弱的表现。最后当他知道那些杀人强盗没有得救的希望时，他一点也不故作悲伤。"我为了那伙强盗心里觉得不太好受，可是我并不太难过，因为我想，假如他们狠得下心去，我也狠得下心去。"他的确是好心，因此只要稍加思忖，就不会感到有罪而折磨自己。

没有迹象表明哈克表面上对某人亲切，同时又怀疑他邪恶和包藏着祸心。哈克隐姓埋名漫游各地，从不将自己的身世真情相告。他虽然谎话连篇，但任何谎言绝不重复说第二遍，因为他什么人都不相信。撒谎虽有时毫无必要，但他却从中得到快慰。他清楚地知道，要想让那家伙远离木筏上的吉姆，最好的办法莫过于请他们上船帮他照顾正患上天花病的家里人。要不是他早已洞悉人们的软弱、愚昧和贪生怕死而有所警觉，他也该早就沾染上了这些恶习。他耳闻目睹过的一些怪现状深深地教育了他——甘洁佛和雪富生家族愚蠢地打冤家，公爵和皇帝侵占小木筏，惨杀鲍哥，私刑队任意杀人以及余奔上校大言不惭的讲话，等等。他深刻乃至痛苦地洞察人性堕落的一面，但这从不妨碍他与人为善，与人为友。

他不曾因个人的自尊而影响他高尚的行为。他知道地位意味着什么，总的来说他尊重有地位的人——他倒真是一个应受到尊敬的人——他表示喜欢"上流社会的人"，但他本人并无显贵的地位。他总是处于社会的最底层。他在《汤姆·索亚历险记》里得到了大宗金钱，可是并不是名副其实地掌握了这笔钱财。当公爵建议哈克和吉姆按他的爵位服侍他时，哈克的意见是："好！这都非常容易，所以我们一律照办。"他备受公爵和皇帝的凌辱、虐待、剥削、操纵，但他们被一群乌合之众所围困，处于危险境地时，他本能地前去通风报信。当这一计失败，皇帝、公爵身上被涂满沥青，沾满了鸡毛，然后骑在杠子上时，他只是想：是的，我不忍看到他们受苦，我为这两个可怜可悲的流氓感到难过，好像我对他们以前的痛恨都一笔勾销了似的。

如果说哈克和吉姆在木筏上结成了神圣家族，那是因为他们之间没有丝毫的轻视和自傲。当然也不尽然，有一次出现了不愉快的事就是由傲慢和自尊引起的。事情是这样的，一次吉姆和哈克被浓雾隔散，吉姆以为哈克丧生，因悲痛欲绝而衰竭，昏睡在船板上。当他醒来，只见哈克已经回来，他真是喜出望外,可是哈克却硬要吉姆相信他是在做梦,并说不曾有过大雾,他们也未曾分开过,更谈不上什么追寻、重逢。但是随后,他又要吉姆详细叙述他所谓的梦境。黎明时分,哈克又开吉姆的玩笑,指着木筏上的那些碎枝烂叶和那根撞断了的桨问是怎么回事。

"吉姆看看那堆肮脏的东西,然后又看看我,又回过头去看看那堆东西。梦在他脑子里牢牢地盘踞着,他好像一时不能把它摆脱开,重新把事实放进去。可是等他一下子明白过来了,他就瞪着眼睛瞧着我,一点笑容也没有,说:'它们指的是些什么吗?我来告诉你吧。我因为拼命地划木筏,又使劲地喊你,累得简直快要死了,后来我睡着了的时候,我的心差不多已经碎了,因为把你丢掉了,我真是伤心透了,我就不再管我自己和木筏会遇到什么危险了。等我醒过来的时候,看见你又回来了,平平安安地回来了,我的眼泪都流出来了,我心里有说不出的感激,我恨不得跪下去亲亲你的脚。可是你却只想设法编出一套瞎话来骗我老吉姆。那边那一堆是些肮脏的东西;肮脏的东西就是那些往朋友脑袋上抹屎,让他觉得难为情的人。'"

"他说完就慢慢站起来,走到窝棚那儿去,除了这几句话之外,别的什么都没说,就钻进去了。"

这番话激起了哈克对吉姆的尊重与爱戴之情,这是一种难能可贵的感情。听完吉姆的话,哈克最后一点朦胧的、因为是白人而高人一等的思想残余顿时烟消云散。"我呆了足足有一刻钟,才鼓起勇气,跑到一个黑人面前低头认罪——我竟然那么做了,以后也从来没有后悔过。"

这段插曲是哈克道德考验和发展的开端,像他那样道德异常敏锐的人是不可避免地要经受的。当他受到吉姆情感的激励,毅然摈弃他一贯视为金科玉律的道德信条而决定帮助吉姆逃离、摆脱奴役之时,哈克的性格便一跃而为英雄的性格。哈克在蓄奴制问题上激烈的思想斗争表明他已深深地卷入了他所否定、逃避的那个社会的斗争漩涡。下面这段情节所表现的讽刺意义,自然在于哈克解决问题的方法:他没有做对,而是按照错误的办法行事。他单凭良心办事,凭着上世纪中叶一个南方小孩的良心,他只知道应该把吉姆送回去恢复他当奴隶的地位。当他照良心办事,决定告发吉姆时,他为自己具有自觉的德性而充满兴奋喜悦之情。"我感到很惊奇,不知为什么我立刻觉得心里像羽毛一样轻飘，我的烦恼都消除了……我心安理得，一生中第一次感到我的一切罪过都洗刷得一干二净了。我知道现在有资格祈祷了。"可是最后当他发现不能容忍自己的这一决定而应该改变它，要帮助吉姆逃走时，并不是因为他对蓄奴制有了新的理解，他仍然相信他讨厌废奴主义者。当一艘船上锅炉爆炸，有人问哈克是否有人受伤时，他回答："没有人受伤，死了一个黑奴。"而且不假思索地评论："真幸运没有人受伤，有时是有人受伤的。"他当然认为他的评论是无可非议的。概念和理想对哈克道德的转机是无济于事的。他并不像特里斯特拉和兰斯洛特起劲地谴责婚姻制那般非难蓄奴制，他有意像非法的、浪漫的情人那样越轨，承认他个人的忠实应该受到惩罚而从来不问所招致的惩罚是否公正。

《哈克贝里·芬》因为被指控对道德有破坏性曾一度被某些图书馆和学校列为禁书。当局认为该书满纸谎言，书中的盗窃、欺骗有伤风化，有损宗教尊严，而且语法混乱，语言粗俗。对于当局这种过分的关注，我们付之一笑，然而实际上，《哈克贝里·芬》倒真是一本离经叛道之书。认真思考过哈克大的道德转变辩证关系的读者，没有人再会毫无疑问和不带嘲讽地全盘接受那些指导人们道德生活的、受到尊重的假说，也不再有人会相信那些明白的道德法规不是一种根深蒂固的当时、当地的一种习惯势力与盲从的产物。

三

我们大概不会忽略《哈克贝里·芬》中那条大河微妙、含蓄的道德意义，大概也只有在大河与个人的行为相连时我们才能理解这些道德含义。总之，描写个别的人物及其琐事，一般来说是颇为平常的，所以可以认为本书是普遍适用于人类的，适用于任何时代、任何地点的人类，我们称赞它，说它是"世界的"。实际上，它也的确如此。像很多其他能冠以这类形容词的书一样，本书还有其地方性和特殊性。它提供了内战以后一段时期美国独特的道德观念。在当时，用艾略特的话来说，大河被遗忘了，正是被"城市居民"、被"机器的崇拜者"所遗忘了。

美国内战和铁路的兴建与发展结束了全国以河流为交通动脉的时代。在《密西西比河上》的第一部分，河上的生活新奇、热烈、粗犷与第二部分痛苦的回忆恰成鲜明的对照。美国内战使密西西比河的繁荣鼎盛时期从此结束，同时也标志着美国道德生活的变化。对很多人而言，这意味着美国道德价值的下降，认为今不如昔，过去比现在单纯，这当然是人们的癖性。不过对美国道德价值的评定，看来是符合客观事实的。我们不能忽视各种不同的，像亨利·亚当斯，沃尔特·惠特曼，威廉·迪安·豪厄尔斯，以及马克·吐温本人的见解（当然，他们只不过是很多同意这一观点的几个代表人物），他们都谈到战后美国生活中失去了一些东西，失去了昔日的朴实、纯真和宁静，他们对即使是过去普通人身上的邪恶之处谁也没有视而不见，马克·吐温肯定也是如此。不同之处在于公众的态度，对很多事物持截然不同的态度，而这些又为舆论所接受，为国民理想所尊重。这就是大家共同感觉到的，一切都与一种时兴的、对金钱的追求联系在一起。正如马克·吐温所说："以前这里的人们希望得到金钱，现在他们为金钱而折腰，拜倒在金钱脚下。新的福音是'捞钱，快快捞到钱，捞到大量的钱，捞取家财几贯。能巧取豪夺，决不放过机会，诚实地挣钱，只有不得已而为之'。"

随着内战的结束，资本主义已经确立，拓荒者松弛的影响终归消失。美国人源源不断地成为"城市居民"和"机器的崇拜者"。马克·吐温本人也成了这一潮流中出名的人物。没有人比他更崇拜机器，更热衷于机器——他对排印机的热衷使得他破产。他希望印刷机能比写作赚更多的钱。他在《亚瑟王宫廷里的美国佬》中为机器时代唱赞歌，他与美国企业界的铁腕人物密切往来。然而与此同时，他又憎恨这新的生活方式，痛苦地写下他对这种新的生活方式的蔑视；他批评、抨击那些塑造民族理想和决定国家命运的人们的道德沦丧，趣味低级，沾沾自喜而又麻木不仁。

马克·吐温在谈及《汤姆·索亚历险记》时说："它简直是一首圣诗，写成散文体是为了具有世俗的色彩。"对《哈克贝里·芬》他可更有理由说同样的话。《哈克贝里·芬》是对早期美国、一去不复返了的美国唱的一首赞美诗，那是一个有着重大的民族过错，充满暴力，甚至是残酷无情，但却又保持现实感的美国。因为它还未被金钱——那幻想与谎言之父——所迷惑。与金元神迎面站立的是河神,它无言地评价——用阳光、空间、悠悠的时日、沉静与险阻来表达。但一旦当它失去了实用价值,它也就很快被遗忘了。不过还是像艾略特诗中所写的:"大河在我们心里流淌……"

四

就形式和文体而论,《哈克贝里·芬》几乎是完美无缺的,唯一受到批评的缺点是结尾部分汤姆精心导演的吉姆逃跑那场戏,过于故弄玄虚。这个场面太长,在原稿中就更为冗长。这显然在收缩,像几乎所有的事物都有一个归宿一样——从河上事件回归到岸上。这与某些作品的形式有相似之处。比如说莫里哀的《贵人迷》结尾就是回到主人公把女儿许配给乔装成的"土耳其皇太子"。这种思想布局是很机械的,但总得用某种方式使哈克回到原来隐姓埋名的位置——从主角的地位退到他所愿意的境地,因为他在一切方面随和、谦卑,受不了在书的结尾处把自己弄得那样富有魅力和引人瞩目。能适应这一需要的莫过于汤姆了。他脑袋灵活,有文学气质,浪漫淘气,一心想扮演主角又能机灵地照公式安排生活,所以他能完成这一任务。

本书采用了最简单的小说创作形式,即所谓以恶汉及其冒险为题材的小说,或曰"大路小说"。这种小说的情节和故事随着主人公的漫游而展开。但正如伯斯卡所说:"河流是流动着的大路……"路途活动中的神秘生活使早期的简单的形式有了本质的变化。大路本身在这种文学形式中是最大的角色,而主人公离开和返回大河构成了一种微妙而有意义的模式。大路小说单纯地在一条线上发展,加上有明显的戏剧性情节的烘托而使小说大为增色。它有开端、发展和结尾部分,而且情节跌宕起伏,引人入胜。

至于本书的文体,在美国文学中可说是近乎至善至美,众口皆碑的。散文体的《哈克贝里·芬》确立了美国大众语言在创作中的价值,这当然不包括本书中的错误的发音和蹩脚的语法,而是指它能轻松自如地使用语言,更主要的是指句子的结构,它们是那样简练、明快、流畅,具有韵律和节奏,使人读起来如闻其声。

至于语言问题，这在美国文学中比较特殊。在这个年轻的国度里，人们倾向于语言的浮华、文雅，认为这才是真正的文学作品的标志，而这种语言在普通的谈话中是不使用的。这实际上造成了群众语言和文学语言更大的分野。这种倾向与同期的英国文学相比，美国文学是有过之而无不及的。这归咎于上半世纪的前半叶我们那些最好的作家，他们的作品中时而传播、使用这种空洞的辞藻。与库柏和爱伦·坡地位和声望相当的美国作家没有像他们两位那样经常地在作品中过分地咬文嚼字，而这种弊病甚至在麦尔维尔和霍桑的作品中也屡见不鲜。

矫揉造作的文学语言虽然高雅，但正因为追求高雅而常常华而不实，而美国读者却喜爱现实的日常语言。的确，其他的文学在大量采用和汲取口头语言方面都比不上我们的文学，甚至对我们那些严肃的作家也很有吸引力的方言，也为流行的幽默作品所共同接受和采用。在社会生活中，没有什么能比得上地方语言那样突出地丰富多彩、变化无穷。如爱尔兰移民的土腔、德国移民发音的讹变、英国人发音时的"做作"、公认的波斯人的精确、北部美国农民神奇的弦音，以及派克州的拖音等，都是显著的例子。马克·吐温当然承继了幽默作品使用方言引起人们兴味这一传统，而且没有人像他那样把方言运用得恰到好处。在今天看来，虽然19世纪美国幽默家小心翼翼拼写出来的方言显得十分呆板，但是马克·吐温引以为自豪的、在《哈克贝里·芬》里微妙的语言变换，至今仍然是这本书生机勃勃和饶有韵味的部分。

马克·吐温以他掌握的美国实际的语言方面的知识铸造出了一部经典的散文著作。用"经典"这个形容词，看起来有些奇怪，然而却是恰当的。撇开拼写和语法错误，这部散文著作极为简洁、明快，而又异常优美。作品具有这许多特色绝非偶然，因为博览群书的马克·吐温对文体有着强烈的兴趣，在《哈克贝里·芬》里显示他极为严格的文学敏感性的地方比比皆是。

《哈克贝里·芬》是海明威心目中最有分量的一本书。他说："所有的美国现代文学来源于一本书，即马克·吐温所写的《哈克贝里·芬》。"海明威自己的散文体就是直接和有意识地来源于这一本书。两位对海明威的早期文体有影响的现代作家格特鲁德·斯坦和舍伍德·安德森也同样模仿、得益于这一本书(不过两人均未能继承他们模特儿健壮、纯朴的特色)，福克纳散文中最好的作品也是仿效该书而成。福克纳的这些好作品，像马克·吐温自己的作品一样，用文学语言丰富了大众语言的传统。的确可以这样说，差不多每一个认真对待创作问题、探索散文创作的各种可能性的当代作家都应该直接或间接地受到马克·吐温的影响。马克·吐温是语言文体大师，他使读者透过字里行间看到真谛，他的字字句句在读者耳际即刻响起一个听到过的声音，这声音正是平凡、真理的声音。

(本文曾发表于《岳阳师专学外国文学专刊》1984年第2期)